신화적 상상력 읽기

신기용 지음

도서출판 이바구

책을 펴내며

　제1장 '공기적 상상력 읽기'에서는 학술지에 발표한 시에 관한 연구 논문을 수록했다. '신동문 연작시「풍선기」에 나타난 공기 이미지 연구'는『한국시학연구』제56호(한국시학회, 2018), '신동문의 시 전집에 누락된 시편 연구'는『한국시학연구』제61호(한국시학회, 2020), '황동규 연작시「풍장」의 죽음 주제와 이미지 연구'는 계간『예술문화비평』제28호(한국예술문화비평가협회, 2018 겨울호)에 발표한 원고이다.

　제2장 '신화적 상상력 읽기'에서는 신화적 상상력을 수렴한 시, 장자적 상상력을 내포한 수필과 시, 죽음의 미학을 수렴한 시 등을 읽어 본다.

　제3장 '문화와 문학 담론 읽기'에서는 문화 담론과 수필의 허구 수용 불가론을 읽어 본다. 부산 지역성 관련 논문 2편은 신라대학교 부산학센터의 학술지『부산연구』에 발표한 원고이다.

　제4장 '원형을 찾아서, 신화적 상상력 읽기'에서는 신화의 현대적 재해석과 신화적 상상력, 트로이 전쟁은 허구인가, 제주 신화의 성격 등에 관해 읽어 본다.

　이들 원고의 대부분은 학술지, 평론집, 문예지 등을 통해 이미 발표한 원고이다. 학술 논문은 각 학술지에 발표할 당시의 로마자 목차 번호, 본문주(내주), 각주 등을 그대로 살리면서 내용은 수정 보완하였다.

　이번 이바구 인문학 연구서3『신화적 상상력 읽기』의 출판 관련 조언을 아끼지 않으신 모든 분에게 감사의 마음을 전한다.

2022년 봄, 문학평론가 신기용

신화적 상상력 읽기

신기용 지음

도서출판 이바구

목차

책을 펴내며 · 03

제1장 공기적 상상력 읽기

1. 신동문 연작시 「풍선기」에 나타난 공기 이미지 연구 · 10
2. 신동문의 시 전집에 누락된 시편 연구 · 33
3. 황동규 연작시 「풍장」의 죽음 주제와 이미지 연구 · 57

제1장 신화적 상상력 읽기

1. 신화적 상상력을 수렴한 시 읽기 1 · 84
2. 신화적 상상력을 수렴한 시 읽기 2 · 102
3. 장자(莊子)적 상상력을 내포한 수필과 시 읽기 · 125
   – 무위자연(無爲自然)과 물아일체(物我一體)의 이상향
4. 죽음의 미학을 수렴한 황동규의 연작시 「연옥의 봄」 · 142

**신화적
상상력 읽기**

제3장 문화와 문학 담론 읽기

1. 신동문 산문에 나타난 1960년대 부산 · 152

2. 부산 동구의 문화 특성 연구 · 174
   - 호국 정신이 깃든 문화 정책 제언

3. 허구를 수용하면 수필이 아니다 · 192
   - 허구 수용 불가론

제4장 원형을 찾아서, 신화적 상상력 읽기

1. 신화의 현대적 재해석과 신화적 상상력 · 214

2. 트로이 전쟁은 허구인가 역사인가 · 229

3. 섬과 뭍을 이어 놓은 신화 · 236
   - 신화의 섬 제주 신화의 성격과 연관성

제1장

공기적
상상력 읽기

1. 신동문 연작시 「풍선기」에 나타난 공기 이미지 연구
2. 신동문의 시 전집에 누락된 시편 연구
3. 황동규 연작시 「풍장」의 죽음 주제와 이미지 연구

1.
신동문 연작시「풍선기」에 나타난 공기 이미지 연구

I. 서론

신동문(辛東門, 1927-1993; 본명 建浩)은 1956년 등단한 이후 약 60편의 시를 발표했다. 6·25 한국 전쟁 기간 중 공군 병사로 복무하며 전쟁 체험에서 비롯된 반전(反戰) 의식을 형상화한 장편 연작시「풍선기(風船期)」를 창작했다. 4·19혁명에 관한 참여시와 제3공화국의 독재자를 풍자하거나 비틀어 조롱한 참여시를 발표함으로써 '앙가주망 시인'이라는 별칭이 붙기도 했다. "그는 전후(戰後)의 현실을 직정(直情)의 언어로 증언하였고, 불모와 폐허의 상황에 맞서 저항하는 순결하고도 뜨거운 시적 발화(發話)를 지속적으로 보여"[1] 준 참여 시인이다.

이 연구의 목적은 연작시「풍선기」에 나타난 공기 이미지를 공기의 추락 이미지, 공기의 형태 유희 이미지, 공기와 대지의 조화 이미지로 임의로 범주화하고, 이들 공기 이미지가 의미하는 자의식, 반전(反戰) 의식, 평화 의식 등 주제 의식의 특징을 고찰하는 데 있다.

---

1) 유성호,「부정과 참여의 반시적 페이소스」,『내 노동으로』(시집 해설), 2004, 110쪽.

신동문의 「풍선기」의 공기 이미지를 다루고 있는 연구는 미비하다. 「풍선기」에 관한 연구는 노지영, 박순원, 이승훈, 유성호, 조영복 등을 들 수 있다. 노지영은 "전쟁은 신동문의 시에서 부정되어야 할 대상이다."[2]라고 평가하면서 '목적론적 세계의 거부' 측면을 논의했고, 박순원은 "현대전 즉 현대를 첨단에서 체험한 신동문이 전통의 부정으로 나아간 것은 자연스런 현상이다."[3]라고 평가하면서 '현대전 체험과 전통의 부정'을 논의했다. 이승훈은 "누구보다 새로운 문체와 정신으로 전통적인 시의 규범을 파괴하려고 노력한 시인이다."[4]라고 평가하면서 '1950년대 모더니즘 시의 특성'을 논의했다. 유성호는 신동문의 유고 시집 『내 노동으로』의 해설에서 "현대 문학사에서 가장 이채로운 음역(音域)을 선보인 시인 가운데 한 사람이다."[5]라고 평가하면서 '부정과 참여의 반시적 페이소스'를 논의했다. 조영복은 "개념에서 육체로, 허무에서 생으로, 일상적 삶의 피로로부터 생의 비약에 이르는 시인의 의식상 진전을 보여 주는 하나의 완결된 시편"[6]이라고 평가하면서 '풍선 날리기의 알레고리' 측면을 논의했다. 이들 연구는 부정 의식을 비롯한 의식적인 논의와 시의 특징 논의가 주를 이룬다. 현재까지 공기 이미지를 범주화하여 주제 의식을 연구한 사례는 찾지 못했다.

　공기는 우주의 네 원소 중 유일하게 형체가 없다. 이에 더불어 공기의 본질은 색이 없고, 냄새가 없고, 맛이 없다. 고요함과 흔들림, 고임과 흐름의 속성을 지녔다. 신화적 원형은 숨결과 정신, 생성과 소멸을 상징한다.

---

2) 노지영, 「신동문 전기시의 연작 형식」, 『서강인문논총』, 제27집, 서강대학교 인문과학연구원, 2010, 19쪽.
3) 박순원, 「신동문 시 연구」, 『비평문학』, 제44호, 한국비평문학회, 2012, 241쪽.
4) 이승훈, 「1950년대 한국모더니즘시 연구」, 『한국학논집』, 제33집, 한양대학교 한국학연구소, 1996, 92쪽.
5) 유성호, 앞의 시집 해설, 2004, 110쪽.
6) 조영복, 「1950년대 장형시와 내면화의 두 가지 방식-민재식, 신동문의 경우」, 『한국현대문학연구』, 제7집, 한국현대문학회, 1999, 263쪽.

가스통 바슐라르(Gaston Bachelard)가 강조한 "자유로운 공기의 가르침과 자유롭게 하는 공기적 운동이 주는 교훈"[7]을 「풍선기」에서 고찰할 수 있다. 시적 화자는 참혹한 한국 전쟁의 하늘에 풍선을 띄움으로써 전쟁이라는 피폐한 상황과 악의 굴레에서 벗어나려고 하며, 인류의 꿈인 평화 지향적 의지를 표출한다. 즉, 공중을 자유롭게 나는 '풍선'을 통해 공기를 초월한 자유로운 존재임을 의식하기도 하며, 자유로움이 넘치는 평화 지향적 의지의 꿈을 드러낸다.

또한, 가스통 바슐라르가 '날개의 시학'이라는 주제 아래 '공기적인 창조적 상상력'[8] 측면에서 논의한 '새'[9]처럼 신동문의 「풍선기」의 객관적 상관물인 '풍선', '비행기', '구름' 등도 공기적인 창조적 상상력을 불러일으키는 자유로운 공기 이미지이다. 가스통 바슐라르가 공기적 상상력 활동을 "이미지를 가지지 않는 상상력 활동, 이미지를 지워감으로써 제 기쁨과 삶을 발견하는"[10] 활동이라 했듯, 「풍선기」에서도 공기적 상상력을 통해 전쟁의 비극적 이미지를 지워감으로써 기쁨과 삶을 발견해 나간다. 한국 전쟁이라는 폐허의 무거운 이미지를 풍선이라는 공기적 가벼운 이미지가 하나씩하나씩 지워 나간다. 독자로 하여금 '풍선'을 통해 전장(戰場)에서의 살상과 파괴라는 무거운 악의 행위를 지워 버리고 이미지를 가지지 않는 평온하고 안락한 사랑과 평화가 깃든 세상을 꿈꾸게 한다.

• • •

7) 가스통 바슐라르, 『공기와 꿈』, 정영란 옮김, 이학사, 2003, 33쪽.
8) 가스통 바슐라르의 『공기와 꿈』 제2장의 주제가 '날개의 시학'이다. 그는 "공기적인 창조적 상상력의 세계 속에서 몸은 감싸는 공기에 의해서 만들어지며, 새의 생명은 그것을 싣고 날아가는 운동에 의해 만들어지는 것이다."라고 했다. 위의 책, 138쪽 참조.
9) 가스통 바슐라르는 블레이크의 시 "새장 안의 울새는/ 온 하늘을 분노케 한다."라는 두 시행을 예를 들어 "새는 인격화된 자유로운 공기이다. (……) 독일어에서는 '공기처럼 자유롭다'라고 약식으로 말하지 않고 꼭 '공기 속의 새처럼 자유롭다'라고 말한다."고 강조했다. 위의 책, 153쪽 참조.
10) 위의 책, 304쪽.

가스통 바슐라르의 저서『공기와 꿈』[11]의 주요 사상과 신동문의「풍선기」의 공기 이미지를 비교해 보면 네 가지의 유사점을 발견할 수 있다. 첫 번째, 상승과 추락에 관한 메타포들이 공리적인 메타포들이라는 점이다. 전자가 "모든 메타포 중에서 고도와 상승, 깊이와 하강, 추락에 관한 메타포들은 전형적 의미에서 공리적인 메타포들이다."[12]라고 강조했듯, 후자의 관측용 '풍선'도 공기적 운동으로 상승하고 추락한다. 그 상승과 추락에 관한 메타포들이 공리적인 메타포들이다. 두 번째, 추락의 원인과 거리가 먼 심연을 새롭게 창조해낸다는 점이다. 전자가 추락에 관해 "심연이 나의 추락의 원인이 되는 것과는 거리가 멀게도 나의 추락이 심연을 창조한다."[13]고 강조했듯, 후자의 '풍선'의 추락도 원인과 거리가 먼 존재론적 성찰과 자의식이라는 심연을 새롭게 창조해낸다. 세 번째, 공기의 형태 유희 이미지 틀에서 벗어난 상상력으로 새로운 생명력을 창조해낸다는 점이다. 전자가 "우리 스스로가 그려 낸 (형태적) 유희를 좀 뛰어넘어 보자. 구름, 느리고도 둥근 움직임, 그 하얀 움직임, 소리 없이 스러지는 움직임, 그것은 우리 안에서 부드럽고 둥글고 은은하며 고요하고 또 솜털 같은 상상력의 생명력을 불러일으킨다."[14]며 공기의 형태 유희의 틀에서 벗어나는 상상력을 추구했듯, 후자도 공기의 형태 유희 이미지 틀에서 벗어난 상상력으로 반전(反戰) 의식이라는 새로운 생명력을 창조해낸다. 네 번째, 공기와 대지의 조화로움을 통해 자유로움을 창조해낸다는 점이다. 전자가 "상상된 운동은 그 속도

• • •

[11] 가스통 바슐라르의『공기와 꿈』(1943)은 그의 "저서들 중에서 질료에 관한 상상력 연구에서 운동에 관한 상상력 연구를 거쳐 문학 상상력의 현상학으로 도약하는 중요한 전환점을 금 긋는 저작"이다. 그는 이 책을 통해 "형태나 물질에 관한 상상력보다는 (작가의) 역동적 상상력이 더 중요하며 물질적 상상력은 역동적 상상력에 종속됨을 천명"했다. 위의 책, 8-10쪽 참조.
[12] 위의 책, 37쪽.
[13] 위의 책, 117쪽.
[14] 위의 책, 340-341쪽.

를 늦춤으로써 대지적 존재를 창조하고, 상상된 운동은 그 속도를 가속함으로써 공기적 존재를 창조한다. (……) 역동화된 존재에 있어서 대지와 공기는 뗄 수 없게 서로 맺어져 있다."[15]라고 강조했듯, 후자도 공기와 대지의 조화 이미지를 통해 평화 의식을 창조해낸다.

이 연구는 시집 『풍선과 제3포복』(1956)에 수록된 연작시 「풍선기」를 텍스트로 삼아 주제학 연구 방법과 주제 비평적 방법을 토대로 공기 이미지 관련 주제를 분석 해석하고, 원형 연구 방법을 사용하여 해석하려고 한다. 특히 공기 이미지 분석은 가스통 바슐라르의 이론을 원용한다.

따라서 공기의 추락 이미지와 자의식, 공기의 형태 유희 이미지와 반전 의식, 공기와 대지의 조화 이미지와 평화 의식을 고찰하고자 한다.

II. 공기의 추락 이미지와 자의식

날개의 시학 측면에서 "새가 나는 것은 가벼운 공기에 참여하기 때문이"[16]듯, '풍선'도 가벼운 공기에 참여하기 때문에 날아오른다. 풍선은 안으로는 공기나 헬륨 등 가벼운 물질을 품어 안락하고, 밖으로는 공기를 따라 자유롭게 날아다니는 역동적인 사물이다. 공기를 따라 가볍게 날아올라 대지와 하늘을 이어 주기도 하고, 보다 더 멀고 드높은 하늘을 향해 날아간다. 공기는 대기권, 특히 대류권 어디든지 날아다니며 공간과 공간, 대지와 하늘을 이어 주는 교류의 매개체이다. 「풍선기」의 '풍선'도 공간과 공간, 대지와 하늘을 이어 주는 교류의 매개 역할을 한다.

• • •

15) 위의 책, 201쪽.
16) 위의 책, 144쪽.

대지와 시인, 하늘과 시인이라는 서로 다른 두 존재를 이어 준다. 시인은 '풍선'을 통해 보이지 않는 공간과 소통한다. 즉, '풍선'이 산을 넘고 드높이 멀리 날아가서도 보이지 않는 공간과 시인을 소통하게 한다.

「풍선기」에서 시적 화자는 "'풍선 띄우기'를 통해서 전장에서의 무의미한 삶을 반추하면서 인간이라는 조건을 성찰"[17]한다. 전쟁에 대한 허무적 사고를 통해 비실대는 나약한 존재이지만, 존재론적 성찰과 자의식을 표면화한다. 또한, 시적 화자는 공기의 추락 이미지를 통해 내면적 추락 이미지를 표현하면서 자의식을 표출한다. 따라서 「풍선기」에 나타난 공기의 추락 이미지와 자의식을 고찰하고자 한다.

오늘 나는 무엇을 믿어야 하느냐? 무엇을 기다려야 하느냐? 이젠 習性처럼 風船을 띄우며 보람을 걸어 보며 來日을 꿈꾸어 보나 우리에겐 아무도 來日이 없다. 그래도 그것을 기다릴 나겠지만 기다려주지 않을 것은 나의 壽命이리라. 기다리다 남을 것은 하늘뿐이고 「푸ㅇ」하고 터져버릴 風船의 運命을 깨친 眩氣症 때문에 나는 어지러이 비실댈 따름인가?

― 신동문, 「풍선기-11호」 부분

「풍선기-11호」에서 시적 화자는 "매일같이 풍선을 날리는 자신의 임무가 비행기 이착륙의 기상 조건을 파악하기 위한 중요한 일일지라도, 화자는 전시 상황의 군인으로서 아무런 책임감을 느끼지 못한다. 되레 권태로움을 넘어 전쟁에 대한 허무나 환멸을 느끼면서, 현기증과 어지럼증과 비실댐을 드러낼 뿐이다."[18] 여기서 시적 화자 자신도 전쟁의 수단에 불과한 풍선처럼 언젠가는 사라질 보잘것없는 존재임을 자각한다.

---

17) 조영복, 앞의 논문, 1999, 259쪽.
18) 김판수, 『시인 신동문 평전』, 북스코스, 2011, 73쪽.

존재론적 측면에서 살펴보면, 시적 화자가 "오늘 나는 무엇을 믿어야 하느냐? 무엇을 기다려야 하느냐?"라며 자아의 존재를 발견하려고 몸부림친다. "기다릴 나겠지만 기다려주지 않을 것은 나의 壽命이리라."며 존재론적 성찰과 자의식을 표출한다. 결국에는 "나는 어지러이 비실댈 따름인가?"라며 의문만 남는 결론에 도달한다. '현존재(인간)'로서의 시적 화자는 다른 '존재자'인 풍선을 초월하고자 깊이 사색한다.

시적 화자는 어제처럼 오늘도 변함없이 "습성처럼 풍선을 띄우며 보람을 걸"고, "내일을 꿈"꾼다. 하지만 "우리에겐 아무도 내일이 없다."라며 허무적 사고를 한다. 풍선은 날아올라 어느 순간 "푸ㅇ" 하고 터져버릴 것임을 안다. 실제 풍선은 날아올라 비가청적인 곳에서 '풍' 하고 터지지만, 가청적 추락 이미지의 표현이다. 이것은 '상상적 추락'[19]을 의미한다. 날아오르던 풍선이 "푸ㅇ" 하고 터지는 소리는 청각적 이미지이면서 시적 화자의 '존재 내면'[20]에서의 추락 이미지이다. "정신 도덕적 존재의 의식이 차례로 사라지는 그런 존재론적 추락으로 묘사"[21]한다. "습성처럼 풍선을 띄우는" 것 자체가 보람도 꿈도 아니라 고통의 연속이라 인식한다. 이것은 역동적 상상력이 투사한 '상방향으로의 추락'[22] 이미지이면서 상승과 추락에 관한 공리적인 메타포이기도 하다. 시적 화자는 "풍선이 깨친 현기증"으로 인해 "어지러이 비실댈" 뿐이고, 나약한 존재일 뿐이다. 결국, 시적 화자는 현기증으로 인해 비실대는 나약

• • •

19) 가스통 바슐라르의 『공기와 꿈』 제3장의 주제가 '상상적 추락'이다. 그는 "에드가 포우도 상상적 추락이란 현실은 우리 존재의 고통받은 실체 속에서 찾아야 할 현실이다. 상상적 심연의 창조자(추락의 꿈을 작품화하는 시인)가 해결해야 할 과제는 이 고통을 직접적으로 전달하는 일이"라고 했다. 가스통 바슐라르, 앞의 책, 180쪽 참조.
20) 신동문은 신춘문예 당선 소감에서 "내가 하나의 대화로서 자세를 갖출 때 거기 비로소 아름다운 시가 이루어지는 것이 아닐까 싶다."라며 내면의 대화, 즉 존재 내면을 강조했다. 김복용 편, 『신춘문예당선시집』, 신지성사, 1959, 77쪽.
21) 가스통 바슐라르, 앞의 책, 180쪽.
22) 가속화하는 운동을 통해 하늘에 가닿고파 하는 강한 욕구로서 제시되는 주제이다. 이 주제는 초조해하는 한 영혼의 외침처럼 울린다. 위의 책, 196쪽 참조.

한 존재이지만, 반전 의식을 통해 존재론적 성찰과 자의식을 표출한다.

상상적 추락 측면에서 살펴보면, 신동문은 상상적 심연의 창조자이다. 즉, 추락의 꿈을 작품화한 시인이다. 그는 파괴적이고 피폐한 전쟁의 실체 속에서 고통받은 존재, 즉, 대지적 인간이다. 그 고통을 시로 형상화하여 직접 전달한 것이다. 즉, 나약한 존재의 자의식을 시로 형상화했다.

> 하늘. 하늘. 하늘로만 오르는 風船은 궁금한 밤하늘에 靑紅의 編隊燈을 點滅하며 (……) 나도 의식意識을 調節해야 되겠는데 우리는 抛物된 物體처럼 深淵으로나 絕頂으로나 내닫기만 하고. 그래 새로운 知性으로서 새로운 「모라르」[23)]와 새로운 方法論을 잘 어떻게 하면 하지만 나는 날마다 膨脹의 窮極까지 오르다간 터져 버리고 말고 말고하는 風船을 바라볼 뿐인데. (……) 지금껏 人間이라는 나는 갈피를 못잡고 있을 뿐인데……. 하늘은 왜 저 혼자서만 저렇게 시원스러운가?
>
> – 신동문, 「풍선기-4호」 부분

「풍선기-4호」의 첫 행 "하늘로만 오르는 풍선은 궁금한 밤하늘에 청홍의 편대등(編隊燈)을 점멸하며"에서 비극적 현실과 절망을 암시한다. 달리 표현하면, "하늘로 날아오르는 풍선은 희망의 이미지가 아니라 문장 속에서 점멸의 이미지로 드러난다."[24)] 마지막 행 "인간이라는 나는 갈피를 못 잡고 있을 뿐인데……. 하늘은 왜 저 혼자서만 저렇게 시원스러운가?"에 이르면 비극적 현실과 절망 속에서 벗어나려는 몸부림으로 존재론적 성찰과 자의식을 표출한다. 비극적 현실과 절망이라는 의

---

23) 모럴(moral)
24) 노지영, 앞의 논문, 22쪽.

미 측면에서 보면 수미상응 관계다. 여기서 추락하는 인간의 내면을 엿볼 수 있다.

　존재론적 측면에서 살펴보면, 시적 화자가 "나는 날마다 팽창의 궁극까지 오르다간 터져 버리고 (……) 풍선을 바라볼 뿐인데"라며 자아의 존재를 발견하려고 한다. 결국에는 "인간이라는 나는 갈피를 못 잡고 있을 뿐인데……. 하늘은 왜 저 혼자서만 저렇게 시원스러운가?"라며 의문만 남는 결론에 도달한다. '현존재'로서의 시적 화자는 다른 '존재자'인 하늘과 풍선을 초월하고자 고투한다.

　시적 화자는 풍선이 날아오르는 형상을 관조하면서 "포물된 물체처럼 심연으로나 절정으로나 내닫기만" 하는 자아를 이끌어 낸다. 그리고 "날마다 팽창의 궁극까지 오르다간 터져 버리"는 풍선과 다를 바 없는 존재임을 깨닫는다. 날아오르던 풍선이 궁극에는 터져 버리는 것을 바라보는 시각적 이미지가 시적 화자의 존재 내면에서는 청각적 추락 이미지를 드러낸다. 이 청각적 이미지는 '상상적 추락' 이미지이다. 시적 화자와 풍선은 전쟁의 수단일 뿐 사라질 나약한 존재임을 인식한다. 상승과 추락에 관한 공리적인 메타포이다.

> 　(……) 나의 破裂된 生理의 嘔吐症은 오늘도 답답히 風船을 띄우나 그것들도 結局은 모두 터질 것, 어머니는 눈이 머셔서도 나의 몸을 어루만지시면 거기 나의 목숨이 머물렀었는데 내가 목숨이라고 앙달을 하며 붙들어도 어째 머물러주는 것은 허전함뿐이고, 비인 항아리 같은 비인 항아리 같은 것이 깨지는 소리 같은 風船 터지는 소리만이 나의 귓전에 아스라히 서릴 뿐이다.
> 　　　　　　　　　　　　　　　　　－ 신동문, 「풍선기-14호」 부분

　「풍선기-14호」에서도 날아오르던 "비인 항아리 같은 것이 깨지는 소리"를 낸다. 항아리 같은 풍선이 터지는 시각적 이미지와 함께 추락하

는 가운데 청각적 이미지가 드러난다. 공감각적 이미지이다. 시적 화자는 "파열된 생리의 구토증"에 시달리지만, 풍선을 띄울 수밖에 없는 비극적인 현실에 대해 자각하면서 "답답히 풍선을 띄우나 그것들도 결국은 모두 터질 것"이라며 존재 내면에서의 추락 이미지를 드러낸다. 추락에 대한 자각을 "어머니는 눈이 머셔서도"라며 '어머니'에 대한 향수를 끌어들여 '모태로의 회귀'로 대체한다. 하지만 어머니께서 "나의 몸을 어루만지시면 거기 나의 목숨이 머물렀었는데 내가 목숨이라고 앙달을" 한다며 존재 내면에서의 추락 이미지에 다시 빠져든다. 이것도 상승과 추락에 관한 공리적인 메타포이다.

"역동적 상상력은 의지의 꿈이며, 꿈꾸는 의지"[25]이듯, '풍선' 터지는 소리가 꿈을 꾸는 것처럼 시적 화자의 청각을 울린다. 이 청각적 이미지도 '상상적 추락'이다. '풍선'의 추락이 심연을 새롭게 끌어낸다. 신동문은 상상적 심연의 창조자로서 전쟁이라는 현실의 고통을 시로 형상화하여 직접 전달한다. "추락, 그것은 내 꿈의 운명이다. 통상적으로는 행복한 인간들을 그들의 공기적 본향(本鄕)으로 데려가는 꿈이 나를 빛에서 먼 곳으로 데리고 가 버린다."[26]는 말과도 연결된다. 결국, 시적 화자는 풍선의 추락 이미지를 통해 존재론적 성찰과 자의식을 표출한다.

앞에서 살펴본 「풍선기-11호」를 비롯해 「풍선기-4호」, 「풍선기-14호」를 가스통 바슐라르와 신동문의 공기 이미지 가운데 첫 번째 유사점인 상승과 추락에 관한 메타포들도 공리적인 메타포들이라는 점, 두 번째 유사점인 추락의 원인과 거리가 먼 심연을 새롭게 창조해낸다는 점 등과 연결해 보면 공기의 추락 이미지와 자의식은 떼려야 뗄 수 없는 관계이다.

・・・

25) 이 의지의 방향은 중력 법칙을 이겨 내는 정복의 방향이다. 가스통 바슐라르, 앞의 책, 177쪽.
26) 위의 책, 179쪽.

Ⅲ. 공기의 형태 유희 이미지와 반전(反戰) 의식

「풍선기」는 "전쟁의 비정함을 고발하는 반전시(反戰詩)이다."[27] 1950년대 모더니스트로서 신동문은 "어느 누구보다 치열한 부정 정신으로 일관하며 전쟁을 통해 현대 사회의 모순을 지적(知的)으로 비판"[28]했다. 「풍선기」에 부정 정신을 담아 전쟁의 모순을 지적으로 비판함은 물론, 반전 의식을 시로 형상화했다. 시적 화자는 풍선이라는 매개를 통해 전쟁의 비극을 몽상하고, 허무 의식으로 나아가고 반전 의식으로 확장해 나간다.

「풍선기」 전편에서 시적 화자는 형태의 유희를 뛰어넘는 풍선을 통해 반전 의식을 표출하고 있다. "신동문의 시적 권역을 특징짓는 첫 번째 주제 의식은 확연한 반전 의식에서 찾을 수 있다."[29] 「풍선기」의 시적 화자도 확연한 반전 의식으로 전쟁의 모순을 고발하고 있다. 풍선이라는 매개를 통해 전쟁에 대한 분명한 의도를 지닌 반전 의식을 드러낸다. 따라서 「풍선기」에 나타난 공기의 형태 유희 이미지와 반전 의식을 고찰해 보고자 한다.

    草原처럼 넓은 飛行場에 선 채 나는 아침부터 기진맥진한다. 하루 종일 수없이 飛行機를 날리고 몇 차례인가 風船을 하늘로 띄웠으나 人間이라는 나는 끝내 외로웠고 支撐할 수 없이 푸르른 하늘 밑에서 당황했다. 그래도 나는 까닭을 알 수 없는, 來日을 爲하여 身熱을 衛生하며 끝내 기다리던, 그러나 歸處란 애초부터 알 수 없던 風船들 대신에 머어ㄴ 山嶺 위로 떠가는 솜덩이같은 구름쪽 만을 지킨다.

— 신동문, 「풍선기-1호」 전문

---

27) 김판수, 앞의 책, 108쪽.
28) 이승훈, 앞의 논문, 96쪽.
29) 유성호, 앞의 시집 해설, 113쪽.

「풍선기-1호」는 「풍선기」의 서시 성격의 시이다. "전쟁의 참혹함이나 체험의 직접성을 은폐한 채 시적 주체가 갖고 있는 열정과 환멸 그리고 부재 의식을 잘 시화하고 있다. 시적 주체는 드넓은 비행장에서 '풍선 띄우기'라는 행위를 반복하고 있다. 그는 전쟁에 종사하면서도 그에 적응하거나 열정을 다해 개입하고 있지 않다. 다만 내적 절망을 통해 반전 의식과 현실 비판의 편린을 간접화하여 보여 줄 뿐이다."[30]

　시적 화자는 공군 기상관측병으로서 전술비행장에서 기상관측용 풍선을 띄운다. 하지만 시적 화자인 "나와 풍선은 비행장과 비행기를 운용하는 수단에 불과"[31]한 존재이다. "山嶺 위로 떠가는 솜덩이 같은 구름", 즉 구름 이미지를 통해 형태적 유희를 뛰어넘고 있다. "구름은 가장 몽상적인 '시적 오브제'들 중 하나"이면서 "대낮에도 꿈꿀 수 있는 몽상의 대상"[32]이라서 형태의 유희에 용이하다.

　시적 화자인 "'나'의 시선이 머무는 곳은 풍선이 아니라, 풍선이 날아가는 쪽의 산등성이 위에 떠 있는 솜덩이 같은 구름"이다. 구름을 관조하면서 "그들의 살상 행위도 애당초 '나'의 수신호로부터 시작된 셈이다. '나'의 수신호는 살상의 시발점이다."[33] 그러면서 '구름'을 비롯한 '비행기', '풍선' 등의 시어를 통해 공기 이미지를 불어넣고, 비상의 상상력을 확장해 나간다.

　　구름이여 사랑이여 구름이여 사랑이여 구름이여 사랑! 한 아름 부듯이 안기이나 너무나 가볍다 구름, 구름같은 꿈들. 둥실둥실 떠오르는 빨간 風船을 나비가 한 마리 딸아 오른다, 날개 고은 나비여 가냘픈 나비. 구름 속에 묻히면

∙ ∙ ∙
30) 위의 시집 해설, 114쪽.
31) 박순원, 앞의 논문, 240쪽.
32) 가스통 바슐라르, 앞의 책, 332쪽.
33) 김판수, 앞의 책, 108쪽.

돌아오려나? 닳아오른[34] 네 신열이, 네 바래움, 마지막 문지러질 날개 粉의 碑
紋!

- 신동문,「풍선기-19호」부분

「풍선기-19호」의 "풍선을 나비가 한 마리 딸아(따라) 오른다."는 풍속의 느림과 비행 가능함, 평화로움 등을 겹쳐 놓은 상징적 묘사이다. "구름이여 사랑이여 구름이여 사랑이여 구름이여 사랑!"이라는 구름 이미지는 형태 유희를 뛰어넘는 변주이다. 구름에 대한 묘사는 형태의 유희이다. 하지만「풍선기-1호」처럼 "구름은 가장 몽상적인 '시적 오브제'들 중 하나"이면서 "대낮에도 꿈꿀 수 있는 몽상의 대상"이라서 자유로운 변주를 통해 형태의 유희를 뛰어넘는다. 또한, 나비 한 마리가 풍선을 따라 오름은 역동적인 종달새의 솟구침보다도 훨씬 가벼운 공기적 이미지이다. 나비는 새보다 더 가볍게 공기에 참여한다. 가냘픈 나비의 날갯짓 이미지에서 날갯짓의 가벼움으로 날아오르는 공기적인 상상력과 날갯짓으로 말미암아 풍선을 가볍게 날아오르게 하는 공기적 상상력이 겹쳐져 있다.

시적 화자는 풍선이 구름처럼 가벼이 날아올라 푸른 하늘 높은 곳을 누비기를 원한다. 전쟁의 비극과 전술비행기의 소음마저도 모두 싣고 날아가 버리기를 소망한다. 이것은 신동문이「풍선기를 쓰던 무렵」이라는 글에서 "나의 의미를 알고자 하는 내 안에 있는 그 알아채는 슬픔도 기쁨도 아픔도 즐거움도 젊음도 좋음도 슬픔도 기쁨과 아픔과 즐거움과 싫음과 좋음을 한낱 에누리도 엄폐도 회피도 없이 받아들이고 느낄 줄 아는 것이 되어 나의 정신 속에서 자라나는 것이"[35]라고 진술한 것과 관

• • •

34) 달아오른의 오기이다.
35) 신동문,「행동한다 그러므로 존재한다」, 솔, 2004, 17쪽.

련성이 있다.

결국, 시적 화자는 "풍선을 나비가 한 마리 따라 오른다."라는 묘사에서 보는 바와 같이 풍선이라는 매개를 통해 전쟁의 비극을 몽상하고, 허무 의식으로 나아가고 반전 의식을 확장해 나간다. 나아가 풍속의 느림과 비행 가능함을 통해 사랑과 평화가 깃든 평안한 세상, 즉 평화로운 세상을 추구하고 있다.

「핑크」빛 風船을 띄우면서 흡사히 능금과 같이 싱싱하다고 생각하였으나— 가지 끝에 매달린 열매는 떨어질 듯이 불어오는 바람 속에서 익어들고 단물 들면 한 사람의 상냥한 손이 下降을 받들어 주는 「릴케」의 능금은 怪異한 꿈을 꾸었다. …〈亂舞하는 日光속의 原子能 副射와 「비기니」[36]島 近海의 水疱症이 JAZZ처럼 狂舞하는 月光 속에서 하늘만이 남고 모두가 落胎하는 來日들을 凝視하며 空轉하는 祈禱의 合掌을 하는 그런 姿勢의 群衆들이 매달린 가지 끝에 휘몰아치는 바람 속에는 스스로가 排泄하는 毒素의 疾疫때문에 퍽 퍽 무너져 가는 肉體를 우는 별들의 落葉들이 呻吟하고 있는 것이었다〉…꿈 속에서 능금은 變色하는 自信을 어쩌지 못하고 식은 땀을 흘리며 뒤치락거리지만—흡사히 그런 몸짓을 하며 風船은 떠올라가고 있었다.

― 신동문, 「풍선기-10호」 전문

「풍선기-10호」에서 "…〈亂舞하는 日光 속의 原子能 副射와 「비기니」島 近海의 水疱症 (……) 肉體를 우는 별들의 落葉들이 呻吟하고 있는 것이었다〉…"라는 시행을 보는 바와 같이 문장 부호 줄임표와 꺾쇠표

* * *

36) 비키니섬: 미국은 제2차 세계대전 후 서태평양 비키니섬 주민들을 강제 이주시킨 뒤, 1946년 7월부터 1958년까지 23차례의 핵폭탄 실험을 강행했다. 특히 1954년 수소폭탄 실험 때에는 3개의 섬이 지구상에서 사라졌다.

등을 채택하여 독자의 시선이 주목하도록 시각화했다. '액자 형식'[37]의 문장부호 속에 꿈의 내용을 담아 시각적 통일체를 인식하도록 유도한다. 이를 통해 핵폭탄 방사능 피폭 임산부들이 낙태를 할 수밖에 없는 인류의 비극적 악몽을 형상화하여 '반전 의식과 함께 반핵(反核) 의식'[38]을 드러낸다.

시적 화자는 '핑크빛 풍선'과 '능금'을 처음에는 형태의 유사성 때문에 두 사물을 동일시하는 시선으로 관조한다. 결국에는 모양만 유사할 뿐 이질적 사물임을 자각한다. 이것 역시 형태 유희 이미지를 뛰어넘는다. 능금의 하강 이미지와 풍선의 상승 이미지를 통해 형태 유희를 뛰어넘어 반전 의식을 드러내고, 나아가 대지적 상상력과 공기적 상상력의 조화를 이루어 낸다. 그 조화는 평화 의식으로 전환해 나간다. 형태 유희 이미지를 뛰어넘는 것은 첫 행과 마지막 행의 상응을 통해 알 수 있다. "「핑크」빛 풍선을 띄우면서 흡사히 능금과 같이 싱싱하다고 생각하였으나" 현실은 비극적인 "괴이한 꿈"뿐이다. 그 괴이한 악몽이라는 "꿈속에서 능금은 변색하는 자신을 어쩌지 못하고 식은땀을 흘리며 뒤치락거리"는 몸부림을 친다. 하지만 풍선도 "흡사히 그런 몸짓을 하며" 하늘로 떠올라간다. 단순한 꿈의 몸부림이 아니라 괴이한 악몽의 몸서리다. 능금의 대지적 이미지와 풍선의 공기적 이미지의 조화를 통해 전쟁에 대한 악몽에 시달리며 몸서리치는 시적 자아를 투사한다.

...

37) 「풍선기」에서 문장 부호로 구성한 액자 형식의 시를 예로 들면, "기체와 맞선 채 문득 사랑을 생각하였으나 …〈그것은 승화라고는 할 수 없는 좁은 어항 속 답답한 수온을 못 이기고 뱉는 금붕어의 물거품과 흡사히 그것은 압살당한 사념일 뿐이고〉… 그날 교회 뒷골목"(「풍선기-3호」), "도무지 신명이 안 난다. …〈절정은 이미 파멸을 의미하게 되고〉… 그러면 나도 의식을 조절해야"(「풍선기-4호」), "당신을 기다리는 것은 …〈당신의 맑은 동자의 세계!〉… 그것은 나를 기다리는 것이다."(「풍선기-5호」), "눈이 부신 나는 …〈이국병사는 색안경을 썼지만〉… 아담 시조의 안력은 어떠했을까?"(「풍선기-6호」) 등이다.
38) 「풍선기-10호」를 분석해 보면, 반전 의식을 품고 있던 신동문은 1956년 신춘문예에 응모하기 전부터 이미 반핵(反核) 의식을 품은 듯하다. 핵폭탄에 의해 인류가 증발해 버릴 수 있음에 대한 경고성 메시지를 세상을 향해 던지면서 그 비극성과 참혹성을 꼬집고 비틀어 대고 있다.

'핑크빛 풍선'과 '능금'은 "외형상의 유사성에 의해 선택된 소재"[39]이다. 능금나무 "가지 끝에 매달린 열매는 떨어질 듯이 불어오는 바람 속에서 익어들고"는 대지와 공기의 대립이 공존하는 시각적 이미지이다. 대지에 뿌리를 박은 능금나무에 매달린 '능금'이라는 대지의 이미지와 '바람'이라는 공기 이미지가 대립의 공존을 이룬다. "단물 들면 한 사람의 상냥한 손이 하강을 받들어 주는 「릴케」의 능금은 괴이한 꿈을 꾸었다."라는 미각적 이미지에서 촉각적 이미지로 전이해 나가는 공감각적 이미지이다. 특히 릴케의 시에 등장하는 능금이 꿈을 꾼다는 몽환적 묘사에서 능금의 하강 이미지가 뚜렷하게 드러난다.

그 꿈은 "모두가 낙태하는", "독소의 질역 때문에 퍽 퍽 무너져" 갈 수밖에 없는 인류의 비극적 악몽이다. 마지막 행 "풍선은 떠올라가고 있었다."에서 풍선이라는 상승 이미지로 전환한다. 이것은 하강과 상승, 대립항인 대지와 공기의 조화를 상징한다. 다시 말하면, 능금이라는 추락 이미지가 '꿈'이라는 환상을 통과함으로써 풍선이라는 상승 이미지로 전환해 나간다. 악몽 같은 인류 몰락의 비극에서 희망으로 상승하는 도덕적 승화를 통해 시적 반전(反轉) 효과를 획득한다. 나아가 시적 화자는 풍선을 매개로 자유로운 공기적 삶을 추구하고 있음은 물론, 대지와 하늘의 일치를 꿈꾸고 있다.

앞에서 살펴본 「풍선기-1호」를 비롯해 「풍선기-19호」, 「풍선기-10호」를 가스통 바슐라르와 신동문의 공기 이미지 가운데 세 번째 유사점인 공기의 형태 유희 이미지 틀에서 벗어난 상상력으로 새로운 생명력을 창조해낸다는 점과 연결해 보면 공기의 형태 유희 이미지와 반전 의식은 떼려야 뗄 수 없는 관계이다.

...

[39] 노지영, 앞의 논문, 24쪽.

Ⅳ. 공기와 대지의 조화 이미지와 평화 의식

"상상력의 왕국에서 공기라는 실사(實辭)와 가장 가까운 부가 형용사는 '자유로운'이라는 형용사"[40]이다. 또한, "자연스런 공기는 자유로운 공기"이듯, 「풍선기」에서도 '자유로운 공기', 즉 자유로움을 느낄 수 있다. 「풍선기」의 시적 화자는 풍선을 매개로 공기적 삶을 추구한다. 그러면서도 대립항인 대지와 공기의 조화를 꿈꾼다. 즉, 대립항인 대지와 하늘의 일치를 꿈꾸고 있다. "물과 불이 만나고 대지와 공기가 조화를 이루는 것"[41]은 동일화이다.

내시와 공기처럼 대립항은 언제나 공존한다. 대립의 일치, 즉 대립의 조화를 이루려면 공존을 통한 통합(합일)이 이루어져야 하고, 통합된 공존이 나아가 일치되어 조화를 이룬다. 대립항은 '대립(공존)' → '통합(합일)' → '조화(일치)'라는 과정을 거친다. 동일화된 대립의 일치라는 측면에서 보면, 대립은 늘 공존하므로 일련의 과정을 거치는 것이 아니라 '대립=공존=통합=합일=조화=일치'라는 등식 관계에 놓여 있다.

따라서 「풍선기」에 나타난 공기와 대지의 조화와 평화 의식을 고찰하고자 한다.

　　戲畵처럼 그어진 몇 줄기의 飛行雲과 파아란 파란 背景……. 목숨들이 끝내 革命할 수 없는 位置에다 遺産받은 NOSTALGIA의 푸르름! 파아란 그 하늘로 종다리를 딸아 오른 것은 그것은 내가 띄운 風船이었지만…〈風速 35 風位 N, W, 18度方向〉…羅針이 가리키는 하늘의 構圖는 그것은 正確한데도 믿을 수 없어졌다. 하늘을 재겠다는 나의 頭腦여. 나의 幾何係數여. 느닷없이 나는 어

---

40) 가스통 바슐라르, 앞의 책, 33쪽.
41) 이지훈, 『예술과 연금술-바슐라르에 대한 깊고 느린 몽상』, 창비, 2004, 364쪽.

머니를 부르며 초라해진다. 어머니! 어머니! 나는 어머니를 불러도 나는 산 것
도 아니다.

- 신동문, 「풍선기-8호」 전문

「풍선기-8호」에서 하늘은 맑고 푸르고, 시계가 양호하지만, 풍향과 풍속은 '비행 제한' 상태이다. 이런 의미가 "…〈風速 35 風位 N, W, 18 度方向〉…"이라는 시각적 표현에 담겨 있다. 시집『풍선과 제3포복』에서 대부분의 숫자를 한자로 표기한 것과는 달리 '35'와 '18'은 아라비아 숫자로 표기했다. 문장 부호 줄임표와 꺾쇠표를 채택하여 독자의 시선이 주목하도록 시각적 강조를 중시했다. 특히 '문장 부호로 구성한 액자' 속에 비행 제한이라는 의미를 담아 독자의 시선을 감각적으로 고정시켜 시각적 통일체를 인식하도록 유도하고 있다. 일종의 '형태시(形態詩)'[42]이다. 신동문이 꺾쇠표와 줄임표 등 여러 문장 부호를 채택하여 액자 형식의 구성으로 전쟁의 아픔을 표현한 것을 보면, 다다이즘 혹은 초현실주의적인 시적 경향도 드러난다.

문장 부호로 구성한 액자 속을 들여다보면, 바람이 불어오는 위치를 영문 'N, W'를 채택하여 18도 방향에서 불어오는 북서풍임을 시각적으로 표현한다. '풍속 35'[43]라는 아라비아 숫자도 '비행 제한' 상태의 강풍

• • •

42) 형태시(形態詩)의 대표적인 예를 들면, 프랑스의 기욤 아폴리네르는 시집『칼리그람(Calligrammes)』(1918)에서「비가 내린다(Il Pleut)」라는 시를 인쇄할 때, 빗방울이 사선으로 떨어지는 형상으로 활자(글자)를 배열하여 시각화하였다. 즉, 활자를 시각화한 것이다. 이 시각화는 활자를 변형한 언어를 통해 독자의 시선을 감각적으로 고정시켜 시각적 동일체를 인식하도록 유도하는 효과를 획득하기 위함이었다. 신기용,『비평의 수평과 지평』, 정인, 2012, 21쪽 참조.
우리나라에서는 이상(李箱)이 영향을 받아 띄어쓰기와 구두점을 무시하고, 숫자나 수식, 도해와 도형, 삽입구 등을 채택하여 사용했다. 재래적 시와는 전혀 다른 다다이즘과 초현실주의적 경향을 보여 주었다. 위의 책, 34-35쪽.
43)「풍선기-8호」에서 단위를 생략했지만, 軍의 풍속 단위는 'kts'이다. 이를 환산하면 18㎧이다. 기상청에서 2004년 7월부터 강풍특보 기준을 개선한 내용을 참고하면, 이 시에서 '풍속 35kts'의 위력은 '강풍주의보' 수준의 '비행 제한' 상태임을 알 수 있다. '강풍경보' 시에는 '비행 불가'이다.

이다. "하늘로 종다리를 딸아(따라) 오른 것"에 풍속의 빠름과 비행 제한, 변덕스러운 날씨에 대한 대지와 하늘의 대립 등의 중의적 의미가 담겨 있다.

　시적 화자가 "띄운 풍선"이 "파아란 그 하늘로 종다리를 따라 오른"다. 앞에서 언급한 바와 같이 날개의 시학 측면에서 "새가 나는 것은 가벼운 공기에 참여하기 때문이다." 종달새는 "공기적 상상력 속에서만 그 생명을 누리는 정신적 이미지이다."[44] 독자는 종달새가 날아오르고 풍선이 그 뒤를 따라 올라갔다는 시각적 이미지를 통해 지저귀는 종달새의 청각적 이미지를 동시에 감각할 수 있다. 종달새의 이미지를 통해 '순수한 이미지'를 떠올린다. 종달새가 '공기와 상승'에 관한 메타포의 중심에 서 있음은 물론, 생명을 누리는 정신적 이미지를 유발하고 있다. 이 정신적 이미지를 도덕적 존재 측면에서 보면, 도덕적 존재의 추락 이미지이다. 비극을 싣고 날아오르는 풍선을 기하계수로 재고 있을 때 느닷없이 안락한 고향, 어머니 품이 떠오른다. 이것은 안락한 대지적 상상력과 자유로운 공기적 상상력의 조화이다. 이를 통해 비극적인 풍선이 평화로운 풍선으로 전이해 나간다.

　종달새의 이미지를 말할 때 "대지의 환희를 하늘로 싣고 오른다."[45]고 한다. 종달새는 대지와 하늘이 조화를 이루게 하는 시적 매개이다. 시적 화자는 대지의 환희를 싣고 오르는 공기 속의 종달새처럼 자유로운 날갯짓을 한다. 종달새 날갯짓의 형상보다는 종달새를 따라 오르는 풍선의 자유로운 상상적 날갯짓의 역동성을 표현한다. 날개 없는 풍선에 관한 역동적 상상력을 통해 자신을 겹쳐 놓고 대기를 넘나드는 자유로운 존재로 동일시한다. 마지막 행의 "느닷없이 나는 어머니를 부르

･･･

44) 가스통 바슐라르, 앞의 책, 167쪽.
45) 미슐레, 『새』, p.176. (위의 책, 168쪽에서 재인용.)

며 초라해진다. 어머니! 어머니! 나는 어머니 불러도 나는 산 것도 아니다."라며 '모태로의 회귀', 즉 '대지로의 귀환'을 꿈꾸고 있다. 날개 없는 풍선처럼 자유롭게 날아올라 어머니의 품으로, 고향으로의 귀환을 염원함이다.

종달새는 대지의 환희를 싣고 오르지만, 풍선은 대지의 비극을 싣고 오른다. 풍선의 대지로의 귀환은 어머니 품처럼 안락하다. 시적 화자는 풍선이 대지의 환희를 싣고 오르는 종달새를 따라 날아오르는 모습을 관조하면서 종달새와 풍선을 동일시한다. 하지만 풍선의 본질이 전장의 살상 도구인 전술비행기가 날아오를 수 있게 길잡이 역할을 하다가 추락해 버리는 것은 변함없다고 인식한다. 결국, 시적 화자는 풍선을 매개로 자유롭고 평화로운 공기적 삶을 추구하고 있음은 물론, 대립항인 대지와 하늘의 조화를 꿈꾼다.

종달새의 비상에 대해 "사람들은 흔히 '새 → 날개 → 비상의 행복'이라는 순수한 이미지의 순서를 생각하지만, 기실 심리적으로 일차적 순서는 새가 아니라 마지막에 놓인, 비상의 행복이라는 이미지이"[46]듯, 이 시에서 종달새의 비상도 행복이라는 이미지를 떠오르게 함은 물론, 나아가 평화라는 이미지로 확장해 나간다.

> 한 나무 가지에 數千 數萬씩 돋아나 저마다 하늘을 부르며 너풀너풀 손짓을 하는 「푸라타나스」잎의 꿈이나 風船의 꿈이나 매한가지이었다. (……)
> 웬통 나무둥치를 뿌리마저 송두리 채로 뽑아 들고 하늘로 날아오를 듯이 서둘러 대면서 너풀너풀 하늘을 부르던 數千 數萬의 「푸라타나스」 잎들도 끝내 그 자리에 머무른 채 지금 葉綠素의 生理를 햇볕 받고 있는 것이나, 슬픈 窮極의 觀測風船이나, 내 젊음이나 다 季節 속을 한 때 茂盛하여 보는 것임은 매한

---
46) 위의 책, 138쪽.

가지가 아닐까?

— 신동문, 「풍선기-20호」 부분

「풍선기-20호」의 첫 행 "한 나무 가지에 수천수만씩 돋아나 저마다 하늘을 부르며 너풀너풀 손짓을 하는 「푸라타나스(플라타너스)」 잎의 꿈이나 풍선의 꿈이나 매한가지였다."에서 시적 화자는 플라타너스 잎의 꿈과 풍선의 꿈을 동일시하고 있다. 이것은 플라타너스를 통해 대지적 이미지와 공기적 이미지가 조화를 이루고 있음을 대변한다. "웬통(온통) 나무둥치를 뿌리마저 송두리 채(송두리째)로 뽑아들고 하늘로 날아오를 듯이"에서 공기적 프로메테우스의 원리와 수직적 심리학의 역동적 이미지를 분석할 수 있다. 그 팽팽함을 통해 시적 화자가 하늘로 상승하며 위로 오르기를 갈망하고 있음이 드러난다. 프로메테우스가 자신의 몸을 묶은 쇠사슬을 팽팽하게 당기며 높은 곳으로 올라가고자 한 것은 공기적 삶을 받아들이기 위해서다. 이것은 인간이 존재의 정점에서 살기를 원한다는 은유적 의미를 내포하고 있다. 이 시의 시적 화자도 존재를 초월하는 공기적 삶을 받아들이기 위해서 높은 곳을 지향하며 존재의 정점에서 살기를 원한다.

시적 화자는 나무의 솟구침을 통해 존재론적 삶의 도약과 비상을 꿈꾸는 공기적 삶을 추구한다. 여기서 수미상응 관계의 의미를 분석할 수 있다. 첫 행의 "오늘도 하늘 높이 솟아보려고 한들 어제와 매한가지"에서 늘 변함없이 무의미한 풍선 띄우기를 계속하고 있음을 암시한다. 마지막 행 "슬픈 궁극의 관측 풍선이나, 내 젊음이나 다 계절 속을 한때 무성하여 보는 것임은 매한가지"에서도 변함없이 무의미한 풍선 띄우기를 계속한다. 나아가 '플라타너스의 잎', '관측용 풍선', 시적 화자의 '젊음'을 동일시한다. "역동적인 모든 위대한 몽상가는 누구나 수직적이고도 수직화하는 이미지의 덕을 입는다. 쭉 뻗은 나무는 대지적 생명력을 푸른 하늘로 싣고 오르는 분명한 힘"⁴⁷⁾을 갖고 있다. 이것은 대립항인 대지와 하늘의 조화, 즉 대립의 일치다. 결국, 시적 화자는 풍선을 매개로 공기적 삶을 추구하고 있음은 물론, 대립항인 대지와 하늘의 일치, 즉 조화를 꿈꾸고 있다.

앞에서 살펴본 「풍선기-8호」와 「풍선기-20호」를 가스통 바슐라르와 신동문의 공기 이미지 가운데 네 번째 유사점인 공기와 대지의 조화로움을 통해 자유로움을 창조해낸다는 점과 연결해 보면 공기와 대지의 조화 이미지와 평화 의식은 떼려야 뗄 수 없는 관계이다.

V. 결론

신동문의 연작시 「풍선기」에 나타난 공기 이미지를 공기의 추락 이미지, 공기의 형태 이미지, 공기와 대지의 조화 이미지로 임의로 범주화하고, 이들 공기 이미지가 의미하는 자의식, 반전(反戰) 의식, 평화 의식 등 주제 의식의 특징을 고찰하였다.

이 연구를 통해 「풍선기」에 나타난 공기 이미지가 의미하는 주제 의식의 세 가지 특징은 다음과 같다. 첫째, 공기의 추락 이미지는 존재론적 성찰과 자의식을, 둘째, 공기의 형태 유희 이미지는 허무 의식과 반전 의식을, 셋째, 공기와 대지의 조화로운 이미지는 자유로운 공기적 삶, 즉 평화 의식을 의미한다고 요약할 수 있다.

가스통 바슐라르와 신동문의 공기 이미지를 비교해 본 결과 네 가지의 유사점을 발견할 수 있었다. 첫째, 상승과 추락에 관한 메타포들이 공리적인 메타포들이라는 점. 둘째, 추락의 원인과 거리가 먼 심연을

• • •
47) 위의 책, 364쪽.

새롭게 창조해낸다는 점. 셋째, 공기의 형태 유희 이미지 틀에서 벗어난 상상력으로 새로운 생명력을 창조해낸다는 점. 넷째, 공기와 대지의 조화로움을 통해 자유로움을 창조해낸다는 점 등이다.

　신동문이 꺾쇠표와 줄임표 등 여러 문장 부호를 채택하여 액자 형식의 구성으로 전쟁의 아픔을 표현한 것을 보면, 다다이즘 혹은 초현실주의적인 시적 경향도 드러난다. 전쟁이라는 악의 구렁텅이에서 벗어나려고 몸부림을 치는 수준을 넘어 몸서리를 친 시인이다. 비극적인 전쟁 상황과 현실을 산문체의 시로 형상화하면서 때로는 비틀고, 때로는 거침없는 언어로 반전 의식을 표출한 것이 확연하게 나타난다. 이것은 한국 전쟁이 안겨다 준 비극적인 상황과 현실에 좌절하지 않고 극복해 나가는 삶, 즉 초극의 삶으로 승화해 나가는 신동문만의 내면적 특징이다.

　신동문은 '공기적인 시인'이다. 엄격히 말하면 풍선을 통해 자유로움과 평화로움을 추구한 '풍선적인 시인'이다. 한국 전쟁 중 공군 전술비행장 기상관측병으로 복무하면서 풍선 날리기를 직접 체험했다. 살상무기의 파괴력과 전쟁의 비극성을 체득한 시인으로서 전쟁을 부정하며 평화롭고 자유로운 공기적 삶을 연작시로 형상화했다. 풍선처럼 하늘을 자유롭게 나는 공기적 환희가 깃든 평화로운 세상을 염원한 평화주의자이다.

2.
신동문의 시 전집에 누락된 시편 연구

I. 서론

　신동문은 현대 시문학사에서 중요한 자리를 차지한다. 그러나 그의 시 작품의 면모와 중요성에 대해서 깊이 있는 연구가 충분히 이루어지지 못했다. 그가 연구사 속에서 시인으로서 부각되지 못했던 이유가 출판 기획자로서 인적 네트워크의 핵심 역할을 담당했기 때문일 수도 있을 것이다.
　신동문은 1956년 『조선일보』 신춘문예에 장편 연작시 「풍선기」가 차석(2석)[1]으로 당선되어 등단했다. 그해 시집 『풍선과 제3포복』(충북문화사, 1956)을 펴냈다. 그 후 사화집, 문예지, 동인지, 교양지 등에 시를 드문드문 발표했으나, 살아생전 더는 시집을 펴내지 않았다. 그동안

---

[1] 1956년 『조선일보』 신춘문예 당선작은 박봉우의 「휴전선」이다. 그런데 당시 심사 위원이었던 김광섭, 양주동이 합의하여 신동문의 「풍선기」 연작을 2등 당선작으로 뽑는 이례적 풍경이 연출된다. 김광섭은 심사평에서 박봉우의 작품이 워낙 뛰어나다는 것을 전제하면서, 신동문의 특이한 시적 성향을 높은 가능성으로 참작하여 2등 당선작으로 뽑는다고 밝히고 있다. 유성호, 「부정과 참여의 반시적 페이소스」(시집 해설), 『내 노동으로』, 솔, 2004, 111쪽.

연작시를 분리하여 계산하더라도 약 60편[2] 정도라고 알려져 왔다. 발표한 시든 발표하지 않은 시든 아직 발굴되지 않은 시가 더 있을 것이라는 가정이 가능하다.

　이 논문은 신동문의 유고 시집 격인 시 전집 『내 노동으로』와 연구자들이 정리한 작품 연보에 누락된 시를 새로 발굴하여 텍스트의 영역을 확장함으로써 새로운 시 읽기를 모색하고, 텍스트의 의의와 가치를 넓히는 데 궁극적인 목적이 있다. 이를 위해 사화집, 문예지, 동인지 등에 발표한 시 가운데 최초 발표 이후 현재까지 묻혀 있었던 시편들을 찾아내어 전문을 살펴보면서 시적 의미와 특징을 살펴보고자 한다. 또한, 그동안 문학사적 기여도에 비해서 평가가 소홀했던 신동문의 시 연구에 중요한 자료를 제공하고 이를 어떻게 평가할 것인가를 제시하고자 한다.

　신동문의 시에 관해 연구한 박사 논문은 김청우, 이승하, 이혜경, 유정이 등[3] 소수이다. 학술 논문을 발표한 연구자는 노지영, 박순원, 박지영, 유성호, 이석우, 이승훈, 임승빈, 전은진, 조영복 등[4]을 들 수 있다.

• • •

2) 신동문, 『행동한다 그러므로 존재한다』, 솔, 2004, 105쪽 참조.
3) 김청우, 「한국 전후시의 공간 인지 특성 연구-서정주, 신동문, 김구용을 중심으로」, 전남대학교 국어국문학과 박사논문, 2016.
　이승하, 「한국 현대시에 나타난 풍자성 연구-송욱, 전봉건, 신동문, 김지하를 중심으로」, 중앙대학교 문예창작학과 박사논문, 1996.
　이혜경, 「한국 전후시에 나타난 현실 비판의식-박봉우 · 신동문 · 신동엽을 중심으로」, 한남대학교 문예창작학과 박사논문, 2015.
　유정이, 「한국 전후 모더니즘 시 연구-신동문, 전봉건, 김구용 시를 중심으로」, 동국대학교 국어국문학과 박사논문, 2018.
4) 노지영, 「신동문 전기시의 연작 형식-「풍선과 제삼포복」의 불연속적 시리즈 성을 중심으로」, 『서강인문논총』, 제27집, 서강대학교 인문과학연구원, 2010, 5-39쪽.
　박순원, 「신동문 시 연구-생애의 전환점을 중심으로」, 『비평문학』, 제44호, 한국비평학회, 2012, 231-257쪽.
　박지영, 「신동문 시 연구」, 『덕성어문학』, 제9집. 덕성여대국문과, 1996, 71-96쪽.
　유성호, 「신동문 시 연구」, 「1950년대 남북한 시인 연구」, 한국문학연구회, 1996, 211-240쪽.
　이석우, 「신동문의 후기시 연구」, 『한국문예비평연구』, 제2호. 한국현대문예비평학회, 1998, 151-165쪽.
　이승훈, 「1950년대 한국 모더니즘시 연구」, 『한국학논집』, 제33집, 한양대학교 한국학연구소, 1996, 71-96쪽.
　임승빈, 「신동문 시론 연구」, 『인문과학논집』, 제52집, 2015, 131-161쪽.
　전은진, 「신동문 시의 어휘 사용 양상과 공기어 네트워크 분석」, 『인문과학연구』, 제42호, 2014, 175-200쪽.
　조영복, 「1950년대 장형시와 내면화의 두 가지 방식-민재식, 신동문의 경우」, 『한국현대문학연구』, 제7집, 한국현대문학회, 1999, 245-266쪽.

신동문의 시 세계의 변화 과정을 다룬 연구자 대부분은 4·19 혁명을 기점으로 전기 시와 후기 시로 구분하였다. 그러나 신동문의 전·후기 시의 특징에 관한 주장은 다르다. 이 가운데 유정이는 "1960년대 이후 신동문의 시의 특성을 현실 참여적이라는 시각으로 고정, 일반화시키는 점은 바람직하지 않은 평가"[5]라고 하면서 "참여 시인의 한 모습이라기 보다는 오히려 모더니즘의 세례를 더 많이 받은 신세대 감각의 시인이 었다."[6]고 평가했다. 특히 신동문의 "시는 자본주의가 생산해낸 전쟁을 원체험으로 하면서 그 안에서의 실존적 불안과 의식을 자동기술에 의한 생경한 시어의 도입, 산문시의 시도 등과 같은 형태 파괴적 시법으로 전후 실존 의식을 반영하면서 역동적인 시의 세계를 구사"[7]했다고 평가했다. 전기 시를 전쟁의 원체험을 바탕으로 한 자동기술법에 의한 모더니즘 계열의 시라고 평가한 것이다. 이와 동시에 후기 시마저도 모더니즘 계열의 시라고 평가한 것이다. 즉, 현실 참여시마저도 모더니즘 계열의 시로 평가한 것이다. 이석우는 신동문의 "1950년대 시편들은 인간성 상실의 전쟁 체험과 병마에 시달려 온 개인 체험이 주조를 이루며 자아의 진정성을 찾는 일관된 정서의 내적 지향성을 보여 주는 반면, 60년대는 내부로 응축되어 있던 현실에 대한 부정 의식들이 대사회적인 발언으로 이어진다."[8]고 평가했다. 전기 시를 투병 체험 시와 전쟁 체험 시, 후기 시를 현실 참여시라고 평가한 것이다.

그 외 김판수, 오윤정, 임우기를 들 수 있다. 김판수는 『신동문 평전』을 출간했고, 임우기는 신동문의 시 전집 『내 노동으로』(솔출판사, 2004)와 산문 전집 『행동한다 그러므로 존재한다』(솔출판사, 2004)를

---

5) 유정이, 「신동문의 모더니즘 시 연구」, 『한국사상과 문화』, 제38집, 2007, 128쪽 ; 유정이, 앞의 논문, 2008, 61쪽.
6) 위의 논문, 119쪽 ; 위의 논문, 43쪽.
7) 위의 논문, 119쪽 ; 위의 논문, 43쪽.
8) 이석우, 앞의 논문, 152쪽.

편집했다. 이 가운데 오윤정이 『한국 전후 문제 시인 연구 · 2』(예림기획, 2005)에 발표한 논문 「'오늘'의 상황 의식과 부정의 시학—신동문론」에 신동문의 생애 연보와 작품 연보를 수록하였고, 임우기가 신동문의 유고 시집 격인 시 전집 『내 노동으로』의 책임 편집자로서 시집에 수록한 시 26편[9]에 대한 '수록 작품 발표지' 연보와 작가 연보를 수록했다. 이 두 연구자가 정리한 신동문의 작품 연보가 발표 지면을 연구하는 데 많은 도움이 되지만, 오류가 있어 바로잡아야 할 부분도 있다. 김판수는 신동문 연보를 수록하였으나, 작품 연보가 구체적이지 않아 발표 지면을 연구하는 데 제한이 있다. 이들 작품 연보에 누락되어 있는 시가 제법 있다. 유성호는 『서정시학』(2016. 2, 제26권 1호)에 '윤리적 품격과 진정성의 시학'이라는 부제를 단 「신동문의 전집 미수록 시편들」[10]이라는 논문에서 신동문의 시 전집에 누락된 시 2편을 발굴하여 소개했다.

이 논문은 문헌학적 연구 방법을 토대로 사화집 『시(詩)의 화원(花園)』(1958), 문예지 『시작업(詩作業)』 창간호(1959), 동인지 『현실(現實)』 창간호(1963)와 2집(1963) 등에서 새로 발굴한 「풍선기(風船期)—32호」, 「카멜레온 단장(斷章)」, 「전쟁은 10년 전 옛 얘기처럼」, 「부재설(不在說)」 등 4편의 시를 중심으로 살펴보고자 한다. 이에 부가적으로 주제학적 방법으로 살펴보고자 한다. 지금까지 대체로 신동문의 전기 시의 주된 주제는 불안 의식, 후기 시의 주된 주제는 부정 의식이 내재해 있다고 연구되어 왔다. 그러나 전기 시는 6·25 한국 전쟁의 원체험을 바탕으로 한 자동기술법에 의한 모더니즘 기법의 전쟁 체험 시로서의 불안 의식만이 내재해 있는 것이 아니고 부정 의식도 내재해 있다.

---

9) 연작시 「풍선기」 20편(1~20호), 「제3포복」 4편(1~4장), 「조건사」 6편(3, 5, 7, 8, 11호, 무제), 「모작조감도」 5편(1~5호) 등을 분리하면 57편이다.
10) 유성호는 이 논문을 토대로 2016년 '제4회 신동문 문학제'에서 「윤리적 품격과 진정성의 시학-신동문 문학과 발굴 시편」이라는 주제 강연을 한 바 있다. 유성호, 「윤리적 품격과 진정성의 시학-신동문 문학과 발굴 시편」, 『제4회 신동문문학제』(팸프릿), 딩하돌하문예원, 2016. 32-42쪽 참조.

후기 시는 4·19 혁명을 기점으로 한 리얼리즘 계열의 현실 참여시로서의 부정 의식만이 내재해 있는 것이 아니고 불안 의식도 내재해 있다. 이에 추가하여 자아의식, 사랑, 윤리 의식, 평화 의식 등 주제 의식이 내재해 있음을 살펴보고자 한다.

II. 사화집 『신풍토―신풍토시집 I 』에 발표한 시의 불안 의식

서론에서 언급한 바와 같이 유성호가 「신동문의 전집 미수록 시편들」에서 2편의 시를 발굴하여 소개했다. 이 2편은 사화집 『신풍토―신풍토시집 I 』(백자사, 1959)[11]에 발표한 시이다. 이에 관해 유성호는 "여기 실린 신동문 시편은 모두 네 편이다. 순서대로 보면 「4월의 실종(四月의 失踪)」, 「5월병(五月病)」, 「6월(六月)」, 「실도(失禱)―풍선기 실호(風船期 失號)」[12]이다. 이 가운데 「5월병」, 「6월」은 나란히 『세계전후문학전집 8권―한국전후문제시집』(신구문화사, 1965)[13]에 재수록되었고, 그것이 바로 신동문 전집에 실리게 되었다. 전집은 이 시편들이 『세계전후문학전집 8권―한국전후문제시집』에 처음 발표된 것으로 해석하였지만, 거기 함께 실린 「수정 화병(水晶 花瓶)에 꽂힌 현대시」나 「춘곤(春困)」과 마찬가지로 이 시편들 역시 이미 다른 매체에 실렸던 것이 재수록된 것이다. 결국, 사화집에 실린 신동문 시편 중 「5월병」과 「6월」은 전집을 참

• • •

11) 이 사화집은 창간호(1959. 6. 15. 발행)로 종간되었다. 유성호, 「신동문의 전집 미수록 시편들-윤리적 품격과 진정성의 시학」, 『서정시학』 제26권 1호, 서정시학, 2016. 181쪽 참조 ; 위의 팸프릿, 2016. 40쪽 참조.
12) 최초 발표 당시 시 제목을 「失禱(風船期 失號)」라고 표기하였으나, 부제의 표기 통일을 측면에서 「실도-풍선기 실호」로 표기한다.
13) 『세계전후문학작품전집 8권-한국전후문제시집』의 1961년 초판을 기준으로 하지 않고, 1965년 재판을 기준으로 작성한 듯하다.

고하면 그 면모를 알 수 있으나, 「4월의 실종」과 「실도—풍선기 실호」는 이번에 처음 공개"[14]한다고 하면서 2편의 시 전문을 소개했다.

유성호가 밝힌 바와 같이 시 「4월의 실종」과 「실도—풍선기 실호」는 『신풍토—신풍토시집Ⅰ』(1959)에 최초 발표했다. 유성호가 발굴한 시 「4월의 실종」과 「실도—풍선기 실호」의 전문을 『신풍토—신풍토시집Ⅰ』에 실린 원문 그대로 소개하면서 시적 의미와 특징을 살펴보고자 한다.

바람이 誘惑하는 달밤이 誘惑하는 꽃가지가 誘惑하는 네 얼굴이 네 입술이 誘惑하는 誘惑하는 誘惑하는 誘惑하는 四月을 拒逆 못한 나이었다면, 그런 나를 못 달랜 나이었다면, 이젠 할 수 없이 그런 나를 위한 그 어떤 어리석은 反抗도 말고 부질없을 所望일지라도 四月의 所望. 어림없을 權利라도 四月의 權利로서 바람에 失踪하자 달밤에 失踪하자 꽃가지에 失踪하자 네 얼굴에 네 입술에 失踪하자 失踪하자 失踪하자 失踪하자.

– 신동문, 「四月의 失踪」 전문[15]

불러도 불러도 대답없는 하늘을 向하여 오늘도 나는 風船을 띄운다.

부는 바람은 東에서 西로, 西에서 北으로 잡을 길 없는 歲月의 表情이다.

아예 아무런 바램없이 오늘을 살고 來日을 메꾸기로 한 것은 생각 뿐이지 오늘도 이렇게 빈 하늘을 向하여 나의 肉體는 너를 기다린다.

무너진 담 모퉁이 뭇발길에 짓밟힌 「애드레스」 지워진 헌 封套紙의 運命을 눈여겨 보곺으지는 않다마는 그렇게 남은 나의 나를 나는 어떻게 달래며 눈을 감고 두 손 모둔 祈禱로서 다시 來日을 기다리란 말이냐.

• • •

14) 유성호, 앞의 논문, 181쪽 참조.
15) 전봉건 외, 『신풍토-신풍토시집Ⅰ』, 백자사, 1959, 148쪽.

불러도 불러도 대답없는 하늘을 向하여 오늘도 나는 風船을 띄운다.

— 신동문, 「失禱—風船期 失號」 전문[16]

「4월의 실종」에서 '4월'이라는 시어에 주목해 본다. "여기서 '四月'이라는 기표는 역사적 구체성을 띠고 있지 않다. 어찌 읽으면 '四月을 拒逆 못한 나' 혹은 '反抗', '四月의 所望', '四月의 權利' 등의 연쇄가 사월 혁명의 빛나는 부분에 대한 심정적 반응으로 읽히기도 하지만, 이 작품은 사월 혁명 전에 발표된 작품"[17]이다. 시의 주제는 불안 의식이다. 이 시에서 "誘惑하는 誘惑하는 誘惑하는 誘惑하는"과 "失踪하자 失踪하자 失踪하자 失踪하자." 등 시어 '유혹(誘惑)'과 실종(失踪)을 반복해서 강조했다. 즉, 반복법을 채택한 시이다. 넓은 의미에서 수미상응 관계를 유지하고 있다. 즉, 변형된 수미상관법을 채택하고 있다.

「실도—풍선기 실호」는 부제 '풍선기 실호' 그대로 장편 연작시 「풍선기」의 잃어버렸던 시편들 가운데 수습한 시편이다. 지금까지 신동문 관련 연구 논문을 비롯한 여러 글의 대부분은 신동문이 시집 후기에서 "풍선기」는 전부가 53호, 총1,700행이나 되는 장편시(長篇詩)였는데, 동난 당시 전전하는 전선 기지에서 써 모은 그것을 무기보다도 더 소중히 들고 다닐 수가 없어서 이곳저곳에 버리고 말았다. 그러나 끝내 내 호주머니에 남아 있어서 조선일보에 당선했던 십여 호와 기타 지면에 활자화했던 것 등등 수중에 있는 것을 간행 편의상 호수를 통 털어서 1호부터 20호로 고친 작품"[18]이라고 밝힌 글을 근거로 연작시 「풍선기」(1~20호)만 발표한 것으로 인지하고 연구해 왔다. 「풍선기」의 연작 시편들처럼 「실도—풍선기 실호」도 "신열을 앓는 듯한 무기력과 무의미하

• • •

16) 위의 책, 153쪽.
17) 유성호, 앞의 논문, 182-183쪽.
18) 신동문, 『풍선기와 제3포복』, 충북문화사, 1956, 82-83쪽 ; 김판수, 『시인 신동문 평전』, 북스코스, 2011, 72쪽.

게 반복되는 '풍선 띄우기' 과정이 담겨 있다. '불러도 불러도 대답 없는 하늘을 向하여 오늘도 나는 風船을 띄운다.'라는 첫 행과 마지막 행의 수미상관 구조가 그러한 상황을 잘 말해 준다."[19] 또한, 「풍선기」는 신동문이 "공군 병사의 신분으로 전쟁에 참여하면서 얻은 경험을 토대로 쓴 연작시인데 전쟁에서 얻은 절망과 허무의 감정을 모더니즘 기법으로 처리한 작품이라고 할 수 있다. 신동문의 경우 공식적으로 문단에 나오게 한 등단 작품이 모더니즘 기법을 견지하고는 있"[20]듯, 「실도―풍선기 실호」도 모더니즘 기법의 시라는 점이 특징이다.

이와 같이 사화집 『신풍토―신풍토시집Ⅰ』(1959)에서 발굴한 2편의 시를 통해 유성호는 "신동문의 전후 참여시에는 냉철한 현실 분석이나 전망 탐색보다는 낭만주의적 비가(悲歌)로서의 속성이 짙다는 측면도 부가되어야 할 것이다. 그럼에도 신동문의 시는 윤리적 품격과 진정성을 품은 채 펼쳐진 독자적인 시학이었다고 할 수 있을 것이다. 이번에 선보인 자료들도 그러한 해석에 긍정적으로 기여할 것이다."[21]라고 평가했다. '전후 참여시'라는 용어로 평가했지만, 이 2편의 시는 리얼리즘 계열의 참여시가 아닌 전후 불안 의식이 관통하는 자동기술법에 의한 모더니즘 계열의 전쟁 체험 시의 특징을 지니고 있다고 평가해 본다.

• • •

19) 유성호, 앞의 논문, 183쪽.
20) "신동문, 김구용, 전봉건은 모두 전후의 모더니즘 운동의 자장권 안에서 활동하였으나 이 시인들 모두 습작을 하던 시기나 등단 초기에는 그 방법론에 있어 모더니즘을 지향하고 있지 않았다. 세 시인은 모두 시를 쓰기 시작하던 초기에 순수 서정시에 가까운 순정한 세계관을 보이고 있다. 그 후 1950년 6·25 발발이라는 사회 변동 요인이 발생하면서 이들은 급격하게 그들이 지니고 있던 고유의 시 세계에 변화를 보이게 된다." 유정이, 앞의 논문, 2008, 10-11쪽.
21) 유성호, 앞의 논문, 184쪽.

Ⅲ. 사화집 『시의 화원』에 발표한 시의 자아의식과 사랑

「풍선기─32호」는 연작시 「풍선기」의 잃어버렸던 시편들 가운데 한 편이다. 앞에서 살펴본 시 「실도─풍선기 실호」와 함께 모더니즘 기법의 시라는 특징을 지니고 있다. 이 시는 임우기, 오윤정, 김판수 등이 작성한 연보에는 누락되었다. 앞에서 언급했듯 유성호는 시 「실도─풍선기 실호」를 발굴하여 공개했다. 또한, 신동문이 스스로 잃어버렸다고 진술한 연작시 「풍선기」 가운데 「풍선기─32호」라는 시를 모기윤이 엮은 사화집 『시의 화원』(일문서관, 1958)에 발표했다. 이를 발표한 이후 이 논문에서 처음으로 발굴하여 새로운 시 읽기를 모색하고자 전문을 살펴본다.

 바룬. 바룬. 더 바룬즈. 너의 母國語로 네 이름을 불러보면 바룬 바룬 더 바룬즈.

 까닭 없이 고여 있는 못물이나 부질 없이 흘러가는 江물 위에 무시로 솟아나는 물거품 같다. 솟아났단 이내 지는 물거품 같다. 내 실마리 없는 생각의 갈피 같다. 수 없이 키워보던 꿈과도 같다. 기맥히던 기맥히던 한숨과 같다.

 목숨이 살아 있는 몸짓에는 어딘지 따스한 운기가 서리는데 보다 더 부드러운 彈力의 네 몸짓은 헛헛히 안기던 내 빈 품안에 건드리면 마냥 터질 사랑과 같다. 울면서 斷念하던 少女와 같다. 간지러운 입술 자근히 수줍던 追憶 같다. 사라져 가버리는 餘韻만 같다.

 바룬. 바룬. 더 바룬즈. 너의 母國語로 네 이름을 불러보면 바룬 바룬 더 바룬즈.

─ 신동문, 「풍선기─32호」 전문[22]

---

22) 모기윤 편, 『시의 화원』, 일문서관, 1958, 204-205쪽.

「풍선기—32호」에서 "바룬. 바룬. 더 바룬즈."라는 시어에 주목해 본다. '바룬'은 '벌룬(balloon)'의 일본식 영어 발음이면서 과거 6·25 한국 전쟁 당시의 한국식 영어 발음이기도 하다. 우리말로 옮기면 "풍선, 풍선, 풍선들"이다. '바룬'은 연작시 「풍선기」에 일관되게 등장하는 기상 관측용 풍선을 의미한다. 이 시는 반복법과 수미상관법을 채택한 시이다. 1연과 4연의 "바룬. 바룬. 더 바룬즈. 너의 母國語로 네 이름을 불러보면 바룬 바룬 더 바룬즈."가 이를 증명한다. 특히 '바룬'을 반복해서 강조했다.

「풍선기—32호」의 구성은 「실도—풍선기 실호」와 비슷하다. 첫 연과 마지막 연이 동일하다. 반복법과 수미상관법을 채택하는 등 동일한 수법으로 창작한 시이다. 이 시는 연작시 「풍선기—19호」 1연의 "구름이여 사랑이여 구름이여 사랑이여 구름이여 사랑!", 마지막 연의 "풍선이여 사랑이여 풍선이여 사랑이여 풍선이여 사랑!"처럼 동일한 수법을 채택했다. 즉, 연작시 「풍선기」처럼 6·25 한국 전쟁의 원체험을 바탕으로 한 자동기술법에 의한 모더니즘 계열의 전기 시의 특징을 지니고 있다. 결국, 「풍선기—32호」는 「실도—풍선기 실호」처럼 연작시 「풍선기」의 잃어버렸던 시편들 가운데 그가 스스로 수습한 시일 것이라는 가설이 성립 가능하다.

또한, 「풍선기—32호」는 연작시 「풍선기」에 나타난 신동문의 전위적 언어 실험의 연장 선상에 놓여 있는 산문시이다. '바룬'이라는 외국어를 시어로 채택하여 반복적으로 강조하는 전위적 언어 실험이 그 증거이다. 그리고 「풍선기—32호」에는 연작시 「풍선기」의 확연한 주제 의식인 반전 의식과 함께 불안 의식이 관통하고 있다. 연작시 「풍선기」가 풍선을 매개로 하여 "전쟁의 비정함을 고발하는 반전시(反戰詩)"[23]로서 "반

---

23) 김판수, 앞의 책, 108쪽.

전 의식에 철저하게 바탕을 두고 있”[24]는 반면, 「풍선기—32호」는 표층적으로는 풍선을 매개로 하여 내면의 절망적인 자아의식과 실패한 사랑에 대한 슬픈 추억을 노래하고 있다. 이것은 전쟁 체험에서 얻은 내적 허무와 절망의 감정을 바탕으로 한 반전 의식과 불안 의식의 간접적 표현이면서 은유 혹은 우의이기도 하다. 분명한 것은 유성호가 발굴한 「4월의 실종」과 「실도—풍선기 실호」처럼 낭만주의적 비가(悲歌)로서의 속성을 짙게 풍기고 있다는 점이 특징적이다.

Ⅳ. 문예지 『시작업』에 발표한 시의 윤리 의식과 자아의식

이 논문을 통해 신동문이 제주 지역 문예지 『시작업』에 발표한 시 「카멜레온 단장(斷章)」을 새로 발굴하여 새로운 시 읽기를 모색하고, 그 의미와 특징을 살펴본다. 신동문은 1959년 제주에서 창간한 시 문예지 『시작업』에 시 「카멜레온 단장(斷章)」을 발표했다. 부정기간행물인 『시작업』은 제주에서 창간한 최초의 문예지이다. 제주 지역 문예지로 출발했으나, 전국적인 범위의 많은 시인의 원고를 수록했다. 발행인은 제주시 소재 우생당 서점 및 우생출판사 대표였던 고순하, 주간은 양순필, 편집은 김종원과 이치근이 담당했다. 창간호는 1959년 10월 25일에 출판했다. 현재까지 확인한 바로는 1960년 8월 20일 발행한 2집을 끝으로 폐간되었다.

신동문은 창간호에 시 「카멜레온 단장(斷章)」을 발표했다. 창간호에 시론, 시, 신간평, 시 동인지 순례 등이 수록되었다. 시론은 김춘수의 「ARS POETICA에 대한 태도의 전개」, 문덕수의 「한국 현대시의 이메

---

24) 유성호, 앞의 시집 해설, 115쪽.

지」, 김우종의 「정형시의 현대적 의미」[25], 양순필의 「현대시의 철학의 문제」, 고석규의 유고 원고 「현대시의 형이상성」 등 5편이 수록되었다. 시는 신동문을 비롯해 유치환, 설창수, 김관식, 김남조 등 26명이 발표했다. 다음해 2집에 전봉건의 「주지적 서정의 물결」을 비롯한 5명이 시론을 발표했고, 조지훈, 이원섭, 정한모 등 30명이 시를 발표했다.

「카멜레온 단장(斷章)」은 시 전집 『내 노동으로』에 수록되지 않았다. 김판수, 오윤정, 임우기 등이 작성한 모든 연보에는 없다. 최초 발표 이후 지금까지 어느 누구도 이 시 전문을 소개하거나 연구하지도 않아 묻혀 있었다. 「카멜레온 단장(斷章)」의 전문을 살펴본다.

한 마리 배암. 이름 없는 배암. 모양없는 배암. 그차디찬 비늘 몸둥아리 빛갈 따라서 나의 가슴 혹은 나의 뇌장 또는 나의 마음에 사겨지는 血痕의 점무늬. 그 점무늬 풍화되어 사라진 자취위에 쓸은 곰팡이의 운명은 마치뭬ㄴ가? 마치 네 얼굴빛 그 웃음 그늘에 깃든 울음인가? 마치뭬ㄴ가?

— 신동문, 「카멜레온 단장(斷章)」 전문[26]

시 전집 『내 노동으로』에 수록되지 않은 「카멜레온 단장(斷章)」은 제목 그대로 변신의 표상인 카멜레온에 관한 생각을 산문체로 쓴 시이다. '단장(斷章)'의 사전적 의미는 "한 체계로 묶지 아니하고 몇 줄씩의 산문체로 토막을 지어 적은 글"이다. 그러나 신동문은 짧은 산문시에 '단장(斷章)'이라는 제목을 붙여 발표했다. 발표 당시 지면의 편집은 세로쓰기 11행으로 배열한 산문시이다.

카멜레온은 뱀처럼 파충류이다. 주변의 광선이나 온도 등 환경에 따

---

25) 목차에서 제목은 「韓國 代現의 意味」라고 오기했다. 「정형시의 現代的 意味」라고 바로잡아야 한다.
26) 『시작업』 창간호, 우생출판사, 1959, 21쪽.

라 피부 색깔이 변한다. 그 몸의 변신은 살아남기 위한 생존 본능이다. 신동문은 이 카멜레온이라는 객관적 상관물을 끌어들여 인간으로서 혹은 시인으로서 생존 본능에 대한 윤리 의식과 자아의식을 형상화했다. 특히 "마치 네 얼굴빛 그 웃음 그늘에 깃든 울음인가? 마치 뭬ㄴ가?"라는 마지막 시행에서는 인간이 카멜레온처럼 살아남기 위해 수시로 변신하고 변절하는 모습은 옳지 않다는 것을 암시하며 비틀어 대고 있다. 변신과 변절을 꾀하고자 하는 인간의 이기적 본능을 경계해야 한다는 풍자적 의미를 담은 시이다. 물론 전쟁 체험에서 얻은 허무감과 절망감의 내재를 전혀 배제할 수는 없지만, 연작시 「풍선기」의 확연한 반전 의식과 비교해 보면, 전쟁 원체험과 무관한 풍자이다.

이 시는 4·19 혁명 이전에 발표한 시이다. 신동문의 전기 시에 해당하는 시기에 발표했다. 신동문의 전기 시의 특징인 6·25 한국 전쟁의 고통과 비참함은 물론 폐허를 형상화한 전쟁 체험 시와는 거리가 멀다는 점이 특징이다. 그렇다고 리얼리즘 계열의 시는 아니다. 첫 행의 "한 마리 배암. 이름 없는 배암. 모양 없는 배암"을 주목해 본다. '카멜레온'이라는 객관적 상관물을 "한 마리 배암" → "이름 없는 배암" → "모양 없는 배암"이라는 점층적이면서도 반복적 표현으로 강조한 점을 고려해 보더라도 모더니즘 계열의 풍자시이다.

또한, 뱀이 지혜의 상징이기도 하고, 교활함을 상징하기도 하듯, 이 시에서도 지혜와 교활함 등 다의성을 함의하고 있다. 짧은 시이면서도 강렬한 여운이 남는 이유가 언어 실험의 전위성 때문일 것이다. "한 마리 배암. 이름 없는 배암. 모양 없는 배암", "나의 가슴 혹은 나의 뇌장 또는 나의 마음", "점무늬. 그 점무늬" 등과 같은 점층적이고 반복적인 언어 실험이 리듬과 긴장미를 고조시킨다. 그뿐만 아니라, "마치 뭬ㄴ가?", "마치 (…) 울음인가?", "마치뭬ㄴ가?"라는 의문문과 의문 부호의 반복도 같은 맥락의 언어 실험이다. 1930년대 이상의 전위적 언어 실험을 신동문이 전후(戰後)에 이어받아 구현한 여러 작품 가운데 이 시를 하나 더 추가할 수 있다는 점에서 의미가 있다. 신동문이 이상의 시를 패러디[27]하거나 작법을 수용해서 전위적 언어 실험을 시도한 바 있다. 이런 측면에서 신동문의 전위적 언어 실험성은 시문학사적 중요한 의미를 지닌다.

V. 동인지 『현실』에 발표한 시의 평화 의식과 부정 의식

신동문은 "동인지 『현실』을 주재"[28]했다. 1960년 4·19 혁명 이후 '현실동인회' 결성을 논의하기 시작해 1963년에 '현실동인회'가 결성되었다. 동인지 『현실』의 창간호 편집 후기 아래에 "동인 운동에의 초대"라는 광고를 실어 '현실동인회' 참여를 독려했다. 이 광고는 동인 운동의 확산을 위해 노력을 아끼지 않았다는 증거이기도 하다.

'현실동인회'의 발기 동인은 동인지 『현실』(육민사, 1963. 4.) 창간호(1집)의 목차 상단에 가나다순으로 명기되어 있다. "강태열, 강민, 고은, 구상, 권용태, 김사정, 김수영, 김영태, 김충기, 김재섭, 김재원, 김정옥, 김춘배, 김춘수, 남윤철, 민병산, 박희연, 서임환, 송혁, 신동문, 원영동, 유종호, 유정, 유경환, 이동연, 이성환, 이열, 이영일, 이인수, 이중, 이중한, 정공채, 천상병, 최원식, 최해운, 허유, 홍충숙, 황갑주, 황동규, 황명묵"[29] 등 40명이다. 여기서 주목할 부분은 당시 현실 참여 시인으로 이름을 날리던 김수영과 교류했다는 점이다. 또한, 현실 참여

...

27) 「조건사초-7호 양식(樣式)」, 연작시 「모작조감도(模作鳥瞰圖)」 등은 이상의 시를 패러디하여 전위적 언어 실험을 한 대표적인 예이다.
28) 김영삼 편, 『한국시대사전』, 을지출판공사, 1988, 974쪽.
29) 『현실』 창간호, 육민사, 1963, 1-2쪽.

시와 거리를 두면서 순수시를 지향하던 김춘수, 황동규도 여기에 이름을 올리고 작품도 함께 발표했다는 점이다. '현실동인회'의 결성과 관련한 경과는 동인지 『현실』(육민사, 1963. 4.) 창간호의 편집 후기에 명확하게 기술했다.

"이 『현실(現實)』지는 여러 번 도산(倒産)되었던 것으로 일찍이 1960년 여름부터 논의했던 것이 이제 겨우 그 모습을 나타내게 되었다. 시(詩)로서 호구(糊口)가 될 수 없는 우리의 현실(現實)에서 동인지 하나를 마련하기란 마치 삼일천하(三一天下)를 기도(企圖)하던 어리석은 혁명(革命)과도 같았다. 중론백출(衆論百出)을 막고 편집을 끝냈다. 이제 우리는 우리의 이 현실(現實)에서 출항(出航)한다. 우리의 선체(船體)에 부딪쳐 올 질풍(疾風)과 노도(怒濤)를 어떻게 헤어 날 것인가는 우리의 호흡(呼吸)이 어떤 양상(樣相)으로 전개(展開)될 것인가에 그 요제(要蹄)가 있다."[30]

'현실동인회'는 1960년부터 결성을 준비하였으나 여러 번 도산하고 좌절하였음을 알 수 있다. 드디어 1963년 4월 창간호가 출간되고, 그해 가을에 추계호(2집)가 출간되었다. 2집에는 편집 후기와 '동인 운동에의 초대' 글이 없다. 이것은 2집이 폐간호임을 암시한 듯하다. 현재까지 지면을 확인한 바로는 그 2집을 끝으로 폐간되었다. 동인 운동의 한계점에 도달한 것이다.

신동문은 동인지 『현실』에 시 3편을 발표했다. 시 전집 『내 노동으로』의 표제 시 「내 노동으로」[31]를 비롯하여 수록되지 않은 시 2편을 더 발

---

30) 위의 책, 49쪽.
31) 「내 노동으로」의 최초 발표 지면은 동인지 『현실』(1963) 창간호이다. 그러나 「내 노동으로」에 관한 연구는 지금까지 『현대문학』(1967) 12월호에 발표한 작품을 중심으로 이루어져 왔다. 오윤정이 작성한 작품 연보에는 "1967년, 「내 노동으로」, 『현대문학』(12)"이라고 명시했다. 임우기가 작성한 '수록 작품 발표지' 연보에도 "「내 노동으로」, 『현대문학』, 1967. 12."라고 명시했다. 김판수가 작성한 연보에도 "1967년(40세), 시 「내 노동으로」 발표"라고 기술했다. 세 연구자 공히 1967년이라고 명시했다.

표했다. 수록되지 않은 시 가운데 이 논문을 통해 발굴한 「전쟁은 10년 전 옛 얘기처럼」과 「부재설(不在說)」을 살펴보고자 한다. 김판수, 오윤정, 임우기 등이 작성한 모든 연보에는 없다. 따라서 시 전집에도 누락되었다.

신동문은 『현실』(1963) 창간호에 이어서 『현실』(1963) 2집에 시 「부재설」을 발표했다. 『현실』에 발표한 시 가운데 「내 노동으로」는 시 전집 『내 노동으로』에 수록되었지만, 「전쟁은 10년 전 옛 얘기처럼」과 「부재설」은 수록되지 않았다. 신동문의 후기 시의 특징은 4·19 혁명을 기점으로 한 현실 참여시이다. 이 두 편은 내용과 기법 측면에서는 전기 시에 가깝지만, 시기적으로는 후기 시에 해당한다. 최초 발표 이후 이 논문에서 처음으로 발굴하여 텍스트로 삼아 새로운 시 읽기를 모색한다. 먼저 「전쟁은 10년 전 옛 얘기처럼」의 전문을 살펴본 뒤, 「부재설」 전문을 살펴본다.

　　薔薇꽃 고운 송이 피나듯이
　　피어난 火爐불 가에
　　손을 녹히고 부벼가며
　　나누는 너와 나의 閑談 속에
　　戰爭은 十年前 옛날 이야기로
　　되풀이되지만
　　되풀이되는 追憶 속에
　　한시름 놓는 安心이 있지만
　　어느 거리
　　어느 마을
　　어느 江물 구비에
　　戰爭이 十年을 자랐으면

어찌할까?

어느 塔 위에

어느 旗빨 속이

또 어느 紀念館 속에서

戰爭이 十年을 자라난채

기다리면 어찌할까?

목숨에 박힌

彈片도

十年이면 녹슬고

숨이 도는 살이 될지도 모르는데

누구의 마음 속에

戰爭이 十年을 자라서

때를 기다리면 어찌할까?

火爐 가에 앉아서

나누는 情談 속에

되풀이되는

千年前 옛날의 戰爭이

몇 千年前의 偶話가 되게

차라리 몇 千年이 빨리 가버렸으면

이 고운 불빛 火爐 숯불이

루비같이 아름답게도

보일 것인데.

— 신동문, 「전쟁은 10년 전 옛 애기처럼」 전문[32]

---

32) 『현실』, 앞의 책, 23쪽.

이 시는 시 「내 노동으로」와 함께 동인지 『현실』(1963) 창간호에 발표했다. 「전쟁은 10년 전 옛 얘기처럼」이라는 제목 그대로 휴전 후 10년이라는 세월이 흘렀다. 신동문은 전쟁의 괴로움과 고통을 시로 형상화하고 표현했다. 테오도르 아도르노(Theodor W. Adorno)가 "고문당하는 자가 비명 지를 권한을 지니듯이, 끊임없는 괴로움은 표현의 권리를 지닌다. 따라서 아우슈비츠 이후에는 시를 쓸 수 없으리라고 한 말은 잘못이었을 것이다."[33)]라고 강조한 말과 같은 맥락이라고 평가해 본다.

이 시는 가스통 바슐라르(Gaston Bachelard)의 불의 몽상과 깊은 관련이 있다. "불가에서는 자리를 잡고 앉아야 하고, 잠들지 않고 휴식을 취해야 하며, 객관적으로 특수한 몽상을 받아들여야 하"[34)]듯, 이 시의 시적 화자도 빨간 "장미(薔薇)꽃 고운 송이"가 피어나듯 빨갛게 "피어난 화롯불 가에" 앉아서 손을 녹이며 한담(閑談)을 나누고 있다. 실존하는 '너와 나'의 한가로운 대화 속에 10년 전의 6·25 한국 전쟁의 이야기가 옛날이야기처럼 되풀이되곤 한다. 그 전쟁이 추억 속의 옛이야깃거리가 되어 버렸다. 때로는 안심(安心)하게 한시름을 놓을 수도 있지만, 때로는 "전쟁이 10년을 자랐으면/ 어찌할까?", "전쟁이 10년을 자라난 채/ 기다리면 어찌할까?", "전쟁이 10년을 자라서/ 때를 기다리면 어찌할까?"라며 불안이 앞서기도 함을 의식한다. 그 전쟁의 불안을 지울 수 있는 일은 세월임을 인식하며 "차라리 몇 천 년이 빨리 가 버렸으면" 좋겠다고 진술한다. 세월은 "천 년 전 옛날의 전쟁이/ 몇 천 년 전의 우화(偶話)가 되"듯 흐른다. 10년 전에 참혹한 전쟁을 경험한 시적 화자는 몇 천 년 전의 고대 전쟁들이 우화가 되어 현재까지 흐르고 있음을 인식하며 그런 까마득한 역사 속의 우화처럼 전쟁에 대한 불안 의식을 망각

---

33) 베케트의 『승부의 끝』(Endspiel)에 나오는 표현들을 평가한 말 가운데 하나이다. 테오도르 아도르노, 『부정변증법』, 홍승용 옮김, 한길사, 2014, 469쪽.
34) 가스통 바슐라르 지음, 『불의 정신분석』, 김병욱 옮김, 이학사, 2007, 39쪽.

할 수 있는 날이 빨리 다가오기를 염원한다. 그러면서 "이 고운 불빛 화로(火爐) 숯불이/ 루비같이 아름답게" 보이기를 기대하며 화롯불에 감정을 이입함은 물론 이를 통해 평화를 꿈꾼다.

이 시를 가스통 바슐라르가 주창한 불의 정신분석 측면에서 다시 읽어 보면, '불에 대한 사랑과 존경, 삶의 본능과 죽음 본능이 결합하는 엠페도클레스 콤플렉스'[35]와 관련 깊은 시라고 해석할 수도 있다. 또한, 이 시의 화롯불 이미지는 불의 몽상과 관련이 깊다. "난롯가에서의 몽상은 보다 철학적인 축들을 갖고 있다. (…) 불은 변화의 욕망을, 시간을 앞당기고자 하는 욕망을, 모든 생명을 그 종말, 피안으로 나르고자 하는 욕망을 암시"[36]하듯, 이 시에서도 시적 화자가 "차라리 몇 천 년이 빨리 가 버렸으면" 좋겠다는 진술과 "이 고운 불빛 화로(火爐) 숯불이/ 루비같이 아름답게" 보이기를 기대하는 기원적 시점의 진술은 "변화의 욕망"을 암시하고, 몇 천 년이라는 "시간을 앞당기고자 하는 욕망"과 "모든 생명을 그 종말, 피안으로 나르고자 하는 욕망을 암시"한다.

「전쟁은 10년 전 옛 얘기처럼」의 주제는 불안 의식이고, 특징은 전쟁의 원체험을 바탕으로 한 자동기술법에 의한 모더니즘 기법의 시이다. 즉, 리얼리즘 계열의 현실 참여시가 아닌 모더니즘 계열의 시로서 전기 시의 주제와 특징을 지니고 있다. 이 시에서 신동문은 변화의 욕망, 시간을 앞당기고자 하는 욕망, 피안의 욕망을 표출하고 있다. 그 욕망의 표출을 통해 불안 의식에서 벗어나고자 하고, 자유로운 평화 의식으로 나아가고자 한다. 그의 내면 의식은 전쟁이라는 불안 의식을 떨쳐 버리고, 평화로운 세상이 펼쳐지기를 염원하는 평화 의식을 품고 있다. 결국, 자유롭고 평화로운 세상을 추구하고 있다.

・・・
35) 위의 책, 42쪽.
36) 위의 책, 41쪽.

다음은 동인지 『현실』(1963) 2집에 발표한 「부재설(不在說)」 전문을 살펴본다.

하늘이 있고
窓이 열렸고
빛을 받아 환한 房 안엔
椅子가 하나 놓여 있고
그리곤 아무도 없다.

밤이 되면 늘 돌아온
記憶이 있었고
울면서 혼자 술을 마시고
식은 땀을 흘리며 딩굴다간
답답해서 방을 뛰쳐나갔을 뿐
그리곤 아무것도 없었다.

이따금 發作하듯
밤空氣를 휘저었으나
잡히는 따스한 握手도 없었고
가지 부러진 街路樹에 몸을 기댔으나
쓰러질 것만 같았던 내 입체(立體)였고
그리곤 아무것도 아니었다.
마침내 불러온 神이었으나
어제 그것은 하나의 名詞이었고
오늘 그것은 결국 疲勞만 남겨 놨다.
來日에나 혹시 하지만

아아 아무것도 아니었다.

밤을 向하여
窓이 닫혔고
어두운 房 안엔
椅子가 하나 있었고
그리곤 아무도 없었다.

— 신동문, 「부재설(不在說)」 전문[37]

「부재설(不在說)」의 주제는 부정 의식으로서 후기 시의 주제이지만, 리얼리즘 계열의 시가 아닌 모더니즘 계열의 해학적 풍자시로서 전기 시의 특징을 지니고 있다.

 이 시는 반복법과 수미상관법을 채택한 시이다. 특히 1연과 5연의 수미상관에 대해 살펴보면, 1연에서 "하늘이 있고/ 窓이 열렸고/ 빛을 받아 환한 房 안엔/ 椅子가 하나 놓여 있고/ 그리곤 아무도 없다."라고 시작하여, 5연에서 "밤을 向하여/ 窓이 닫혔고/ 어두운 房 안엔/ 椅子가 하나 있었고/ 그리곤 아무도 없었다."라며 수미상관으로 호응하는 구조로 끝을 맺는다. 시적 화자는 1연에서 어두운 방안에 있다. 낮이 되자 닫혀 있던 창문이 열렸다. 이때 빛이 들어와 방 안은 환해졌지만, 달랑 의자 하나만 놓여 있고 아무도 없다고 진술한다. 5연에서 밤이 다가오자 창문이 닫혔다. 이때도 어두운 방 안에는 의자가 하나 그대로 있었지만 아무도 없었다고 진술한다.

 신동문은 창문의 '열림과 닫힘', 창문을 통해 인식할 수 있는 '낮과 밤', '밝음과 어둠', '빛과 어둠' 등의 대립을 통해 어두운 시대의 고통을

---

37) 『현실』 추계호(2집), 육민사, 1963, 22쪽.

토해 냈다. 밤이든 낮이든, 창문이 열리든 닫히든, 텅 빈 방 안에 의자 하나만 놓여 있고 아무도 없다는 그 자체가 고통이고 공포이면서 존재론적 허무와 무상을 의미한다. 그 존재론적 허무와 무상은 자유의 부재와 자아의 부재를 함의하고 있다. 특히 '창문'이라는 안과 밖의 경계에 주목해 보면, "안과 밖은 분단(分斷)의 변증법을 이룬다고 하겠는데, 이 변증법의 명백한 기하학적인 성격 때문에 우리들은 그것을 메타포의 영역에서 작용시킬 때, 대뜸 사태의 진상에 맹목이 된다. 그것은 모든 것을 결정하는, 예와 아니오의 변증법의 자르듯 하는 분명성을 가지고 있다. (…) 철학자는 안과 밖을 가지고 존재와 비존재를 사유"[38]하듯, 시인으로서 신동문은 창문을 통해 안과 밖이라는 경계를 나누고 존재와 비존재를 시로 형상화했다. 방 안에 있는 유일한 대상물인 의자의 있음과 실존적 부재라는 부정성을 통해 내적 모순적인 아픔과 고통을 타파하고자 했다.

이를 더 자세히 살펴보면, 제목 그대로 부재(不在)에 관해 진술한 시이다. 1연의 "아무도 없다."와 5연의 "아무도 없었다.", 2연의 "아무것도 없었다."와 3, 4연의 "아무것도 아니었다."는 장 폴 사르트르(Jean-Paul Sartre)가 말한 '실존적 부재(existential absence)'와 밀접한 관련이 있다. 부재는 고통의 근원이고, 고통은 부정성의 근원이다. 이것은 5·16 군사 정변 이후 자유의 부재에 따른 암울한 시대의 아픔과 고통에 대한 부정성이기도 하다. 단 하나이기는 하지만, 의자라는 대상물이 있는[有] 공간인 방 안에 아무도 없는[無] 실존적 부재는 자아의 부재를 의미하기도 한다. 즉, 자기 부정성을 부각한 시이다. 이 시를 통해 신동문이 실존적 부재라는 부정성을 통해 인간으로서 온전한 삶을 추구하고자 몸부림을 쳤다는 것을 알 수 있다.

...

38) 가스통 바슐라르(Gaston Bachelard), 『공간의 시학』, 곽광수 옮김, 동문선, 2003, 355-356쪽.

특히 1연 결행의 "그리곤 아무도 없다", 2연 결행의 "그리곤 아무것도 없었다", 3연 결행의 "그리곤 아무것도 아니었다", 4연 결행의 "아아 아무것도 아니었다", 5연 결행의 "그리곤 아무도 없었다."라는 부정성의 강조는 아무것도 아닌 존재에 대한 해학적인 표현이다. 현실 참여와는 무관한 해학적 풍자이다. 이같이 비슷한 통사 구조와 시어의 반복적 강조를 전위적 언어 실험의 도구로 활용하고 있다는 점이 특징적이다.

VI. 결론

신동문이 사화집, 문예지, 동인지 등에 발표한 시 가운데 시 전집『내 노동으로』에 수록되지 않은 시 4편(「풍선기—32호」, 「카멜레온 단장(斷章)」, 「전쟁은 10년 전 옛 얘기처럼」, 「부재설」)을 이 연구를 통해 새로 발굴하였다. 이 논문에서 새로운 시 읽기를 모색하고, 그 의의와 가치를 살펴보았다. 유성호가 발굴 소개한 2편을 더하면 총 6편이다. 시 전집『내 노동으로』에 수록되지 않은 시편이 제법 많은 이유는 신동문의 시집『풍선과 제3포복』이 첫 시집이면서 마지막 시집이었던 것이 가장 큰 이유일 것이다. 다른 이유는 신동문 자신이 시집을 한 권 더 엮는 것을 거부했다는 점이다. 사화집, 문예지, 동인지, 교양지 등에 발표한 일부 시편들이 제대로 빛을 보지 못하고 묻혀 있었다. '솔출판사'에서 유고 시집 격인 시 전집『내 노동으로』를 엮을 때 최선을 다해 발굴하여 편집했으나 빛을 보지 못한 시가 더 있었다. 이 논문을 통해 새로 발굴한 시편에 대해 전문을 텍스트로 삼아 시적 의미와 주제 의식을 살펴보았다.

지금까지 일반적으로 신동문의 전기 시의 주된 주제는 불안 의식이고, 주된 특징은 6·25 한국 전쟁의 원체험을 바탕으로 한 자동기술법에 의한 모더니즘 기법의 시, 후기 시의 주된 주제는 부정 의식이고, 주된 특징은 4·19 혁명을 기점으로 한 리얼리즘 계열의 현실 참여시라고 연구되어 왔다. 이 논문에서 새로 발굴하여 살펴본 「풍선기—32호」와 「카멜레온 단장(斷章)」은 시기적으로 전기 시이다. 「풍선기—32호」는 기존 전기 시의 주제와 특징을 그대로 지니고 있지만, 「카멜레온 단장(斷章)」의 주제는 윤리 의식과 자아의식이고, 전쟁 원체험과 무관한 모더니즘 계열의 풍자시이다. 「전쟁은 10년 전 옛 얘기처럼」과 「부재설」은 시기적으로 후기 시이다. 「전쟁은 10년 전 옛 얘기처럼」의 주제는 불안 의식이고, 특징은 전쟁의 원체험을 바탕으로 한 자동기술법에 의한 모더니즘 기법의 시이다. 즉, 리얼리즘 계열의 현실 참여시가 아닌 모더니즘 계열의 시로서 전기 시의 주제와 특징을 지니고 있다. 「부재설」의 주제는 부정 의식으로서 후기 시의 주제이지만, 리얼리즘 계열의 시가 아닌 모더니즘 계열의 해학적 풍자시로서 전기 시의 특징을 지니고 있다. 이들 시는 전기 시의 주된 주제가 불안 의식이고, 후기 시의 주된 주제가 부정 의식이라는 주장과 기존 전·후기 시의 주된 특징들을 뒤엎는 텍스트라는 점에서 매우 중요한 의미가 있다. 이미 유성호가 『신풍토—신풍토 시집 I』(1959)에서 발굴하여 소개한 「4월의 실종」과 「실기—풍선기 실호」는 시기상으로나 주제와 특징 측면에서도 전기 시이다.

이번에 발굴한 4편의 시는 한국 전후(戰後) 시 연구에 있어서 신동문의 전위적 언어 실험성, 전쟁 원체험과 현실 참여와는 무관한 해학적 풍자성 등과 더불어 반전시의 주제가 반전 의식과 불안 의식에 국한되지 않고 다양한 주제 의식을 지니고 있다는 측면에서 새로운 시각을 제공할 것이다. 특히 연작시 「풍선기」에 「실도—풍선기 실호」와 「풍선기—32호」를 추가하여 하나의 연작으로 다루어야 한다는 측면, 반전 의식과 불안 의식에 국한할 문제가 아니라 낭만주의적 비가와 같은 다양한 주제 의식에 대한 양가적 가치와 의미를 충분히 논의해야 한다는 측면에서 이 자료들이 새로운 연구의 시각과 기틀을 제공하는데 기여할 것이다.

3.
황동규 연작시 「풍장」에 나타난
죽음 주제와 이미지 연구

I. 서론

황동규는 1958년 『현대문학』을 통해 등단한 후, 현재까지 죽음이라는 주제에 관심을 가져왔다. 특히 『현대문학』에 1982년 「풍장 1」을 시작으로 1995년 7월호 「풍장 70」까지 14년 동안 70편의 연작시를 발표[1]하였다. 그의 죽음에 대한 노래는 "천국에 대한 상념이 궁극적으로 지상에 대한 상념이듯이 죽음에 관한 명상은 필경 삶에 대한 명상이다."[2] 「풍장」의 초기 시편은 "언젠가 다가올 죽음을 길들이기 위한 과정이었"[3]지

---

1) 연작시 「풍장」의 완간 과정

「풍장」	최초 수록 시집	부	편수	기간
1-16	『악어를 조심하라고?』(1986)	제1부	16편	1982-1986
17-34	『몰운대행』(1991)	제2부	18편	1987-1991
35-52	『미시령 큰바람』(1993)	제3부	18편	1992-1993
53-70	-	제4부	18편	1994-1995
[1-70]	『풍장』(1995)	완간	70편	[1982-1995]

김인옥, 「황동규 시에 나타난 제의성 -「풍장」연작을 중심으로」, 『한국문예비평연구』, 제47집, 한국현대문예비평학회, 2015, 8쪽.
2) 유종호, 「낭만적 우울의 변모와 성숙」, 「악어는 조심하라고?」(시집 해설), 문학과지성사, 1987, 111쪽.
3) 하응백, 「꿈꽃의 자재」, 『미시령 큰바람』(시집 해설), 문학과지성사, 1994, 115쪽.

만, 후기로 가면서 "죽음 길들이기와 삶의 황홀 향유를 통해 죽음의 불안으로부터 초월하여 자유의 경지에 들고자"[4] 하는 죽음 이미지로 변모하였다.

이 연구의 목적은 황동규의 연작시 「풍장」에 나타난 죽음 이미지를 순환적 죽음 이미지, 역동적 죽음 이미지, 통과 제의적 죽음 이미지 등 세 가지로 범주화하고, 이들 죽음 이미지로 형상화한 순환적 세계관, 역동적 삶, 정화와 자유 의식 등 죽음 주제의 시적 의미를 고찰하는 데 있다. 즉, 죽음 주제와 이미지를 고찰하고자 한다.

「풍장」에 관한 연구는 김명인, 김인옥, 변찬복·박종호, 이성천, 이순옥, 이승규 등을 들 수 있다. 김명인은 「풍장」을 "바람과 죽음이 합쳐진 자리이며, 바람으로 삶의 무거움을 털어내려는 시적 제의(祭儀)"[5]라고 평가하면서 '바람과 죽음의 변주'를 논의했다. 김인옥은 「풍장」의 "'죽음'은 일반의 비극적 형상이 아니라 긍정적 세계관으로 변용되어 나타난다."[6]라고 평가하면서 '황동규 시에 나타난 제의성'을 논의했다. 변찬복·박종호는 「풍장」에 나타난 "죽음 의식을 들뢰즈의 노마디즘적 관점에서 해석"[7]했다. 이성천은 「풍장」에 나타난 삶과 죽음의 인식론적 전환 양상'을 논의하면서 "삶과 죽음의 인식론적 전환 과정, 혹은 깨달음의 여정에 놓여 있"[8]음을 제시했다. 이순옥은 「풍장」의 제의적 요소 분석을 통해 황동규의 "시가 궁극적으로 지향하는 이상적 실존의 의미"[9]

• • •

4) 박태진, 「죽음 제재 관련 시 창작을 통한 죽음 교육의 의의 모색」, 『문학교육학』, 제36호, 한국문학교육학회, 2011, 310쪽.
5) 김명인, 「바람과 죽음의 변주」, 『한국학연구』, 제11집, 고려대학교 한국학연구소, 1999, 236쪽.
6) 김인옥, 앞의 논문, 9쪽.
7) 변찬복·박종호, 「기행 시에 나타난 죽음의식 - 황동규의 『풍장』 연작시를 중심으로」, 『인문학논총』, 제34집, 경성대학교 인문과학연구소, 2014, 130쪽.
8) 이성천, 「「풍장」에 나타난 삶과 죽음의 인식론적 전환 양상」, 『한민족문화연구』, 제34집, 한민족문화학회, 2010, 67쪽.
9) 이순옥, 「현대시에 나타난 제의적 성격」, 『한국시학연구』, 제4호, 한국시학회, 2001, 281쪽.

를 제시했고, 이승규는 "「풍장」을 가능케 한 시의 내면적 구조와 동기를 고찰하고, '여행'과 죽음이라는 두 가지 축을 통해 황동규의 시 세계에서의 「풍장」의 위치"[10]를 제시했다. 이들 연구의 공통점은 죽음 의식과 제의적 요소를 분석한 점이다. 죽음 이미지로 형상화한 주제를 범주화하여 분석한 연구는 현재까지 없다.

이 연구는 시집 『풍장』(1995)을 텍스트로 하여 주제학 연구 방법과 주제 비평적 방법을 토대로 죽음 주제와 이미지를 분석 해석하고, 이미지와 상징을 비롯한 심층적인 의미 분석은 심리주의 연구 방법과 신화, 즉 원형 연구 방법을 사용하여 해석하려고 한다. 특히 원형 연구 방법은 가스통 바슐라르(Gaston Bachelard)와 미르치아 엘리아데(Mircea Eliade)의 이론을 원용한다.

따라서 「풍장」에 나타난 순환적 죽음 이미지로 형상화한 순환적 세계관, 역동적 죽음 이미지로 형상화한 역동적 삶, 통과 제의적 죽음 이미지로 형상화한 정화와 자유 의식을 고찰하고자 한다.

II. 순환적 죽음 이미지로 형상화한 순환적 세계관

「풍장」은 죽음이라는 추상적인 개념을 직접 표현하지 않고 '바람, 섬, 하루살이, 물새' 등 구체적인 대상을 이용하여 알레고리적 의미를 담는다. 특히 '바람'을 이용한 죽음과 삶의 순환적 세계관에 비중을 두고 있다. 즉, 순환적 죽음 이미지로서의 죽음과 삶에 무게를 두고 순환적 세계관을 형상화하고 있다.

가스통 바슐라르가 "모든 시대, 그리고 오늘날 인도에서 브라만교도

---

10) 이승규, 「황동규 시의 '여행'과 '죽음'의 양상」, 『한국현대문학연구』, 제30집, 한국현대문학회, 2010, 470쪽.

나 불교도 또는 조로아스터교도 사이에 실시되고 있는 네 가지 매장 양식"[11], 즉 화장, 매장(토장), 풍장, 수장에 대해 깊은 관심을 표명했다. 특히 "무성한 수풀 속이나 숲 꼭대기에서 대기 속의 분해, 즉 수많은 바람의 망령이나 밤의 새들에게 도움을 받는 분해를 기다리"[12]는 풍장에 관심을 보였다. 숲 꼭대기의 수상장(樹上葬)이나 새의 도움을 받는 조장(鳥葬)도 '대기 속의 분해', 즉 풍장으로 인식했다.

바람이라는 물질은 무색(無色), 무취(無臭), 무미(無味), 무형(無形)이다. 본질은 공기이고, 고요함과 흔들림, 고임과 흐름의 속성을 지녔다. 신화적 원형은 숨결과 정신, 생성과 소멸을 상징한다. 우주의 네 원소 중 유일하게 형체가 없다. 바람은 잔잔하다가도 거세진다. "바람은 흥분하기도 하고 소침해지기도 한다. 바람은 울기도 하소연하기도 한다. 바람은 격정에서 낙담으로 옮겨 가기도 한다. 좌충우돌이고 무용한 바람의 성격 자체가 기진한 우울과는 매우 다른, 안절부절한 우울에 대한 이미지를 줄 수 있다."[13] 바람은 변화무상한 성질을 지녔다. 알레고리적 의미로 보면, 우주 만상의 흥망성쇠를 의미하면서 인간의 생성과 소멸을 의미한다. 「풍장」이라는 제목 그 자체가 바람 이미지의 시이지만, 프롤로그 혹은 서시(序詩) 격인 「풍장 1」이 대표적인 바람 이미지이다.

    내 세상 뜨면 풍장시켜다오.

    섭섭하지 않게

    옷은 입은 채로 전자시계는 가는 채로

    손목에 달아놓고

...

11) 가스통 바슐라르, 『물과 꿈』, 이가림 역. 문예출판사, 1998, 105쪽. (인용문 가운데 '네 가지 매장 양식'은 '네 가지 장례 양식'으로 번역함이 타당하다.)
12) 위의 책, 105쪽.
13) 가스통 바슐라르, 『공기와 꿈』, 정영란 옮김, 이학사, 2003, 408-409쪽.

아주 춥지는 않게
가죽가방에 넣어 전세 택시에 싣고
군산에 가서
검색이 심하면
곰소쯤에 가서
통통배에 옮겨 실어다오.

가방 속에서 다리 오그리고
그러나 편안히 누워 있다가
선유도 지나 통통 소리 지나
배가 육지에 허리 대는 기척에
잠시 정신을 잃고
가방 벗기우고 옷 벗기우고
무인도의 늦가을 차가운 햇빛 속에
구두와 양말도 벗기우고
손목시계 부서질 때
남몰래 시간을 떨어뜨리고
바람 속에 익은 붉은 열매에서 툭툭 튀기는 씨들을
무연히 안 보이듯 바라보며
살을 말리게 해다오.
어금니에 박혀 녹스는 백금 조각도
바람 속에 빛나게 해다오.

바람을 이불처럼 덮고
화장(化粧)도 해탈(解脫)도 없이
이불 여미듯 바람을 여미고

마지막으로 몸의 피가 다 마를 때까지

바람과 놀게 해다오.

- 「풍장 1」 전문

「풍장 1」에서 시적 화자는 청자에게 유언을 남기듯 "내 세상 뜨면 풍장시켜다오."라며 풍장과 관련한 여러 행동을 해 줄 것을 요구한다. "풍장시켜다오.", "옮겨 실어다오.", "말리게 해다오.", "빛나게 해다오.", "놀게 해다오."라며 '-어 다오.'를 반복해서 채택하고 있다. 기본형은 '달다'이다. 화자가 청자에게 앞말이 뜻하는 행동을 해 줄 것을 요구하는 보조 용언이다. 띄어쓰기가 원칙이지만, 전부 붙여쓰기를 하여 빠른 호흡과 리듬으로 장치해 놓았다.

1연 1행의 "내 세상 뜨면 풍장시켜다오."와 결연 결행의 "바람과 놀게 해다오."는 긴밀하게 수미상관성을 유지한다. 수의(壽衣)는 호사스러우니 그나마 "섭섭하지 않게" 살던 모습 그대로의 옷을 입혀 달라고 하면서, 손목에는 전자시계를 가는 채로 그대로 달아 달라고 한다. 비록 주검일지언정 "아주 춥지 않게" 조금이라도 신경을 써서 "가죽가방에 넣어" 안락하게 해 달란다. 그 "가방 속에서 다리 오그리고" 자궁 속의 태아처럼 "편안히 누워 있"게 해 달라고 청한다. 그리고 "전세 택시에 싣고/ 군산에 가서" 만일 검문검색을 심하게 하면 곰소쯤에서 "통통배에 옮겨 실어"달라고 청한다.

시적 화자는 선유도를 지나서 무인도에 도착하면 가방을 벗기고, 옷도 벗기고, 구두와 양말도 벗겨 달라고 청한다. 전자시계가 손목에서 떨어져 나갈 때쯤 "남몰래 시간을 떨어뜨리고/ 바람 속에 익은 붉은 열매에서 툭툭 튀기는 씨들을/ 무연히 안 보이듯 바라보며/ 살을 말리게 해다오."라며 유언을 남기듯 청자에게 청한다. 그리고 "어금니에 박혀 녹스는 백금 조각도/ 바람 속에 빛나게 해다오."라고 청함은 물론, "바람을 이불처럼 덮고"서 화장(化粧)도 하지 않은 민낯으로 뼈의 해탈(解脫)을 완성할 때까지 혹은 깨달음을 완성하여 열반(니르바나)에 들 때까지 기다리며 이불을 "여미듯 바람을 여미"며 누워 있고자 한다. "마지막으로 몸의 피가 다 마를 때까지", 즉 뼈가 완전히 탈골(脫骨)할 때까지 "바람과 놀게 해다오."라며 청한다.

「풍장 1」에서 무인도는 섬이다. 바다에 떠 있는 섬, 바다에 솟은 섬은 대지로서 원초적 자궁을 상징한다. 또한, 자궁 속 양수에 떠 있는 태아를 상징한다. 미르치아 엘리아데가 "여성의 신성은 대지의 신성에서 유래한다. 여성의 출산력에는 우주적 원형이 있다. 즉, 그것은 만물을 낳는 어머니인 대지의 출산력이다."[14]라며 모성으로의 회귀, 자궁으로의 회귀를 강조한 바와 같이 재생의 근원적인 공간으로서의 섬이다.

풍장은 주검을 바람에 노출시켜 살과 피가 말라 삭아 내리고 뼈만 남게 되면 이 뼈를 수습해서 매장하는 장례이다. 매장이라는 장례 의식 이전에 행하는 일종의 가묘인 초분(草墳)에 안장하는 장례 의식이다. 풍장에서 매장으로 장례 의식을 치루고 나면 멀지 않아 초분이 있던 터는 흔적도 없이 사라져 자연으로 되돌아간다. 풍장이라는 장례 의식도 자연으로 되돌아감을 의미한다. 이것은 자연의 순환적 섭리이다. "풍장 방식의 매개체가 된 '바람'은 역동성과 불멸성 그 의식의 운동성을 닮고 싶은, 또한 그것과 일체이길 원하는 욕망의 대상으로 적용되고 있다. 이때 바람이 지닌 소멸의 이미지는 '살과 피를 말리게 하는 것'과 같이 일체의 사물을 소멸시켜 자연의 일부로 되돌리는 생명 순환의 원리를 상징한다."[15] 결국, 바람 이미지는 순환적 죽음 이미지로서 죽음과 삶을 표상한다. 이를 통해 황동규의 순환적 세계관이 드러난다.

• • •

14) 미르치아 엘리아데, 『성과 속』, 이은봉 옮김, 한길사, 2016, 142쪽.
15) 김인옥, 앞의 논문, 14쪽.

바람은 삶과 죽음의 매개체이다. "삶과 죽음은 서로 손잡고 서로 상대의 일부를 이룰 때 각각 진정한 의미를 획득한다. 죽음이 있기 때문에 삶이 비로소 유한함을 벗어나 죽음처럼 무한한 것이 될 수 있"[16]다. 무한성의 삶을 추구하고 있음이다. 시적 화자는 "자유롭게 삶과 죽음을 넘나들 수 있는 경계적 자아이며 그 매개체는 바람이다. 이 시에서 풍화 작용을 통해 삶의 기억들과 시신을 서서히 해체시키는 죽음 친화적인 바람과 익은 열매로부터 튀는 씨들을 실어 나르는 생명 재현의 바람을 모두 형상화함으로써 삶과 죽음이 바람을 타고 순환하는 우주의 질서임을 표명하고 있다."[17] 바람의 자유로움을 통해 무한성의 세계와 유한성의 세계를 넘나든다. 즉, 죽음과 삶의 경계를 넘나든다. 이것은 자연의 순환적 섭리에 따라야 한다는 순명 의식의 표출이다.

> 친구 사진 앞에서 두 번 절을 한다.
> 친구 사진이 웃는다,
> 달라진 게 없다고.
> 몸 속 원자들 서로 자리 좀 바꿨을 뿐,
> 영안실 밖에 내리는 저 빗소리도
> 옆방에서 술 마시고 화투치는 조객들의 소리도
> 화장실 가기 위해 슬리퍼 끄는 소리까지도
> 다 그대로 있다고.
>
> ―「풍장 35」 전문

「풍장 35」에서 시적 화자는 친구의 죽음을 맞이한다. 친구의 영정 사

---

16) 황동규, 『나의 시와 빛과 그늘』, 중앙일보사, 1994, 213쪽 ; 황동규, 『시가 태어나는 자리』, 문학동네, 2001, 224쪽.
17) 변찬복·박종호, 앞의 논문, 138쪽.

진이 내려다보고 있는 영안실에서 두 번 절을 한다. 이때 영정 사진 속의 친구가 웃는다. 그 친구가 시적 화자에게 "달라진 게 없다고" 말한다. 단지 몸속의 원자들이 "서로 자리 좀 바꿨을 뿐"이라며 오히려 슬퍼하지 말라며 달랜다. 이것은 죽음과 삶이 순환한다는 의미이고, 윤회 바퀴처럼 맴돈다는 의미이다. 육체와 영혼이 분리된 존재라 하더라도 결국에는 하나임을 의미한다.

또한, "영안실 밖에 내리는 저 빗소리도/ 옆방에서 술 마시고 화투치는 조객들의 소리도/ 화장실 가기 위해 슬리퍼 끄는 소리까지도" 모든 것이 변하지 않고, "다 그대로 있다고." 말한다. '빗소리', '조객들의 소리', '슬리퍼 끄는 소리'라는 청각적 이미지를 통해 현생과 다음 생의 소리가 동일함을 말한다. 현생과 다음 생이 변함없이 연속성을 유지하는 순환적 생이라는 의미이다. 즉, 죽음은 현재 삶의 모습과 아무런 변함이 없다는 의미이다. 시적 화자가 친구의 영정 사진 앞에서 죽음과 삶을 반어적으로 표현하며 결코 죽음과 삶을 분리할 수 없음을 표층적으로 강조한다. 결국, 풍장은 순환적 죽음 이미지로서 순환적 세계관을 표상한다.

Ⅲ. 역동적 죽음 이미지로 형상화한 역동적 삶

풍장은 장례 의식의 하나이다. "상상력의 영역에 있어서, 죽음의 네 개의 고향(불, 물, 대지, 공기의 4원소)은 각각 신봉자와 지원자를 갖고 있다."[18] 풍장은 죽음의 네 개의 고향 가운데 공기 이미지이다. 더 구체적으로 말한다면 바람 이미지이다. 「풍장」에서 바람 이미지는 죽음과 삶

---

18) 가스통 바슐라르, 앞의 책, 1998, 117-118쪽.

을 표상한다. 바람은 죽음과 삶의 상징이며 '알레고리'[19]이다.

「풍장」을 "단순한 '죽음 길들이기'로 읽으면 안 된다. 바람과 함께 사귀고, 놀고, 소용돌이치고, 상승하기 때문이다. 시간, 또는 바람으로 인해 서서히 삭아 내리는 삶의 흔적임과 동시에 삶 속에 패인 기억들의 향혼에 대한 진혼이"[20]다. 그리고 "자유로움의 표상인 바람을 매개하는 '풍장'의 시적 차용은 죽음을 삶의 계기로 수용하기 위한 황동규 시인 고도의 시적 전략이며 방법론적 장치"[21]이다.

'바람'은 방랑자처럼 자유롭고 변화무상한 여행자다. '바람'이 이리 저리 어디든지 날아다니며 공간과 공간을 이어 주듯 '죽음'도 서로 다른 두 세계와 소통한다. 바람이 소멸하였다가도 다시 되살아나듯, 누구나 죽음이라는 과정을 거칠 때 소멸하지만, 다시 되살아나는 재생을 꿈꾼다. 「풍장」의 시적 화자는 죽음 의식을 초극하는 초월적인 세계를 지향한다. 죽음에 대한 성찰과 순환적 세계관을 드러낸다. 소멸하는 삶의 틀에 얽매이지 않고 다시 태어나는 바람, 무한성을 지닌 바람 같은 삶을 살아가려고 한다. 바람과 자유로운 유희를 통해서 죽음과 삶의 경계를 넘나드는 역동적 삶을 추구한다.

풍장이라는 장례 의식은 죽음과 바람을 조화롭게 한다. 바람이 공간과 공간을 넘나들며 두 공간을 이어 주듯 죽음도 서로 다른 두 세계가 교류한다. 바람은 가볍고, 자유롭게 날아다니며 역동적이다. 풍장은 역동적 죽음 이미지로서 역동적 상상력을 촉발시킨다.

...

19) 범속을 벗어난 경지를 노래하는 것보다는 범속을 벗어나는 순간을 간신히 포착하는 시가 인간적으로, 더 정확히 말하자면 생물적으로, 아프고 아름답다. 그런 순간이야말로 삶의 일의 비유가 되는 세계, 즉 넓게 보아 알레고리의 세계와 혼(魂) - 혼이 실제로 존재하지 않는다 해도 결국 인간의 목마름이 만든 것이 아니겠는가 - 의 세계, 상징의 세계가 만나는 순간이다. 그저 만나는 것이 아니라 뜨겁게 밀회(密會)하는 순간이다. 황동규, 앞의 책, 1994, 283쪽 ; 황동규, 앞의 책, 2001, 297쪽.
20) 김명인, 앞의 논문, 218쪽.
21) 이성천, 앞의 논문, 69쪽.

땅에 떨어지는

아무렇지도 않은 물방울

사진으로 잡으면 얼마나 황홀한가?

(마음으로 잡으면!)

순간 튀어올라

왕관을 만들기도 하고

꽃밭에 물안개로 흩어져

꽃 호흡기의 목마름이 되기도 한다.

땅에 닿는 순간

내려온 것은 황홀하다.

익은 사과는 낙하하여

무아경(無我境)으로 한번 튀었다가

천천히 굴러

편하게 눕는다.

-「풍장 17」 전문

「풍장 17」에서 "땅에 떨어지는/ 아무렇지도 않은 물방울"은 물의 추락, 즉 물의 하강 이미지이다. 이 물방울의 추락은 산산이 흩어짐과 동시에 소멸을 암시한다. 물방울의 착지 상태를 사진이나 마음으로 포착하는 순간, 역동적으로 튀어 오른다. 물의 본질이 역동성임을 포착하는 순간이다. 고인 물은 온순하다. 물이 움직이면 역동적이다. 가스통 바슐라르가 "역동적인 모든 위대한 몽상가는 누구나 수직적이고도 수직화하는 이미지의 덕을 입는다."[22]고 말했듯, 수직으로 낙하하는 물의 역동

---

22) 가스통 바슐라르, 앞의 책, 2003, 364쪽.

적인 이미지를 형상화한 시이다. 그 형상이 왕관처럼 아름다움을 만들어 내지만, "꽃밭에 물안개로 흩어져 꽃"의 목마름을 해갈하기도 한다. 물방울이 땅에 닿는 순간, 역동적인 모습으로 변화한다. 수직으로 하강하여 내려온 물방울의 반사적 역동성의 이미지는 황홀경이다. 역동적인 수직화 이미지를 통해 황홀함을 획득한다. 또한, 잘 "익은 사과"도 추락한다. 땅에 착지함과 동시에 "무아경(無我境)으로 한번 튀었다가" 데굴데굴 "천천히 굴러/ 편하게 눕는다." 역동적인 수직화 이미지를 통해 평화로움을 획득한다.

다시 살펴보면, "추락하는 물방울은 소멸, 즉 죽음을 향해 나아가지만 떨어져 튀는 순간 아름다운 왕관을 만들기도 하고 식물의 목마름을 달래주기도 한다. 물방울 자체는 소멸하지만 다른 대상에게 즐거움과 이득을 준다."[23] 물방울의 "분해라는 상징적인 죽음을 통해서 본래의 근원으로 환원하여 편안함, 즉 정신적인 해탈을 이루어 가는 과정"[24]을 역동적 이미지로 형상화하고 있다. "하강한 육체가 대지와 완전히 밀착한 순간, 반전에 의해 허공으로 떠오른다. 이는 곧, 주체와 대상이 하나가 되는 순간 심연이 정점을 이룸을 의미한다. 그 절정의 순간에 주체와 객체 간의 균열, 삶과 죽음 사이의 대립적 긴장은 사라지고 세상은 '한 몸'"[25]으로 조화를 이룬다. 죽음과 삶의 조화를 통한 무아경의 황홀함과 평화로움을 획득한다는 의미이다. 이 역동적 죽음 이미지로 형상화한 평화로운 삶은 역동적 삶의 역설이다.

무좀도 몸이 늙으면 자리를 뜬다
더 젊은 몸을 향하여.

· · ·

23) 이승규, 앞의 논문, 483쪽.
24) 이순옥, 앞의 논문, 294쪽.
25) 김인옥, 앞의 논문, 18쪽.

무좀 뜬 자리는 흉가(凶家)일까 서가(瑞家)일까?

아버님이 말씀하신다.
"화장(火葬)하면 두 번 죽는 것이니
양지바른 곳에 그냥 묻어라."

물론이죠, 허나 속으로 생각한다.
두 번 죽으면 어떠리.
세 번, 네 번은?
화장불 한 번 견디면
지옥불, 저 초대형 연탄불, 마냥 따시리.

언덕 위로 머뭇머뭇 흐르는 한 줄기 연기.

-「풍장 23」전문

「풍장 23」에서 시적 화자는 사람 몸에 기생하는 무좀조차 늙은이의 몸에서는 오래 머물지 않고 자리를 뜬다고 진술한다. 무좀은 적당한 수분이 있는 각질에서는 번식력이 왕성하지만, 늙은이의 건조한 피부에서는 생존을 기약할 수 없어 다른 젊은 몸을 찾아 자리를 옮긴다고 인식한다. 무좀은 생존에 필요한 수분이 충분한 "더 젊은 몸을 향하여" 옮겨 간다고 믿는다. 무좀이 떠난 자리는 "흉가(凶家)일까 서가(瑞家)일까?"라며 수분이 다 빠진 보기에도 흉측한 하얀 각질의 모습을 표현한다. 즉, 무좀조차 살 수 없는 죽음을 향해 서서히 다가가고 있는 늙은이의 순명 의식을 드러낸다.

시적 화자의 아버지가 "화장(火葬)하면 두 번 죽는 것이니/ 양지바른 곳에 그냥 묻어라."고 유언한 것을 청자에게 전달한다. 화장을 거부한다는 것 자체만으로도 유교적 사고를 포지하고 있음을 암시한다. 여기서 아버지란 황동규가 부친인 황순원을 시화한 것일 수도 있지만, 시의 본령인 허구와 미적 단절을 고려해 볼 때 시인과 시적 화자가 분리된 가상의 존재를 끌어들였을 수도 있다.

시적 화자는 풍장이 아닌 화장(火葬)에 대해 말한다. 바람(공기) 이미지의 역동성보다는 약하지만, '초대형 연탄불'이라는 역동성의 불의 이미지를 표면화한다. "두 번 죽으면 어떠리./ 세 번, 네 번"이나 죽어도 좋다. '화장불'을 한 번 견디고 나면 바로 '지옥불'을 만나더라도 견딜 수 있음을 의미한다. "죽음이 꼭 부정적이지만은 않다는 인식을 1연에서 이끌어 낸 뒤, 곧이어 '화장(火葬)조차 이겨 낸 죽음은 거듭 죽을 수 있기 때문에 더 이상의 횟수는 문제되지 않는다'는 진술로 연결"[26]해 나간다. 그 지옥불을 '초대형 연탄불'이라 여기며 마냥 따실 것이라고 생각한다. 즉, 뜨거운 화장불을 한 번 견디고 나면 지옥불이 오히려 더 따스하다는 의미이다.

시적 화자는 연탄불의 온기가 뿜어낸 연기를 관조한다. "언덕 위로 머뭇머뭇 흐르는 한 줄기 연기."는 죽음을 상징한다. 삶도 연기처럼 죽음으로 사라지고 마는 존재라는 여운을 남긴다. 연탄불이라는 불의 이미지와 연기라는 공기 이미지의 조화는 물론이고, 연기가 상징하는 죽음과 바람의 조화를 추구한다. 결국, 풍장은 역동적 죽음 이미지로서 역동적 상상력이 그려 낸 삶의 형상화이다.

---

26) 위의 논문, 15쪽.

Ⅳ. 통과 제의적 죽음 이미지로 형상화한 정화와 자유 의식

인간은 누구나 재생을 꿈꾼다. 그 재생은 정화 의식으로 이루어 나간다. "맑은 물이 암시하는 정화의 꿈과 비교하지 않으면 안 되는 여러 특성 중의 하나는, 신선한 물이 암시하는 경신(更新)의 꿈이다. 우리는 새롭게 되어 다시 태어나기 위해서 물속에 잠기는 것이다."[27] 침례 혹은 세례가 대표적인 예이다.

"공기는 이미지를 가지지 않는 상상력이며, 이미지를 지워감으로써 그의 기쁨과 삶을 발견하는 상상력의 활동을 묘사할 수 있도록 해 준다."[28] 「풍장」도 '바람 이미지'를 통해 무거운 죽음을 지워 버리고 이미지를 가지지 않는 치유적 정화 의식과 자유 의식으로 승화해 나간다.

죽음을 초극하려는 죽음 의식은 '통과 의례' 혹은 '가입식'의 행위와 동일하다. "가입식의 여러 과정에는 거의 언제나 출생의 상징이 죽음의 상징과 함께 나란히 나타난다. 가입식의 맥락에서 보면 죽음은 성화되지 않은 속된 상태, 즉 종교 체험을 거치지 않은, 영혼에 눈이 먼 '자연적 인간'의 상태를 초월하고 있음을 의미한다."[29]

앞에서 살펴본 「풍장 1」에서도 가입식의 맥락에서 풍장을 시화했다. 가입식 측면에서 다시 살펴보면, "죽음은 최고의 가입식, 즉 새로운 영적 존재의 시작으로 간주"[30]할 수 있다. 죽음의 통과 의례에 대해 "어떤 민족은 매장 의례를 통하여 비로소 죽음을 확정한다. 관습에 따라 매장되지 않은 자는 죽은 자가 아닌 것이다. 또 다른 지역에서 죽음은 장례식이 행해진 후에야 비로소 효력을 발한다. 혹은 죽은 자의 영이 의례의

∙∙∙
27) 가스통 바슐라르, 앞의 책, 1998, 208쪽.
28) 가스통 바슐라르, 앞의 책, 2003, 304쪽.
29) 미르치아 엘리아데, 앞의 책, 2016, 174쪽.
30) 위의 책, 178쪽.

절차를 거쳐 새로운 저승의 거주지로 인도되고 거기서 죽은 자의 공동체에 의해 받아들여지는 순간부터 유효한 것이"31)다. 매장 의례를 통하여 비로소 죽음을 확정한다는 관습에 대입해 볼 때 「풍장 1」에서도 아직 매장되지 않은 자의 단계에 머문 자로서 죽음이 확정되지 않은 자이다. "장례식은 죽은 사람이 사자의 나라로 여행하는 것"32)이다.

죽음을 여행이라는 측면에서 다시 살펴보면, "몇 사람의 깊은 몽상가에게 있어서 죽음은 최초의 진정한 여행이"33)다. 시적 화자는 죽음을 일상적인 여행처럼 진술한다. 주검으로서 통통배를 타고 군산 앞바다 선유도를 지나 무인도를 향해 나아간다. 즉, '죽음의 여행'34)을 떠난다. '카롱의 배'35)를 타는 행위와 동일하다. 물과 강처럼 바다도 죽음의 여행에 관한 상상력에 호출되어 끊임없는 이미지를 창출해낸다.

모태로의 회귀라는 측면에서 다시 살펴보면, 섬은 물에 떠 있는 대지, 혹은 물 위로 솟은 대지이다. 섬은 대지의 이미지이면서 물의 이미지를 내포하고 있다. "섬을 일종의 우주적 자궁, 죽음과 재생이란 통과 제의가 이루어지는 장소로 보게 만든다. 섬은 모태이자 무덤인 것이다."36) 시적 화자는 "상상된 물의 삶, 즉 강력한 물질적 상상력에 의해 의인화된 실체의 삶을 추구하여, 죽음에 의해 이끌려지는 삶, 다시 말

· · ·
31) 위의 책, 169-170쪽.
32) 미르치아 엘리아데, 『신화와 현실』, 이은봉 옮김, 한길사, 2015, 165쪽.
33) 가스통 바슐라르, 앞의 책, 1998, 107쪽.
34) 가스통 바슐라르는 "죽음은 여행이며, 여행은 죽음인 것이다. '출발하는 것, 그것은 조금 죽는 일이다.' 죽는 것, 그것은 참으로 출발하는 것이며, 물의 흐름, 강의 흐름을 따라감으로서만 용기를 내어 과감하게 사람은 출발할 수 있는 것이다. 모든 강은 사자들의 강과 합류한다. 이러한 죽음만이 가공적인 것이다. 모험의 이름에 합당한 것은 이러한 출발밖에는 없다. 만약 참으로 한 사람의 사자가 무의식에 있어 부재(不在)의 인간이라고 한다면, 오로지 죽음의 항해자만이 그지없이 꿈꿀 수 있는 사자인 것이다."라고 했다. 위의 책, 109쪽 참조.
35) 카롱의 배는 항상 지옥을 향한다. 행복의 뱃사공은 존재하지 않는다. 카롱의 배는 이와 같이, 인간들이 파괴하지 못하는 불행에 숙명적으로 결부된 상징이 되는 것이리라. 쌩띤느는 "카롱 없이는 지옥은 있을 수 없다"고 결론을 내리고 있다. 위의 책, 115쪽.
36) 남진우, 「한 삶의 끝, 한 우주의 시작 – 황동규의 '풍장'」, 『풍장』(시집 해설), 문학과지성사, 1995, 105쪽.

하면 죽기를 바라는 삶"[37]을 추구한다.

또한, 「풍장 1」에서는 가죽 가방을 통해 한 번 소생하고, 풍장을 통해 다시 한 번 소생하고자 한다. 가죽 가방은 모태를 상징한다. 시적 화자의 '상징적인 죽음'[38]은 태아 상태로 되돌아감을 의미한다. 시적 화자는 사자(死者)로서 "가죽 가방에" 들어가서 자궁 속의 태아처럼 "다리 오그리고", "편안히 누워 있"기를 소망한다. 가죽 가방은 '요나 콤플렉스'의 공간, 즉 안락한 공간이다. 시적 "화자의 시신을 실어 나르는 통통배 역시 태아를 포근히 감싸 안아 주는 요나적 공간으로 해석"[39]할 수 있다. 나아가 "태아적 상태는 잠재적·전(前)우주적 세계로의 일시적 회귀와 일치한다."[40]는 말처럼 우주적 안락한 공간으로의 일시적 회귀를 추구하는 이미지라고 해석할 수도 있다. 통과 의례 자체가 일시적 죽음을 의미한다.

    옷을 벗어버린 눈송이들이
    지구의 하늘에서보다 더 살아 춤추는
    우주의 변두리,
    혹은 서울의 변두리 밖으로,
    가고 싶다.
    확대경 속에서처럼

・・・
37) 가스통 바슐라르, 앞의 책, 1998, 73쪽.
38) 「풍장 1」의 가죽 가방처럼 반투족 소년은 할례받기 전에 "사흘 동안 양 껍질에 싸인 채 있게 된다. 이 종족은 죽은 사람도 양껍질에 싸서 태아의 자세로 매장한다. 동물의 껍질을 의례적으로 덮어씀으로써 이루어지는 신비적 재생의 상징의 그 밖에도 고도로 발달한 문화(인도, 고대 이집트)에서도" 나타난다. 미르치아 엘리아데, 앞의 책, 2016, 174쪽 참조.
아프리카 성인식 가입 의례의 전승에서 야수에게 살해된 신참자가 "짐승의 가죽을 입고 소생"한다. 미르치아 엘리아데, 앞의 책, 2015, 162쪽 참조.
39) 남진우, 앞의 시집 해설, 105쪽.
40) 미르치아 엘리아데, 앞의 책, 2016, 172-173쪽.

큰 눈송이들이
공해에 찌든 몸의 옷 벗어버리고
속옷도 모두 벗어버리고
속살 그대로 날으며 춤추는
춤추다 춤추다 몸째 춤이 되는 그곳으로.

여섯 개의 수정(水晶)깃만 단 눈송이들이.

-「풍장 34」 전문

「풍장 34」에서는 물의 이미지와 공기 이미지가 합일한다. 시 속에 대지의 이미지가 생략되어 있으나 독자들은 공기의 이미지와 함께 대지의 이미지도 느낄 수 있다. 즉, 공기와 물, 대지의 이미지가 서로 조화를 이룬다는 의미이다.

더 자세히 말하면, '눈송이'라는 물의 이미지가 옷을 벗어 버리고 속살 그대로 춤을 추며 사뿐사뿐 하늘에서 하강한다. 눈송이가 "확대경 속에서처럼" 맑은 "여섯 개의 수정(水晶)깃만" 달고 속살을 드러내고 가볍게 춤을 추며 하강한다. 대지에 맞닿아 합일하는 것을 형상화하지는 않았지만, 대지의 이미지를 떠오르게 하는 시의 생략적 장치는 가벼이 하강하는 눈송이가 땅에 닿자마자 녹거나 수북수북 쌓일 것이라는 상상력을 뒤따르게 한다.

하얀 "'눈송이들의 옷을 벗는 행위' 역시 단순한 벗어 냄이 아니라 완전히 바깥으로 속이 나와 있는 상태, 안과 밖의 '경계가 무화된 경지'를 의미한다. 안과 밖이 무화되는 순간 나와 타자, 나와 세계의 구분은 사라진다. 자신과 세상 사이에 일말의 빈틈도 존재하지 않는 완벽한 합일을 꿈꾼다."41) 투명성의 눈송이를 현미경으로 들여다보면, 아주 미세한 구분이긴 하지만 속과 겉, 즉 안과 밖이라는 경계는 존재한다. 안과 밖이라는 이항 대립의 초미세 공간을 경계가 없는 합일의 공간으로 전이함으로써 죽음과 삶이 하나임을 의미한다.

맑은 물처럼 '눈송이'는 순결함과 정결함의 상징이다. 대기 속에 떠돌아다니는 순수한 물의 결정체가 눈이다. 눈송이의 색이 하양인 것도 순결함과 정결함의 상징을 한층 더 고조시킨다. 시적 화자는 눈송이를 통해 정화 의식을 표출한다.

평생 잠에 발 들여 논 적 없는 하루살이들
떠오르려다 멈춘 큰 풍선처럼 들판에 떠 있다.
들을 가로지르는 지방도(地方道)의 이른 가을
늘 보는 구름 두어 장 떠 있다.
하루살이들이 부력(浮力)을 얻기 위해 고도를 낮출 때
자세히 보면
잠에 빠졌는지
같이 내려오지 못하고
두세 번 겉도는 놈도 있다.

그 잠,
어린 날 물가에서 수제비 뜨던 돌 외발뛰기 하던 돌들을
눈 껌벅이며 빨아들이던
그 수면(水面) 같은 잠.

― 「풍장 62」 전문

• • •
41) 김인옥, 앞의 논문, 19쪽.

「풍장 62」에서 "하루하루 살아간다는 것은 하루하루 죽어 간다는 것에 다름 아니며 죽음은 모든 생명이 지향하고 추구하는 것이라는 면에서 생명이란 오로지 삶의 현상만을 상대하는 것이 아니라 죽음 충동(thanatos)과 삶 충동(eros)의 변증적 흐름을 자각하는 과정이"[42]다.

시적 화자는 "평생 잠에 발 들여 논 적 없는 하루살이들"을 관조한다. 하루만 살다 생을 마감하는 하루살이는 결코 잠이라는 것을 체험하지 못하고 소멸한다. 잠 그 자체가 죽음이다. 하루살이는 큰 풍선처럼 떼를 지어 맴돌며 난다. 이런 풍경을 시적 화자는 "떠오르려다 멈춘 큰 풍선처럼 들판에 떠 있다."라고 표현한다. 가벼운 공기 이미지의 자유로움에 대한 형상화이다. 즉, 자유 의식을 드러내고 있다.

시의 배경은 지방도(地方道)가 가로지르는 가을들녘이다. 하늘에는 "늘 보는 구름 두어 장 떠 있다." 대지와 공기의 조화로움을 표현하면서 하늘에 두둥실 떠다니는 구름의 자유로움을 표현한다.

시적 화자는 "하루살이들이 부력(浮力)을 얻기 위해 고도를 낮출 때"를 주의 깊게 관찰한다. "잠에 빠졌는지/ 같이 내려오지 못하고/ 두세 번 겉도는" 하루살이도 있다는 것을 형상화한다. 하루살이의 부력에 어릴 적 놀이였던 '물수제비뜨기'의 수면 위 부력과 '비석치기'의 외발뛰기 발등 위의 부력을 연결시킨다. 어릴 적 놀이의 회억은 '시원으로의 복귀'를 추구하고 있음을 의미한다. "어린 날 물가에서 수제비 뜨던 돌"과 "외발뛰기 하던 돌들"의 부력이 사그라질 때, "눈 껌벅이며 빨아들이던" 물의 표면을 잠에 비유한다. "그 잠"은 "수면(水面) 같은 잠"이다. "그 잠"이라는 추억의 잠, 즉 회억의 몽상에 잠긴다.

그 잠을 추억의 잠이라는 의미로 보면, 회억의 몽상이지만, 잠수라는 의미로 보면, 죽음을 의미한다. '물수제비뜨기'의 돌이 물위를 부상하며

---

42) 변찬복·박종호, 앞의 논문, 143쪽.

나아가는 자유로운 공기적인 삶과 함께 부력을 잃어버렸을 때, 이를 빨아들이는 물에 의한 죽음이라는 상상력을 촉발한다. 돌의 가라앉음은 죽음이지만, 물의 표면에 닿는 순간 정화의 꿈을 이루어 낸다. 다시 부상하는 순간 자유로움으로의 승화를 획득한다. 물의 표면과 같은 잠은 하루살이의 자유로운 날갯짓과 함께 결코 죽을 수 없는 자유로움에 대한 갈망이다.

> 베란다에 함박꽃 필 때
> 멀리 있는 친구에게
> 친구 하나 죽었다는 편지 쓰고
> 편지 속에 죽은 친구 욕 좀 쓰려다
> 대신 함박꽃 피었다는 얘기를 자세히 적었다.
>
> 밤세수하고 머리 새로 씻으니
> 달이 막 지고 지구가 떠오른다.
>
> — 「풍장 24」 전문

「풍장 24」의 배경은 "베란다에 함박꽃 필 때"이다. 즉, 오뉴월이다. 시적 화자는 이때 "멀리 있는 친구에게" 편지를 쓴다. 편지 속의 주된 내용은 한 명의 친구가 죽었다는 것이다. 이에 덧붙여 "죽은 친구 욕 좀 쓰려다"가 그만두고, 대신에 "함박꽃 피었다는 얘기를 자세히 적었다."라고 진술한다.

결연에서 밤늦게 세수하고 머리를 새로 씻었는데 이미 달은 낮달이 되어 몸을 감추고 태양이 막 떠오른다. "'밤세수'와 머리를 새로 씻는 행위 역시 정화와 쇄신으로 의미화"[43]한다. 죽음과 삶이 하나이므로 죽음을 향한 정화의 꿈, 즉 정화 의식을 드러내고 있다. 결행에서 "달이 막 지고 지구가 떠오른다."라며 모순 어법으로 표현한다. 태양 중심의 사고로 전환해 보면 지구가 떠오르는 것이 결코 모순일 수는 없다. 육중한 지구는 가벼이 떠오른다. 지구 중심의 시선으로 보면 태양이 떠오른다는 시적 표현이다. 죽음의 어둠에서 벗어나 다시 밝아오는 새날의 탄생을 통해 삶의 재생을 염원한다는 의미이다. 나아가 자유 의식의 승화를 상징한다.

달리 보면, 미르치아 엘리아데가 "매일 아침 태양이 떠오르는 것은 창조에 해당"[44]한다고 '시원으로의 복귀' 차원에서 말했듯, 달이 지고 태양이 떠오르는 것은 창조의 반복이며 '매일의 갱신'이다. 매일매일 '우주 창조'의 행위가 반복해서 일어난다는 의미이다. 지구가 떠오른다는 표현은 '지구 창조'의 반복이다. 태양이 반복해서 '매일의 갱신'을 하듯, 죽은 친구가 재생하기를 염원한다. 그뿐만 아니라 시적 화자 자신의 갱신에 대한 기쁨의 표현이다.

황동규는 시론에서 "밤세수하고 머리 새로 씻으니/ 달이 막 지고 지구가 떠오른다."에 대해 결연의 두 행만 "떼어내어 따로 시를 만들었다면 영락없이 한 편의 선시(禪詩)가 되었을 것이다."[45]라며 밝힌 바 있다. 이때 시의 모티프가 된 죽은 친구가 문학평론가 김현임을 밝히기도 했다.

    폴 에반스 트리오
    일찍 세상 버린 스캇 라파로의 「비취(翡翠) 비전」
    재즈의 품에 안겨 늙는다면 천상(天上)의 일

• • •

43) 김인옥, 앞의 논문, 16쪽.
44) 미르치아 엘리아데, 앞의 책, 2015, 141쪽.
45) 황동규, 앞의 책, 1994, 232쪽 ; 황동규 앞의 책, 2001, 242쪽.

저 산발(散髮)한 드럼 소리
하늘로 오르다 말고 흩어지는 가늘고 확실한 분수 같은

그래 아무도 기다려주지 말게.
봉암사 찾아가다 쌍곡에서
차 몰고 막 천상에 오르려다 만 친구를 만나
천국보다는
희양산 저녁 하늘과 땅이 만나는 곳이 더 아름답다고
발목까지 빠지는 낙엽 밟기가
천국의 카펫보다 더 환희롭다고
하늘로 오르다 말고 떨어지다 마는

확실치 않은 인간 같은.

— 「풍장 61」 전문

「풍장 61」의 "하늘로 오르다 말고 흩어지는 가늘고 확실한 분수 같은"에서도 하늘로 치솟아 상승하는 물의 이미지와 하강하는 물의 이미지를 통해 정화의 꿈, 즉 정화 의식을 드러낸다. 분수의 솟구침은 물의 역동성을, 하강은 죽음 뒤 순환적 재생을 의미한다. 시적 화자는 "차 몰고 막 천상에 오르려다 만 친구를 만"난다. 이 시행만 분리해 놓고 보면, 친구는 교통사고로 죽었다. 그 친구는 "천국보다는/ 희양산 저녁 하늘과 땅이 만나는 곳이 더 아름답다고" 말한다. 이것은 하늘로 승천하지 못하고 하늘과 대지가 합일하는 지점에 머물고 있다는 의미이다. 즉, 하늘나라로 입성하지 못하고 이승과 저승의 경계선에서 떠돌고 있음을 의미한다. 또한, "발목까지 빠지는 낙엽 밟기가/ 천국의 카펫보다 더 환희롭다고" 말한다.

그리고 "하늘로 오르다 말고 흩어지는", "하늘로 오르다 말고 떨어지다 마는"이라는 표현은 가벼이 하늘을 나는 자유로움의 좌절이다. 상승과 하강, 생성과 소멸의 이미지이면서 물과 공기의 합일의 이미지이다. 무중력 진공 상태의 물체처럼 하늘에 떠 있는 친구의 모습에서 평화로움마저 드러난다. 이것은 시적 화자가 죽음이라는 슬픔을 극복하고 역동적인 자유로운 삶을 추구하고 있음을 드러낸다.

    냇물 위로 뻗은 마른 나뭇가지 끝
    저녁 햇빛 속에
    조그만 물새 하나 앉아 있다
    수척한 물새 하나
    생각에 잠겼는가
    냇물을 굽어보는가
    물에 비친 자신의 모습을 보는가
    조으는가

    조으는가
    꿈도 없이

-「풍장 70」 전문

「풍장 70」에서 죽음과 삶을 무아의 경지로 관조한다. 시적 화자의 시선은 "냇물 위로 뻗은 마른 나뭇가지 끝"을 향한다. "저녁 햇빛 속에/ 조그만 물새" 한 마리가 사색에 잠긴 듯 멍하니 앉아 있다. 그 물새는 수척하다. 무슨 생각에 잠겼는지 "냇물을 굽어보고 있다." 시적 화자의 시선에는 그 물새가 나르키소스처럼 "물에 비친 자신의 모습을" 보고 있는 것 같으면서, 아무런 사유 없이 그냥 조는 것 같다. 새의 모습은 미래의 꿈도 없는 듯 멍하다. 한 마리의 물새에 감정을 이입하여 나르시시즘적인 자아를 들여다본다.

시적 화자는 물새를 관조하고 있지만, 자신을 겹쳐놓고 동일시한다. "물에 비친 자신의 모습을 보는가"라는 궁금증에서 나르시시즘을, "조으는가// 조으는가"에서 몽상을, "꿈도 없이"에서 미래의 희망을 역설적으로 표현한다. 이것은 "'꿈도 없이'라는 무욕의 상태로 강조되고, 이는 곧 죽음과 삶의 경계마저 허물고 있음으로 의미화"[46]해 나간다.

여기서 "물에 비친 자신을 보는 행위는 죽음 안에서 삶을 관조하는 것이며 이는 삶과 죽음을 가로지르는 경계적 영역에 있음, 즉 무아의 상태 혹은 무불위(無不爲)의 상태에 있음을 의미한다."[47] 이것은 나르시시즘에서 시작하여 미래의 꿈인 자유 의식으로의 승화를 역설하고 있다. 결국, 풍장은 제의적 죽음 이미지로서 정화와 자유 의식을 표상한다.

V. 결론

황동규의 연작시 「풍장」에 나타난 죽음 이미지를 순환적 죽음 이미지, 역동적 죽음 이미지, 통과 제의적 죽음 이미지 등 세 가지로 범주화하고, 이들 죽음 이미지로 형상화한 순환적 세계관, 역동적 삶, 정화와 자유 의식 등 죽음 주제의 시적 의미를 고찰하였다.

황동규가 14년 동안 죽음 주제를 형상화하면서 정화와 자유 의식으로 승화를 추구해 왔다. 그의 내면 의식의 결과물인 「풍장」은 선(禪)의 세계를 내포하고 있다. 「풍장」에서 바람의 자유로운 유희를 통해서 죽음과

---

46) 김인옥, 앞의 논문, 21쪽.
47) 변찬복·박종호, 앞의 논문, 145쪽.

삶의 경계를 넘나들며 실존적 위기의식인 죽음 의식을 초극하는 초월적인 세계를 지향한다. 소멸하는 삶의 틀에 얽매이지 않고 다시 태어나는 바람, 무한성을 지닌 바람과 같은 삶을 살아가려고 한다. 바람을 통해 죽음을 삶의 계기로 수용하여 죽음의 불안을 초월하고 삶의 황홀한 향유와 함께 자유로움의 경지에 도달함은 물론, 이를 승화해 나간다. 이것은 무한성을 지닌 바람 같은 삶, 초월적인 삶을 지향해 나가는 황동규만의 내면적인 특징이다.

황동규는 시를 통해 죽음의 통과 의례를 체득한 시인이다. 가입식을 행하듯 죽음을 삶의 연장 선상에서 형상화하고, 바람처럼 떠도는 공기적 삶을 추구한다. 적어도 「풍장」에서만큼은 '바람의 시인'이다. 시와 함께 이승과 저승을 자유롭게 여행하는 '형이상학적 방랑자'이다.

황동규는 「풍장」 이후 출간한 시집 『우연에 기댈 때도 있었다』(2003), 『꽃의 고요』(2006), 『사는 기쁨』(2013), 『연옥의 봄』(2016) 등에서도 죽음 주제의 시편을 발표하고 있다. 「풍장」에서 죽음 주제와 이미지에 치중한 것과는 달리 현실의 삶을 타진하는데 치중하는 변모를 보이고 있다.

제2장

신화적 상상력 읽기

1. 신화적 상상력을 수렴한 시 읽기 · 1
2. 신화적 상상력을 수렴한 시 읽기 · 2
3. 장자(莊子)적 상상력을 내포한 수필과 시 읽기
   - 무위자연(無爲自然)과 물아일체(物我一體)의 이상향
4. 죽음의 미학을 수렴한 황동규의 연작시 「연옥의 봄」

1.
신화적 상상력을 수렴한 시 읽기 · 1

1. 들어가기

신화를 현대의 과학적인 시각으로 보면 허무맹랑한 이야기일 뿐이다. 하지만 신화적 상상력이라는 측면에서 보면 다양하고 풍부한 이미지(심상)를 생성해 나가고, 이를 바탕으로 새로움을 창조해내는 힘을 이끌어 낼 수 있음을 부정할 수 없다. 신화적 상상력이란 과학을 뛰어넘어 다양하면서도 풍부한 창조적 이미지를 끌어내고 다듬어 나가는 인간의 무한한 사고의 산물이다. 이것은 인간의 무의식과 의식 작용, 감각과 인식 작용을 포괄하는 의식 작용에 의해 도출한 산물이라고 말할 수 있을 것이다.

신화적 상상력은 '원초적으로 이어 온 유전적인 인간의 심리 형태'와 깊은 연관이 있다. 이를 프로이트(Sigmund Freud)는 '고대의 잔존물', 융(Carl Gustav Jung)은 '원형' 혹은 '원시 심상', 가스통 바슐라르(Gaston Bachelard)는 '원형적 상상력'[1]이라는 용어로 설명했다. 이들

---

1) 가스통 바슐라르는 인간의 상상력을 네 가지(①형태적 상상력, ②물질적 상상력, ③역동적 상상력, ④원형적 상상력)로 구분하였다.

용어와 신화적 상상력을 분리하여 생각할 수 없다.

이명희는 『현대시와 신화적 상상력』(2003)에서 문학에서 신화적 상상력이란 "시인들의 유토피아 지향성이나 고향 의식을 연구하는 과정에서 다루어졌던 개념으로, 신화 속의 이상향을 상상력의 구현으로 말미암아 주술적이고 신비주의적 세계로 이끄는 장치를 말한다."라고 했다.

이 글에서는 신화 속의 이상향을 비롯한 신화의 화소를 인유하거나 이를 재해석하여 시 속에 상징적으로 장치한 다양한 상상력을 읽어 보고자 한다. 다시 말해 신화적 상상력을 수렴한 시를 읽어 보고자 한다. 그동안 시집 해설, 문예지 신작 시 읽기, [거제신문] '시가 있는 풍경'의 시 읽기, 평론집에 수록한 평론/평설 등, 지면을 통해 발표한 글 중에서 발췌하여 주제에 맞게 다시 정리했다. 신화는 무한하다. 그 무한한 환상성의 신화를 모두 다룰 수는 없는 일이다. 제한적으로 읽어 본다.

2. 달, 계수나무, 옥토기, 두꺼비, 항아

달이란 인간에게 무한한 상상력과 꿈을 안겨다 주는 존재이다. 어쩌면 인간은 달이 쏟아붓는 상상력을 받아먹고 살아가는 존재인지도 모를 일이다. 오늘날 인간은 달을 정복하였지만, 아직도 달을 바라보며 무한한 상상력을 발휘하고 꿈을 꾼다. 특히 시인은 시로 형상화한다.

인간은 신화시대 때부터 현재에 이르기까지 달을 신앙의 대상으로 여겨 왔다. 우리에게 보편적으로 아직 살아남아 있는 달의 신앙은 정월 대보름에 달맞이하며 달을 향해 소원을 비는 행위일 것이다. 신화시대부터 달을 신적인 존재로 여겨 숭배의 대상으로 삼아 왔다.

중국에서는 달의 여신 항아에 대한 신화가 있다. 항아는 남편 예가 구해 놓은 불사약을 혼자 몰래 훔쳐 먹고 하늘로 도망가던 도중, 달에

들어가 두꺼비로 변하여 흉측한 모습으로 살고 있다는 신화이다. 이와 달리 항아가 불사약을 훔쳐 먹고 달에 들어간 것까지는 같으나, 월궁(月宮)에서 아름다운 모습으로 영원히 살고 있는데 그곳 계수나무 아래에서 옥토끼가 절구통에 약을 찧고 있다는 다른 신화가 있다. 후자가 우리나라에 오래도록 영향을 미친 신앙적 달의 모습이다. 이것이 한편으로는 어린이에게 꿈을 심어 준 동화(童話)적 달의 모습이기도 하다.

보름달의 명암에서 계수나무 아래 옥토끼가 절구질하는 모습을 읽어낸 우리 인간이야말로 상상력이 풍부한 존재임이 틀림없다. 일찍이 도연명과 이태백이 달빛 아래서 시와 술에 취하기도 했듯이 우리 인간은 달이 쏟아내는 수많은 변화의 모습을 바라보며 무한한 신화적 상상력을 발휘하는 존재임이 틀림없다.

윤일광[2] 시인의 달에도 항아가 살아 있고, 계수나무 아래 옥토끼가 절구질을 하고 있을 것만 같다. 그 신화를 직접적으로 시로 형상화하지 않는다. 새로운 시각과 생각으로 달의 모습을 읽어 내어 시로 형상화하고 있다.

> 초가지붕 용마름/ 예쁜 입술// 덧니로/ 쏘옥 솟은/ 하얀 초승달// 고운 얼굴/ 살짝 웃는/ 영아의 덧니마냥// 별이 보면 어쩌나/ 웃는 덧니를/ 아랫입술/ 두둑이 치켜세우면// 밉지 않게 조금씩/ 가려지는/ 하얀 초승달
>
> — 윤일광, 「초승달」 전문

인용 동시는 초승달과 초가지붕이라는 이미지 묘사에 치중하면서도 많은 생각을 하게끔 만든다. 이처럼 윤일광 시인은 생각하는 동시를 쓴다.

· · ·

[2] 1981년 《교육자료》 동시 천료, 1983년 한국시학협회 신인상(동시), 1983년 동백예술문화상 수상, 1983년 《아동문학평론》 동시 천료, 1984년 《시조문학》 시조 천료, 1985년 《월간문학》 희곡 당선.

근래에 초가지붕을 보기란 민속촌이 아니고서는 너무나 어려운 일이 되어 버렸다. 창작 당시(1980년대)에도 초가지붕이 거의 사라져 가던 시기였다. 그래서 회상 형식의 체험적 동시라고 단정할 수 있다.

서정적 자아는 초가집과 초승달을 한눈에 바라보는 위치에 서 있다. 초승에 낮게 뜬 하얀 초승달이 예쁜 입술처럼 생긴 초가지붕 용마름을 살짝 비집고 나와 웃고 있다. 그 모습이 마치 고운 얼굴로 살짝 웃는 영아의 덧니처럼 예쁘게 쏘옥 솟아올라 웃고 있다고 진술한다. 초승달이 영아의 덧니 같고, 초가지붕 용마름이 예쁜 입술로 보이고, 하얀 초승달이 덧니로 솟은 것처럼 여긴다. 그리고 하얗게 웃고 있는 덧니를 "별이 보면 어쩌나" 하고, 덧니를 약간은 부끄러운 존재로 인식한다. 그래서 아랫입술을 "두둑이/ 치켜세워" 덧니를 가리듯이 하얀 초승달이 초가지붕 용마름이라는 예쁜 입술에 조금씩 가려지는 모습이 밉지 않게 보인다고 의식한다. 너무 예쁘게 보인다며 에둘러 표현하고 있다.

> 쬐꼬만 눈썹달일 땐/ 눈꼽만큼 웃다가/ 반달일 땐/ 반달만큼 웃어/ 정이 들었다./ 달과/ 꽃이// 쬐꼬만 눈썹달일 땐/ 서둘러 가기 바빴는데/ 반달일 땐/ 가기 싫어 칭얼거리다/ 정이 들었다./ 달과/ 꽃이// 달만 생각하다가/ 노랗게 닮아 가는 꽃/ 꽃만 생각하다가/ 동그랗게 닮아 가는 달// 아무도 모르는/ 열닷샛날 밤/ 달 속에 노오란 꽃이 피고/ 꽃 속에 동그란 달이 뜬다.// 너무/ 너무/ 정이 들었다./ 미울만치/ 달과/ 꽃이
>
> — 윤일광, 「달·달맞이꽃」 전문

인용 동시 「달·달맞이꽃」은 달과 달맞이꽃을 대립시켜 형상화하였다. 꽃의 상승과 달의 하강을 통해 동심의 내면세계를 시로 형상화한 것이다.

이 동시의 색감은 노랑으로 충만한 이미지이다. 달이 눈썹달에서 반달을 거쳐 노랗게 보름달로 차오르는 모습과 달맞이꽃이 눈꼽만큼 웃는

모습에서 출발하여 반달만큼 웃다가 노랗게 만개해 가는 과정을 점층적 이미지로 형상화하였다. 여름밤의 달이 보름달로 차오르는 풍경과 달맞이꽃이 활짝 피어 가는 풍경이 내밀하게 그려져 있다.

서정적 자아는 "달만 생각하다가/ 노랗게 닮아 가는 꽃", 그 반대로 "꽃만 생각하다가/ 동그랗게 닮아 가는 달"이라는 꽃의 상승과 달의 하강을 인식하며, 전환하는 연에서 달과 달맞이꽃을 두고 "달 속에 노오란 꽃이 피고/ 꽃 속에 동그란 달이 뜬다."라고 반전시켜 놓고, 결국 동일성의 존재임을 의식한다. 마지막 연에서는 달과 달맞이꽃이 서로가 미울 정도로 "너무/ 너무/ 정이 들었다."라며 주관적 진술을 한다. 이처럼 달과 달맞이꽃의 대립적 상상력을 통해 동심과 자연을 하나로 연결하고, 달과 달맞이꽃의 의미를 동심이 가득한 생각으로 새롭게 탄생시켜 놓았다.

3. 비, 소낙비, 나무, 하늘, 땅, 구름

비는 뿌리가 하늘에 있고/ 나무는 뿌리가 땅에 있네/ 비는 하늘에서 땅으로 내려오고 빨리/ 나무는 땅에서 하늘로 올라가네 천천히/ 비는 나무를 온몸으로 휘감고/ 나무는 비를 온몸으로 껴안네/ 하늘이 비를 타고 땅으로 내려오고 빨리/ 땅이 나무를 타고 하늘로 올라가네 천천히/ 뿌리가 뿌리를 만나 번개가 되고/ 뿌리가 뿌리를 만나 우레가 되네/ 보이지 않는 번개/ 들리지 않는 우레/ 하늘에서 내려온 비가 땅을 사랑하고 보이지 않게/ 땅에서 올라간 나무가 하늘을 사랑하네 들리지 않게

— 김철, 「비와 나무와 하늘과 땅」 전문

인용 시 「비와 나무와 하늘과 땅」은 김철[3] 시인의 세 번째 시집 『비와 나무와 하늘과 땅』(2014)의 표제 시이다. 이 시는 '하늘'과 '땅'의 이항대립이 출발점이다. '비'와 '나무', '빨리'와 '천천히', '내려오다'와 '올라가다'라는 시어를 통해 하늘과 땅이 대립 관계임을 분별해 나간다. 그러다 '휘감다, 껴안다, 만나다'라는 시어를 통해 하늘과 땅이 대립적 일치로 나아간다. 결국, '사랑'이라는 시어를 통해 하늘과 땅이 대립의 공존 관계에 이른다. 다시 말하면, '대립→일치→공존'으로 나아가는 구조이다. 이것은 도교의 음양 사상과도 일맥상통한다.

인용 시를 이해하기 위해 '비'와 '나무'의 신화적 원형에 주목해 본다. '비'가 내린다는 것은 중국 신화 '복희·여와'를 비롯한 세계 곳곳의 신화에서 나타나듯 하늘과 땅의 사랑(성교) 행위이다. 우주로 향하는 신성한 '나무', 즉, '우주목'은 우리나라 〈단군 신화〉의 '신단수', 중국 신화의 '건목', 불교의 '보리수', 북유럽 신화의 '이그드라실' 등 세계 각지에서 나타난다. 시인의 신화적 상상력, 우주적 몽상이 낳은 시임이 분명하다.

원형적 심상 '소낙비'는 '수확'이라는 원형적 심상의 결과로 이어진다. 강남주[4] 시인은 아래 시에서 삶의 인식으로 작용하여 의도적인 '인생의 수확기'라는 상징으로 이어 간다. 분명히 순간적인 정서의 포착이 안겨 준 서정시이다.

보리타작 소리를 내며/ 동네를 두드리던 소낙비는/ 도망치듯 강을 건너/ 백운산 속으로 들어가 버렸다./ 한동안 숨죽이고 숨어 있던/ 하얀 안개구름이 슬

---

3) 김수영 시인 사사(1964~68), [대한일보] 신춘문예 당선(1969), 《현대문학》 조회/완료 추천(1968/1970).
4) 《시문학》 천료. 부경대학교 총장, 부산문화재단 대표이사 역임.

그머니 나와/ (……)/ 어느새 노을이 나타나/ 활활활 소리를 내고 있다.
- 강남주, 「해량촌을 지나며 -(5) 자신을 태우는 노을」 부분

시적 화자의 시선은 섬진강 넘어 전남 광양의 '백운산'에 고정되어 있다. '소낙비'가 해량촌에 내리는 시점부터 섬진강을 건너가고, 백운산으로 들어가 그치고, 하얀 안개구름으로 되살아나고, 노을이 지는 시점까지의 긴 시간적 이동을 구체적으로 점묘한다. 화자가 서 있는 해량촌과 섬진강 건너 백운산이라는 가시적 공간에서의 서정적 풍경을 주관적 이미지로 묘사한다. 여기서 노을은 저녁을 연상시킨다. 노을의 시각적 이미지가 시간의 경과를 암시한다. 시간적 시점의 이동은 청각(소나기 소리)에서 시각(노을)으로 감각이 전이하는 형태를 창조해낸다. 결에서는 공감각적(시각, 청각) 이미지로 묘사를 극대화한다.

시인은 노을에 숨겨진 내면의 의미를 직접 진술하지 않고 숨기고 있다. '유년 시절의 백운산 노을이 변함없이 아름답고, 나 역시 노을이 지는 삶의 시점에 서 있다.'라며 말을 하고 싶지만, 언어의 절약을 통해 상징적 의미를 확대한다.

'소낙비'가 해량촌에 내리는 시점은 유년기, 섬진강을 건너가는 시점은 풍파를 이겨 낸 청년기, 백운산으로 들어간 시점은 평온한 삶을 찾은 장년기, 하얀 안개구름(외적 모습)과 노을(내면적 모습)의 시점은 황혼기를 상징한다. 자연의 변화와 삶의 항적을 동시에 겹쳐놓고 상념에 잠긴다. 자연과 자기 동일성을 추구하는 심상이다. 즉, 시적 화자는 하얀 안개구름과 노을에 해당하는 황혼기에 도달해 있는 자아를 깨닫는다. 이 시는 우주 질서에 순응하고 자연의 순리에 따르는 시인의 철학이 담겨 있다.

김종[5] 시인의 아래 인용 시는 그림 시집『그대에게 가는 연습』(2010)에 실린 시이다. 시「구름 높게 흐르면」이라는 제목을 보면 가을 하늘이 떠오르기도 하고, 계절 구분 없이 맑은 하늘이 연상되기도 한다. 이 시도 하늘, 땅, 소나기 등의 신화적 상상력이 숨어 있다.

하늘 땅/ 그 사이// 창을 닦고// 내 가슴/ 더운 설움이// 소나기로/ 울고 난 뒤// 대숲머리 바람 소리가/ 연등처럼 흔들렸다.

— 김종,「구름 높게 흐르면」전문

시인은 하늘과 땅을 수직적 대립 구조로 놓고, 그 경계선에 '그 사이'라는 허공을 하나의 공간으로 끌어들였다. 그리고 창문 안과 창문 밖을 수평적 대립 구조로 보고, 창을 그 경계선의 공간으로 설정하였다. '창을 닦고'를 한 연으로 처리하여 창밖의 풍경이 창문에 압축되어 보이게 장치했다. 창을 통해 하늘과 땅과 그 사이를 바라본다. 창이라는 아주 작은 공간에 우주 전체를 들여놓고 거울 보듯 한다. 시인의 눈에는 창밖의 풍경이 창문에 축소되어 들어와 앉아 있다.

화자의 가슴에 치밀어 오르던 더운 설움이 소나기처럼 울고 난 뒤에 창밖의 대숲머리가 흔들리고, 바람 소리가 들려온다. 그 바람의 크기는 연등을 흔들 정도로 살랑인다. 여기서 설움과 소나기의 매개어는 '울음'이다. 이질적인 설움과 소나기라는 시어에 '울음'이 매개 역할을 하여 이질적이던 것이 동질적인 것으로 전환한다. 마지막 연에서 이질적인 바람 소리와 연등을 결부시키는 매개어는 '흔들림'이다. 이 흔들림의 주체가 연등이 아니라 바람 소리로 전환되어 있다. 이것이 시의 매력이다.

---

5) 김종 시인/화가. 1976년 [중앙일보] 신춘문예 시 당선. 시집『장미원』등.

4. 애기별꽃(수선화), 그리스 신화의 나르시스

　선용[6] 시인은 '아기'를 두고 비유적 언어를 통해 기존의 객관적 의미를 주관화하여 의미를 확장해 나가고 창조해 나간다. 꽃→별→아기로 전이하는 기법은 메타포 언어의 용법이다. 즉, '꽃'과 '별'과 '아기'를 연결하는 신화적 상상력이다. 이 세상 아름다운 것 모두가 별이 될 수 있다는 이상향을 꿈꾼다. 특히 그리스 신화 나르시스가 죽어 수선화가 되었듯 별을 닮은 수선화(애기별꽃)처럼 꽃이 별이 되고, 별이 꽃이 되는 신화적 상상력을 발휘하고 있다. 우리 인간에게 '별'도 '해'와 '달'처럼 신앙적 대상이다. '북두칠성'이 그 대표적인 예이다.

　　　밤마다 꽃들은/ 하늘로 올라가/ 별이 되었다가// 새벽이면/ 내려와 다시/ 꽃이 된다// 기쁨과 웃음을 주려고/ 아름다운 꽃으로/ 반짝이는 별로/ 다시 태어나는 것이다// 봐, 가만히 있어도/ 꽃냄새가 나지/ 별에서// 자세히 봐/ 눈부신 빛도 비치잖니/ 꽃에서// 하늘로 올라가면/ 별/ 땅으로 내려오면/ 꽃// 하지만/ 꽃만이 아니다/ 아름다운 것은/ 모두 별이 된다// 소리 없이/ 웃는 입 모습이/ 꼭 같잖아// 그리고 별 냄새도/ 나잖아/ 아기 몸에서

　　　　　　　　　　　　　　　　　　　　- 선용, 「꽃은 별이 되어」 전문

　시어란 일상적 언어에 미적인 기능과 시적인 기능을 불어넣거나, 고차원적 언어 체계로 조탁되기도 한다. 선용 시인의 동심 시어는 때로는 "별 냄새/ 나잖아/ 아기 몸에서"처럼 "별 냄새"에서 "아기 몸"을 연결하는 고차원적 의미를 내포시켜 놓았다.

･･･

[6] 일본 도쿄[東京]에서 태어남. 월간 《어린이 동산》, 부산MBC 《어린이 문예》 주간, 한·중우호협회장, 한국동요작사작곡가협회 회장 등 역임.

서정적 자아는 "하늘로 올라가면/ 별/ 땅으로 내려오면/ 꽃"이라는 꽃의 상승과 별의 하강을 인식하며, 결국 동일성의 존재임을 진술한다. 별에서 "꽃 냄새"가 나고, 꽃에서 "눈부신 빛도 비춰" 나온다. 시간상으로는 "밤마다 꽃들은/ 하늘로 올라가/ 별"이 된다. "새벽이면/ 내려와" 낮에는 "꽃이 된다"라고 진술한다. 전환하는 연에서는 꽃만이 아니라, "아름다운 것은 모두 별이 된다"라고 반전을 시켜 놓고, 아이의 소리 없이 방긋 "웃는 입모습이" 별을 닮았고, "아기 몸에서" "별 냄새도" 난다고 주관적 진술을 한다.

이것은 시인이 하늘과 땅의 대립적 공간, 별과 꽃의 대립물, 별 냄새와 꽃냄새의 대립 등으로 대립적 상상력을 발휘한 것이다. 이처럼 이항적 대립의 연결을 통해 동심과 자연을 하나로 연결시키고, 동일성의 언어로 고정된 사물의 의미를 새롭게 전환하는 창조적 행위를 한다.

시인은 '꽃=별' '별=아기'를 동일시하는 상상적 인식과 더불어 동일성의 인식을 한다. 여기서 '꽃'과 '별'이라는 객관적 사물에 대한 시인의 의식이 '천진무구한 아기'를 의미하는 주관적인 시적 상상력으로 작동한다. 즉, 아기에 대한 의식적 지향을 한 것이다.

시인이 지향한 '아름다움'과 '웃음'이라는 노에시스(의식의 지향)의 언어는 노에마(의식의 객관적인 대상)의 언어인 '꽃'과 '별'과 상관관계를 통해 섬세하고 다양하게 느껴지도록 하는 의식 지향적 시어인 것이다. 이것은 "별=꽃=아기"가 동화와 투사의 형상을 통해 동일성을 형성하는 것과 같은 의미이다. 이처럼 선용 시인은 다양한 심상을 전개한다.

선용 시인은 은유적 표현의 달인이다. '꽃', '별', '아기'의 심상이 연결 고리로 이어지고 있다. '꽃=별' '별=아기', '입모습=별', '별 내음=아기 내음' 등 은유적 표현은 시인이 객관적인 시적 대상의 속성과 주관적인 해석을 겹쳐 놓고 진술하려 하기 때문이다.

5. 공무도하가, 지귀, 엠페도클레스[7]

맏 남동생이 왔다 갔다/ 내 몸으로/ 피 한 방울 흘러들어왔다/ 핏줄의 강이 길-다/ 발자국이 크다/ 그가 앉았다 간 자리에서/ 오래오래/ 혈관 돌아가는 소리가 들렸다

— 이영춘, 「병문안」 전문

인용 시의 시적 화자는 곧 이영춘[8] 시인 자신이다. 시적 화자는 병실에 누워 있다. 남동생 중 맏이가 병문안하고 갔음을 말하고 있다. 그 남동생의 눈빛과 손길 그리고 마음이 '피 한 방울'처럼 화자의 몸으로 들어왔다. 그것도 '긴 강'처럼 오래도록 전해졌다. 또한, 피의 발자국이 너무나 크고 선명함을 묘사하고 있다. "그가 앉았다 간 자리에"도 오래도록 시선이 가고 "혈관 돌아가는 소리가 들렸"음을 묘사하고 있다.

한국인의 사고 깊숙한 곳에는 '핏줄'이라는 '당김'이 자리 잡고 있다. 또한, 한국인은 '핏줄'이라는 공동체의 연결고리에서 벗어날 수 없는 삶을 산다. 언제나 무의식적으로 핏줄에 이끌리고, 핏줄의 당김에 반항하지도 못하는 정서와 구조 속에서 살고 있다. 이것은 우리 민족이 씨족 공동체 운명을 의식적으로든 무의식적으로든 중시하고 있다는 증거이

---

7) 엠페도클레스(B.C. 490~430)는 시칠리아섬의 상업 도시에서 태어났다. 그는 정치가, 시인, 종교적 설교가, 예언자, 의사, 철학자로서 명성이 높았다. 그는 불, 물, 공기, 흙을 만물의 뿌리로 본 4원소론의 장본인이다. 엠페도클레스는 에트나 화산에 몸을 던져 자살했다. 그 화산은 그의 신발 중의 하나만을 되던지고, 그를 삼켜 버렸다고 한다.
엠페도클레스 콤플렉스는 삶의 본능과 죽음의 본능이 대립되는 현상을 말한다. 철학자 엠페도클레스의 이름에서 빌려 온 이 개념은 삶의 본능에서 자신을 파괴하여 다시 재생의 기회를 얻는 것을 뜻한다. 이 몽상은, 불은 바꾸려는 욕망을, 시간을 서두르고 전 생애를 종말로 저 너머로 이끌어 가려는 욕망을 암시한다. 불에 대한 사랑과 존경, 삶에의 본능과 죽음에의 본능이 결합된다. 불꽃 속에서의 죽음이라는 "사고자와 함께 전우주가 무화하는 우주적 죽음"의 콤플렉스이다.
8) 1976년 《월간문학》 신인작품상 당선으로 문단에 나왔다. 윤동주문학상, 경희문학상, 강원도문화상, 인산문학상, 대한민국향토문학상 등을 수상.

기도 하다. 그래서 핏줄의 당김을 무의식적으로 온몸으로 느끼고, 전율이라는 울림으로 감지한다.

이를 서양 이론으로 설명이 가능할까? 융의 집단 무의식으로 설명이 가능할 수도 있겠지만, 정서적으로 그것과는 약간의 거리가 있을 것 같다. 그리고 핏줄의 당김 현상이 한국인들만의 현상이라 단정할 수도 없는 일이다. 강하든 약하든 인류 공동의 현상이라는 것을 부정할 수는 없다. 그렇다면 집단 무의식이라는 관점에서 융의 심리학과 연결하여 생각해 볼 수 있지 않겠는가.

이 시의 공간은 병실이다. 바슐라르의 네 원소(4원소: 물, 불, 대지, 공기)의 상상력으로 말하자면 '피'와 '핏줄'은 물의 이미지이다. 그러면서도 이 '피'는 물의 이미지가 명확하지만, '핏줄'은 불의 이미지로 해석할 수도 있을 것 같다. 핏줄이라는 씨족 공동체를 연결고리로 엮어 놓으면 마음이 뜨거워지기도 하고, 온화해 지기도 하면서 전율을 느끼기도 한다. 그것은 바슐라르가 말하는 '물의 불'인 '알코올'처럼 '마음의 불'이라 말할 수도 있을 것 같다.

다시 말하면, 이 시는 물의 이미지와 불의 이미지가 대립의 일치를 보이고 있다. 즉, 붉은 '피'는 물의 이미지이고, 뜨거운 '핏줄'은 불의 이미지로 해석이 가능하다. 뜨거운 마음 혹은 뜨거운 핏줄을 불의 이미지로 읽는 것은 논리의 비약일 수도 있지만, 실제『삼국유사』에 나오는 '지귀 설화'[9]를 보면 선덕여왕을 사모하던 천민 지귀가 '심화(心火)' 즉, 마

...

9) 『삼국유사』의 '의해 제5(義解第五) 이혜동진(二惠同塵)'에 기술되어 있는 설화이다. 원문은 "고강사(告剛司), 차색항삼일후취지(此索須三日後取之), 강사이언이종지(剛司異而焉從之), 과삼일선덕왕가행입사(果三日善德王駕幸入寺), 지귀심화출소기탑(志鬼心火出燒其塔)"이다. 이를 다음과 같이 해석할 수 있다. 강사에게 말하였다. "이 새끼줄을 사흘 뒤에 풀어라." 강사가 이상하게 여기면서 그 말대로 따랐더니 정말로 사흘만에 선덕여왕의 가마가 행차하여 절에 들어왔는데, 지귀가 불을 질러서 그 탑을 태웠지만 새끼줄을 맨 곳만은 화재를 피하였다. 지귀 설화가 수록되어 전하는 책은 〈수이전(殊異傳)〉에 제목 '심화요탑(心火繞塔)'으로, 〈대동운부군옥〉에 전재되어 전한다.

〈심화요탑〉: 신라 선덕여왕 때 활리역에 지귀(志鬼)라는 사람이 여왕을 사모하다가 미쳐 버렸다. 어느 날

음의 불에 의해 탑을 태워 버렸다는 이야기와 연결해 보면 비약이 아닐 수도 있겠다. 이 지귀 설화는 바슐라르의 엠페도클레스 콤플렉스와 호프만 콤플렉스[10]로 설명할 수도 있을 것이다.

    한쪽 문이 열렸을 때 그는/ 달그림자로 사라졌다/ 또 한쪽 가슴이 열렸을 때/ 그는 분화구로 사라졌다/ 하늘 저쪽 혹은 강 저쪽의 한 귀가 열렸을 때/ 부엉이 울음소리가 들렸다/ 강은 팽팽했다/ 강가에서 디오니소스의 침묵으로/ 한 사람이 한 사람을 오래 기다렸다// 물소리에 묻어오는/ 공후의 슬픈 가락
                                              - 이영춘, 「신(新)공무도하가」 전문

인용 시도 바슐라르의 네 원소 상상력으로 말하자면, 물과 불의 이미지가 대립의 일치를 보이고 있다. 「신(新)공무도하가」라는 제목부터 물의 이미지이다. 〈공무도하가(公無渡河歌)〉의 원형은 고조선 때 지어져 한국 문학사상 가장 오래된 작품으로 알려져 있다. '공무도하'라는 뜻은 "그대 강물을 건너지 마소서"이다. 이처럼 〈공무도하가〉에서의 '강물'은 '죽음'과 '이별'을 상징한다. 여기서 〈공무도하가〉를 읽어 보면 "그대 강물을 건너지 마소서. 그대 기어이 강물을 건너셨네. 강물에 빠져 돌아

...

여왕이 분향을 위해 행차하는 길을 막다가 사람들에게 붙들린 지귀는 여왕의 배려로 여왕의 행차를 뒤따르게 되었다. 여왕이 절에서 기도를 올리고 있는 동안 지귀는 탑 아래에서 지쳐 잠이 들고 만다. 기도를 마치고 나오던 여왕은 그 광경을 보고 금팔찌를 뽑아서 지귀의 가슴에 놓고 갔다. 잠에서 깬 지귀는 금팔찌를 보고서는 가슴이 타들어가 급기야 화신(火神)이 되고 만다. 지귀가 불귀신이 되어 온 세상에 떠돌아다니자 사람들은 두려워하게 되었다. 이에 선덕여왕이 백성들에게 주문을 지어 주어 대문에 붙이게 하니, 그 후 백성들은 화재를 면하게 되었다. 이때 여왕이 지어 준 주문의 내용은 다음과 같다.
"지귀의 마음의 불이 제 몸을 태워 불귀신이 되었으매 마땅히 창해 밖에 추방하여 이제 다시 돌보지 않겠노라."
지귀 설화는 화재 예방을 위한 풍속을 사랑과 연관시켜 문학적으로 형상화한 설화 문학이다. 선덕 여왕이 주문(呪文)을 지어 불귀신(不神)의 원한을 달래어 물리치게 된 연유를 담은 풀이 기능의 설화 문학이다.
10) 호프만의 작품에는 불꽃의 시가 전 작품에 흐른다. 특히 펀치 콤플렉스가 명확하게 드러나 있다. 그것을 호프만 콤플렉스라고 부를 수 있다. 중요한 심리적 매듭은 알코올=불이다. 그 불은 모순된 불꽃이다. 그것은 무의식과 결부되어 있다. 알코올은 정신적 가능성을 단순히 자극할 뿐이라고 상상하면 잘못이다. 그것은 정말로 그 가능성을 만들어 낸다. 알코올은 언어 운반자이다. 그것은 어휘를 풍부하게 하고 구문을 해방시킨다.

가시니, 이제 어찌하오니까(公無渡河 公竟渡河 墮河而死 當奈公何)."이다. 이것은 성서에서의 '요단강'을 건너는 행위처럼 '죽음'을 상징한다. 그렇다면 이영춘 시인의 「신공무도하가」에서의 '강물'도 '죽음' 혹은 '이별'을 상징함을 제목에서 암시하고 있다. 본문에서도 "한쪽 문이 열렸을 때", "또 한쪽 가슴이 열렸을 때", "하늘 저쪽 혹은 강 저쪽의 한 귀가 열렸을 때", "강가에서 디오니소스 침묵으로/ 한 사람이 한 사람을 오래 기다렸다" 등은 사랑하는 이의 '죽음'에 대한 묘사이다.

그렇다면 왜 불의 이미지를 떠올릴 수 있을까? 그것은 2행과 3행의 "또 한쪽 가슴이 열렸을 때/ 그는 분화구로 사라졌다" 때문이다. 시인이 여기서 '분화구'라는 시어를 '죽음'의 상징으로 끌어들였기 때문이기도 하다. 그것은 용암의 불덩이가 이글거리는 "분화구로 사라졌다"는 관점에서 보면 그리스 신화에 나오는 엠페도클레스와 연결이 가능하다. 이 것은 바슐라르가 『불의 정신분석』에서 말한 '엠페도클레스 콤플렉스'와 연결할 수도 있다는 말이다. 엠페도클레스가 분화구에 뛰어들어 죽음이라는 완전한 파멸을 택하였는데, 그 분화구가 신발 한 짝을 토해 냄으로써 새로운 '탄생'을 상징하게 되었다. 즉, 엠페도클레스가 분화구에 뛰어들어 죽음을 맞이함으로써 '자신의 완전한 파멸'에 이어 '죽음의 승화를 통한 새로운 탄생'을 상징한다. 그렇다면 시인은 이승과 죽음의 두 영역을 중개하는 상징적 존재로 엠페도클레스 분화구를 끌어들였고, 그 죽음의 긍정적인 승화를 말하고 싶어, 지식의 모든 것을 불태우는 의지의 상징인 프로메테우스 콤플렉스[11]가 아닌 엠페도클레스 콤플렉스를

• • •

11) 불에 대한 인간의 갈망이 인간의 지식에 대한 그리스 신화에서 프로메테우스가 연약한 인간을 구원하기 위해 신들만의 소유물인 불을 몰래 훔쳐 내어 인간에게 나누어 주고 형벌을 받은 경우이다. 이것은 제우스의 입장에서 본다면 금지를 의미하는 것이며, 한편에서는 인간의 발전을 위해 지식을 보급한다는 두 개의 상이한 측면을 동시에 갖는 것을 가리킨다. 손윗사람에게 반항하거나 남이 더 나아지는 것을 금하고 꺼리는 경우가 포함된다(꼬마 프로메테우스 : 반항아).
이 콤플렉스는 프로이트적 정신분석학에서 말하는 '꿈이나 신경증의 원인이 되는 억압당한 무의식 속에 있

끌어들인 것이라 읽어진다.

"강가에서 디오니소스의 침묵으로"라는 시행에서의 '디오니소스'는 그리스 신화에 나오는 신이다. 제우스(Zeus)와 세멜레(Semele)의 아들이며, 대지의 풍요를 주재하는 신이다. 또한, 포도 재배와 관련한 술의 신이기도 하다. 그리고 디오니소스는 죽음에서 부활한 구원의 신, 생명력의 신이다. 한 번 죽었다 다시 살아난 신이기 때문이다. 그렇다면 시인은 '죽음'이 갈라놓은 '이별'도 언젠가는 그 '죽음'이 새로운 '만남'을 기약하고 있음을 믿고 있는 것이다. 즉, 시인은 '죽음'의 이미지를 새로운 '탄생'의 이미지로 승화해 나가고 있다.

6. 연꽃, 부처

이문걸[12] 시인의 아래 시는 불교의 선적 상상력의 시라고 정의할 수 있다. 하지만 연꽃과 부처는 신화적 상상력이기도 하다.

저승에 두고 온 만연(萬緣)이/ 피명으로 가라앉은 화덕에/ 한 아름/ 마른 솔가리를 지폈다/ 태양도 목말라 돌아누운 대낮/ 진흙 밟고 승천하는/ 욕진의 번뇌/ 네 아픔은/ 곧 내 아픔이려니/ 인과의 탁한 물속에서/ 혼절하는 꽃이여

- 이문걸, 「연꽃」 전문

∴

는 감정 표상의 '복합'과는 다른 것이다. 이 개념은 객관적 인식의 과정에 부딪친 전근대 과학적인 심리의 그룹을 명명하는 가운데 붙인 개념이다. 즉, 콤플렉스를 부정적인 존재로 보는 것이 아니라 물질적 상상력을 유발하는 긍정적인 존재로 파악한다.
12) 1977년 《시와 의식》 시 등단. 부산문인협회 회장 직무대행, 국제펜클럽 한국본부 이사 역임. 목마시문학동인회 회장. 제1회 개천예술인상, 제42회 부산시문화상(문학 부문) 수상. 동의대학교 문예창작학과 명예교수.

이 시에서 연꽃은 "태양도 목말라 돌아누운" 한여름 푹푹 찌는 찜통 더위 대낮에 더러운 연못의 진흙 속에서 생명을 얻어 태어났지만, 더러움에 물들지 않고 수면 위로 우뚝 솟아올라 맑고 깨끗하게 피어난다. 이것은 연꽃의 순결성을 상징하는 전통적 상징이다. 여기서 연꽃의 순결함은 유교적 군자의 상징이요, 불교적 극락세계[13]의 상징인 것이다.

서정적 자아는 "진흙 밟고 승천하는" 연꽃처럼 더럽고 추한 곳을 딛고 우뚝 솟아나 순결함을 풍기며 만개(승천)하기를 소원한다. 즉, 삶의 우여곡절과 온갖 아픔을 딛고 의연하게 일어서겠다는 굳은 의지를 말하는 것이다. "네 아픔은/ 곧 내 아픔이려니"라며 '연꽃의 아픔이 곧 자신의 아픔이라고 자기 동일성을 유지한다. 순결한 연꽃이 더러움에 물들지 않고 꿋꿋하게 일어서서 맑고 깨끗한 꽃의 군자가 되고, 극락세계로의 승천을 꿈꾸듯, 서정적 자아도 속세의 욕진의 더러움에 물들지 않고, 순결함을 간직한 군자와 같은 삶과 석가모니와 같은 극락세계로의 승천을 꿈꾼다. 또한, "인과의 탁한 물속에서/ 혼절하는 꽃이여"라는 표현은 역설적으로 "인과의 탁한 물속"에서의 인고의 삶, 즉 온갖 번뇌를 끊고 해탈의 경지에 이르겠다는 초극의 삶을 표상한다.

또한, 화덕의 '불'과 연못의 '물'은 죽음과 탄생, 소멸과 생성의 원형적 심상이다. "욕진의 번뇌"는 '삶의 무게'를 암시하며, 이 무거운 '번뇌'를 '환희'로 전환시키려는 시인의 상상력이 작용한다. "탁한 물"은 시련과 고통을 상징한다. 객관적 상관물로서 연꽃은 '인고의 삶'과 '초극의 삶'을 표상한다. 연꽃을 바라보는 시인의 즉자적 시각은 대자적 상관물인 연꽃을 객관적으로 해석하려 한다. 그리고 시인은 주체(서정적 자아)와 객체(연꽃)를 객관화하고, 즉자적 시각을 객관화하여 연꽃을 형상화하

---

13) 불교에서는 연꽃이 속세의 더러움 속에서 피어 더러움에 물들지 않는 청정함을 상징한다 하여 극락세계(연방蓮邦)를 상징한다. 부처가 앉아 있는 좌대를 연꽃으로 조각하는 것도 이러한 상징성 때문이다

고 있다. 이처럼 이문걸 시인의 자연과 조응하는 시 의식이야말로 참 시인다운 삶 그 자체이다.

8. 나가기

지금까지 우리가 아는 한, 현생 인류인 인간(사피엔스)만이 직접 보거나 만지거나 냄새를 맡지 못한 것에 대해 마음껏 이야기할 수 있는 존재이다. 전설, 신화, 신, 종교는 인지 혁명과 함께 처음 등장했다. 인지 혁명 덕분에 "사자는 우리 종족의 수호령이다."라고 말할 수 있게 되었다. 허구를 말할 수 있는 능력이야말로 인간이 사용하는 언어의 가장 독특한 측면이다. 인간이 허구 덕분에 단순한 상상을 넘어서 집단적으로 상상할 수 있게 되었다. 성경의 창세기, 호주 원주민의 드림타임 신화, 현대 국가의 민족주의 신화와 같은 공통의 신화들을 짜낼 수도 있다. 그런 신화들 덕분에 많은 사람이 모여 유연하게 협력하는 유례없는 능력을 지닐 수 있었다.[14]

우리나라 신화는 대개 하늘에 기원을 두고 인간의 세계로 하강한다. "신화의 주인공이 하늘에 기원을 두고 있음은 건국 신화뿐만 아니라 우리의 무속 신화에서도 보편적인 사실이다. 가장 대표적인 신화의 하나인 〈창세가〉가 그러하고 〈천지왕본풀이〉, 〈제석신화〉, 〈성주신화〉 등이 그러하다. 그밖에도 제주도의 마을 신화 가운데는 하늘에서 하강하여 좌정한 신에 관한 이야기가 있기도 하니, 〈각시당본풀이〉나 〈오드싱본풀이〉 등이 그 좋은 예"[15]라고 말할 수 있다.

• • •

14) 유발 하라리, 조현욱 옮김, 『사피엔스』, 김영사, 2016, 48-49쪽 참조.
15) 이지영, 『한국의 신화이야기』, 사군자, 2003, 13쪽.

하늘에 기원을 둔 건국 신화의 예는 더 많다. 고조선의 환웅, 북부여의 해씨, 고구려의 고씨, 신라의 박혁거세와 김알지, 가야의 김수로가 하늘에서 내려왔다. 그러나 제주도의 세 성씨는 구멍에서 나왔다. 뭍과는 다른 제주만의 독자성이 나타난다. 이처럼 신화의 근원은 다양하고, 신화적 상상력은 무한하다.

특히 문인을 비롯한 예술가의 상상력을 말할 때 신화적 상상력을 분리하여 말할 수 있을까? 창작 활동에 있어 신화적 상상력은 매우 중요한 위치를 차지한다. 신화를 현대적 시각인 과학적 사고라는 측면에서 보면 가치 없는 이야기라고 치부해 버릴 수도 있다. 반면에 신화적 상상력이라는 측면에서 보면 가치를 높이 평가할 수밖에 없다. 신화적 상상력이야말로 끊임없이 새로운 이야기를 창조해 낼 수 있기 때문이다.

문인이여, 신화적 상상력을 발휘해 보자. 이를 통해 진정한 작품 하나쯤은 남기자.

2.
신화적 상상력을 수렴한 시 읽기 · 2

1. 들어가기

　앞의 글 「신화적 상상력을 수렴한 시 읽기 · 1」에서 ① 달을 중심으로 한 계수나무, 옥토끼, 두꺼비, 항아, ② 비를 중심으로 한 소낙비, 나무, 하늘, 땅, 구름, ③ 애기별꽃(수선화)을 중심으로 한 그리스 신화의 나르시스, ④ 공무도하가를 중심으로 한 지귀, 엠페도클레스, ⑤ 연꽃을 중심으로 한 부처 등을 수렴한 시를 읽어 보았다. 대부분 원로급 시인의 수준 있는 시를 중심으로 읽어 보았다.
　이번 「신화적 상상력을 수렴한 시 읽기 · 2」에서는 '연꽃, 부처, 달'을 수렴한 시를 제외하고는 가급적 중복되지 않게 주제를 잡았다. ① 성경을 중심으로 한 에덴공원, 창세 신화, ② 연꽃을 중심으로 한 부처, 성모마리아, ③ 제주도 신화를 중심으로 한, 설문대 할망, 창조 신화, ④ 영도 봉래산과 〈삼신할매 전설〉, ⑤ 오이디푸스를 중심으로 한 스핑크스, 판도라 상자, ⑥ 공기적 프로메테우스, ⑦ 당산나무를 중심으로 한 풍어제, 섬, 달 등을 수렴한 시를 읽어 보고자 한다.
　이 글에는 유명 시인도 있고, 무명 시인도 있다. 원로 시인도 있고,

신인도 있다. 일정 수준을 유지한 시도 있고, 그렇지 않은 시도 있다. 그러나 신화적 상상력이라는 공통점으로 엮었다.「신화적 상상력을 수렴한 시 읽기 · 1」처럼 그동안 시집 해설, 문예지의 신작 시 읽기, [거제신문] '시가 있는 풍경'의 시 읽기, 평론집에 수록한 평론/평설 등, 지면을 통해 발표한 글 중에서 발췌하여 주제에 맞게 다시 정리했음을 밝혀 둔다.

2. 성경, 에덴공원, 창세 신화

먹탐으로 하나님으로부터 미움 사/ 에덴동산에서 삯벌이로 전락한 인간/ 또 다시 쓸모없는 모방 예술 한다며/ 플라톤의 이상 국가서 추방당한 시인/ 삶의 바록꾸니 소외당한 이방인 시인/ 좋은 말로 천기를 보는/ 사유하는 미학자라// 예부터 속으론 탐탁찮은 거렁뱅이 사랑채 손님/ 하늘 우러러 이름을 아세하고/ 내 새끼마저 탁욕하는 뻐꾸기 울음의// 나 뭘라 온지 모르는 내 이름 시인.

— 진헌성[1],「시인」전문

1연의 1행과 2행의 "먹탐으로 하나님으로부터 미움 사/ 에덴동산에서 삯벌이로 전락한 인간"을 주목한다. 시인은 성경의 가르침대로 아담이 먹탐(식탐)의 유혹을 뿌리치지 못하고 선악과를 따먹어 낙원 에덴동산(Garden of Eden)에서 쫓겨났고, 그로 말미암아 인간이 노동(삯벌이; 삯을 받고 막일을 하여 주는 일)을 하는 삶을 살고 있다고 믿고 있다. 구약성서《창세기》에서 창조주가 태초에 인류의 시조 아담(Adamah)과 이브(Eve, 하와)를 살게 한 동산이 에덴동산이다. 창조주 하나님의 가

---

[1] 1970년 김현승 시인의 추천으로《현대문학》을 통해 등단.

르침을 어기고 이브가 뱀의 꼬임에 넘어가는 바람에 아담이 선악과를 따먹고 만다. 이것이 인류 최초의 죄, 원죄(original sin, 原罪)이다. 선악과를 따먹음으로써 아담과 이브는 에덴동산에서 쫓겨났고, 그 이후 인간은 힘든 노동을 해야 하는 삶을 살게 된 것이라고 시인은 성서에 바탕을 둔 진술을 하고 있다.

3행과 4행의 "쓸모없는 모방 예술 한다며/ 플라톤의 이상 국가서 추방당한 시인"이라는 시행은 플라톤의 '시인 추방론'을 말하고 있다. 플라톤은 저서 『국가』에서 시인이 진리로부터 멀리 떨어져 있고, 시는 감상적 쾌락을 제공한다며 시의 모방적 특질과 부정적 측면을 비판했다. 나아가 시의 모방은 진리와 무관하며, 시인은 시민을 현혹하여 이성적 판단력을 흐리게 하므로 시인들을 추방해야 한다고 주장했다. 훌륭한 제도와 법률을 가져야 할 국가에서 시인들은 방해꾼에 불과하다는 논리이다. 여기서 시인은 그 '시인 추방론'을 상기하고 있다.

5행의 "소외당한 이방인 시인"은 여러 철학자나 시인을 떠올리게 한다. '소외당한 이방인'이라 하면, 스스로 시대의 이방인이라고 말한 허만 멜빌(Herman Melville)이 생각나고, 소설 『이방인』을 쓴 알베르 카뮈(Albert Camus)와 시 「이방인」을 쓴 샤를르 보들레르(Charles-Pierre Baudelaire)도 생각난다. 시인이 자연스럽게 이들이 연상되도록 시를 구성해 놓았다.

6행과 7행의 "천기를 보는/ 사유하는 미학자라"는 시행은 하이데거의 저서 『언어로의 도상』에 나오는 '사유와 시작(詩作)의 대화'를 생각나게 한다. 시에 대한 논구는 시작과 사유의 대화이고, 시작과 사유는 각각 언어와 탁월한 관계를 맺고 있으므로 양자 사이의 대화가 가능하다는 논리이다. 이러한 대화의 요체는 언어이다. 이처럼 진 시인이 그 언어를 요체로 하여 사유하는 시인에 대해 진술한 것이다.

2연에서 옛 시인들의 생활상을 표현하고 있다. 가장으로서 책임을 다

하지 못하는 시인, 겨우 입에 풀칠하는 시인 등 겉도는 인생을 사는 자들이 시인임을 부정적 시각으로 표현했다.

결행의 "나 뭘라 온지 모르는 내 이름 시인."이라는 표현은 시인에 대한 강한 부정과 긍정이 교차하고 있다. 여기서 강한 부정은 곧 긍정임을 누구나 알 수 있다. 이 표현만으로도 진 시인이 시인으로서 자긍과 책무를 늘 상기하고 있음을 표출한 것이다. 시인은 이 시에서 부정적인 진술과 표현을 통해 강한 부정을 조성하고, 결국에는 긍정으로 반전시켜 놓았다.

3. 연꽃, 부처, 성모마리아

아래 시「연꽃 차」는 현종길[2] 시인의 시이다. 2014년 이 시를 [거제신문]에 소개한 적이 있다.

> 청옥빛 하늘이 하얀 꽃배를 저어/ 솔바람도 숨죽여 열어 주는 수면 길/ 부생육기(浮生六記) 사랑의 노래처럼/ 연차 한잔에/ 웅크린 마음을 활짝 연다/ 나는 연꽃 위에 앉아/ 우주에 맥박이 뛰는 그 소리 들으며/ 사바세계 만다라의 명상에 든다/ 새소리도 어우러져/ 하얗게 웃는 하늘 물빛 그림자/ 햇살이 먼저 마신 연꽃 차엔 구름이 내려와 돌고/ 갈증 난 입술을 대니 아침 예불소리 들린다/ 이 세상 꼭 하나뿐인 차향/ 풀잎 같은 내속에 하늘빛이 감돈다
>
> — 현종길,「연꽃 차」전문

---

[2] 해동서예학회 한글서예초대작가, 중국 서안 섬서미술관 초청 초대작가전 출품, 필리핀 이리스트국립대학 특별초대작가전 출품. 시집 『한 알의 포도가 풀무를 돌린다』(2015)를 출간.

인용 시를 읽다 보면, 연꽃 향기가 몸 안 가득 번지는 듯하다. 나아가 깨달음의 표상인 연꽃 위의 부처가 된 기분이 든다. 시인은 연차를 우려내어 마시는 이미지에 자연의 빛과 소리를 끌어들여 놓고, 명상의 세계를 넘나든다. 연차 향이 우러나기 시작하면 연꽃은 웅크린 마음을 활짝 열듯 다시 생명을 얻는다. 시인은 그 향기에 취해 연꽃 위에 앉은 듯 우주의 맥박 뛰는 소리도 듣고, 사바세계 만다라의 명상에 잠겨 든다. 그 연차에 햇살이 먼저 입을 댄다. 시인이 찻잔에 입술을 대니 예불 소리가 들리고, 온몸에 하늘빛이 감돈다. 종교를 떠나 이 시를 통해 연꽃 위의 부처를 만날 수 있고, 선적 상상력은 물론 신화적 상상력을 발휘할 수 있을 것만 같다.

이 시를 바슐라르의 네 원소 상상력으로 읽어 보면, 시어 '우주, 햇살, 빛'은 불의 이미지, '연꽃 차, 물빛'은 물의 이미지, '하늘, 구름'은 공기의 이미지이다.

> 검은흙 그 탄생의 비밀/ 누구인가/ 제 몸 태워 푸르게 하늘을 오른다/ 몇 날 밤 산고를 치른 하얀 속살/ 가만히 귀를 대면/ 태동 잡힐 듯 순결한 심장 소리/ 그 평화의 빛과 소리/ 동그랗게 말아/ 순백으로 현신하신 성모 마리아
>
> — 현종길, 「백자」 전문

인용 시는 '백자'를 '성모 마리아'로 형상화시켜 놓았다. 시적 화자는 백자를 바라보고 있다. "검은흙 그 탄생의 비밀/ 누구인가"라며 백자의 실체를 탐구하고자 한다. 그리고 가마 안의 백자를 "제 몸 태워 푸르게 하늘을 오른다"라고 묘사하면서 "몇 날 밤 산고를 치른 하얀 속살"이라며 뜨거운 가마 속에서 순백의 백자로 탄생하기 위해 산고를 이겨 내었음을 말하고 있다. 나아가 백자에 "가만히 귀를 대면/ 태동 잡힐 듯 순결한 심장 소리"라며 백자에 생명력을 불어넣어 인격화한다. 결국, "그

평화의 빛과 소리/ 동그랗게 말아/ 순백으로 현신하신 성모 마리아"라며 백자를 성모 마리아의 반열에 올려놓고 만다. 이를 바슐라르의 네 원소 상상력으로 읽어 보면, 시어 '태워, 빛'은 불의 이미지, '하늘'은 공기의 이미지, '검은흙'은 대지(흙)의 이미지이다. 이 시에서 물의 이미지는 감춰 놓았다. 백자, 즉 흙을 빚기 위해 물이 필요함은 당연한 이치이다. 이처럼 현 시인은 상상력을 위해 시에서 적당히 감추는 묘미를 발휘했다.

4. 제주도 신화, 설문대 할망, 창조 신화

금릉 석물원의 늙은 석수/ 그의 전생은 현무암 같은 돌이었으리라/ 바다가 용트림하다 힘겨워 뱉어낸 봉우리에서/ 설문대 할망의 뜨거운 피고름이/ 용솟음치며 흐르다 굳은 시커먼 돌/ 만년을 삭혀야 살을 풀어/ 흙이 되는 그의 전생은/ 동녘에 푸르스름한 빛이 잡히기 전부터/ 돌을 쪼는 새가 된다/ (……)/ 심장을 들어 돌에다 진설하며/ 오백 아이를 만들었다/ (……)

– 김영미[3], 「석수장이」 부분

'설문대 할망'의 이미지는 제주 토박이 정신의 원천이다. 바로 이것이 시인의 영혼이 갈망하고 추구하는 완성의 세계를 꿈꾸는 근원이다. 시인은 신화적 상상력과 감성을 통해 새로운 세상을 여는 상징적 의미를 시에 담아내고 있다. 평화와 화합을 염원하는 상징적 의미로 설문대 할망을 끌어들인 것은 아닐까. 어쩌면 신화적 원형을 간직한 삶을 추구하고 있을 수도 있겠다.

- - -

3) 《제주작가》(2005) 시 부문 신인상, 《에세이스트》(2006) 수필 부문 신인상, 시집 『달과 별이 섞어 놓은 시간』(2010).

시적 화자는 석수장이가 설문대 할망과 오백 아이를 다듬어 낸 창작 행위에서 제주의 우주가 재탄생한 것으로 인식하고 놀라움을 감추지 못한다. 즉, 석수장이가 설문대 할망과 인간을 연결하는 매개 역할을 한다고 인식하고 있다.

> 흙보다 돌이 많은 땅에서/ 일만 팔천의 신의 힘을 빌려서라도/ (……)/ 발밑에 엎드려 숨죽여 조아리며 연명한 죄밖에 없는데/ 그날/ 그 많던 섬의 신들은 다 어디로 가 버리고/ (……)/ 신들은 섬의 절규하는 어떠한 질문에도/ 대답하지 않았다/ 물오른 사월에도 세차고 마른 바람 불 수 있다는 것을/ 섬은 앓으면서 알았다/ 신들도 무서워 눈 감아 버렸던 이념을// 무자년/ 신들이 부재였던 섬/ 한라산 흰 사슴도 핏빛 홍역을 앓았던/ 그날// 신들이 떠나 버렸던/ 그 해/ 그리고, 다시 그 해/ 일만 팔천의 신들은/ 여기에 와 있는가
>
> — 김영미, 「신들은 어디로」 부분

제주는 신화의 섬이다. 고을나, 양을나, 부을나의 탄생 신화인 〈삼성시조 신화〉와 〈설문대 할망 신화〉를 비롯하여 삼백여 신화가 살아 숨 쉬고 있다. 시인이 표현했듯이 "일만 팔천의 신"이 존재한다. 그리고 신당이 오백여 곳, 이중에 마을당신을 모시는 마을당이 삼백여 곳이나 현존한다. 신이란 눈에 보이지 않는 존재이므로 시 속에서 구체화하기란 여간 어려운 일이 아니다.

시적 화자는 척박한 땅 제주에 이념 대립의 잔인한 사월이 닥쳐오리라는 것을 알면서 눈감아 버린 "일만 팔천의 신"이 과연 존재하는지 의문을 던지고 있다. 그 신들이 부재중이라고 믿고 싶어 한다.

5. 영도 봉래산과 〈삼신할매 전설〉

　이른 아침 봉래산에 올랐더니/ 새들의 지저귐과 나무들의 소근 그림/ 바람의 지휘에 맞춰/ 작은 춤사위를 펼치는 낙엽/ 야위어 가는 햇살조차/ 눈이 부셔 바라볼 수 없다// 손봉, 자봉, 정상을 두고 있는/ 봉래산/ 마을 처녀를 구하기 위해/ 이무기와 싸워 기꺼이 목숨을 버린/ 장사바위의 이야기/ 마을의 번영과 자손의 번성함을/ 기원해 주시는/ 봉래산 산신 할미 이야기 등/ 이런저런 사연을 간직한/ 우리의 명산 봉래산// 구민을 품어 안은 그 품새가 넓다

- 심윤정[4], 「봉래산」 전문

　인용 시 「봉래산」에서 서정적 자아는 아침 일찍 봉래산에 올라 이 산의 넉넉한 품을 진술한다. 서정적 자아는 조봉(祖峰), 자봉(子峰), 손봉(孫峰)이라는 세 봉우리로 형성된 봉래산의 형상과 장사(壯士)바위 전설, 그리고 〈봉래산 삼신할매 전설〉을 통해 영도의 안녕과 번영을 기원하고 있다.

　봉래산은 봉황이 날아드는 형상을 하고 있다. 그래서 붙여진 이름이라 한다. 이 시의 "손봉, 자봉, 정상을 두고 있는/ 봉래산"을 눈여겨보면, 여기서 '정상'은 조봉을 의미함을 알 수 있다. 그리고 "마을 처녀를 구하기 위해/ 이무기와 싸워 기꺼이 목숨을 버린/ 장사바위의 이야기"는 봉래산 아리랑고개 기슭에 자리한 장사바위에 얽힌 전설을 말하고 있다. 『영도향토지』에 의하면, 옛날 봉래산에 키가 9척, 힘이 천하장사인 거인이 살았었는데, 마을 처녀를 자주 잡아가는 이무기를 죽이고 자신도 죽었다. 마을 사람들은 그 고마움에 그 자리에 고이 묻어 주었다. 그 뒤로 마을에는 아무런 변고가 없었다. 그런데 그 무덤이 어느 날 갑

---

[4] 시집 『눈부신 당신』(2014), 시집 『위대한 당신』(2015).

자기 바위로 탈바꿈했다. 그 생김새가 거인의 신발처럼 생겼다 하여 장사바위라 불렀다고 한다.

또한, "마을의 번영과 자손의 번성함을/ 기원해 주시는/ 봉래산 산신할미 이야기"는 봉래산 산신인 〈봉래산 삼신할매 전설〉을 말하고 있음이 분명하다. 봉래산 정상인 조봉에 오르면 할매바위가 있다. 이 할매바위에 삼신할매 전설이 서려 있다. 나이 든 영도 사람들은 할매바위 앞에서 집안의 안녕과 번영을 빌면서 합장하거나 기도한다. 아래 시「봉래산 산신 할매」도 할매바위를 말하고 있다.

　아장아장 걷는/ 손자의 걸음을 보며/ 눈을 떼지 못하는/ 할머니 사랑/ 그 사랑보다 큰 사랑으로/ 봉래산에 앉아/ 영도 구민을 지켜 주시는/ 봉래산 산신 할매// 작은 섬에는/ 아픈 이 힘겨운 이가 많아/ 할매의 역할이 크다/ 치유의 에너지 주시는 할매// 구민들에게 할매는/ 안녕과 번영의 상징이다/ 봉래산 정상에 앉아/ 바위 되어 굽어보시는 할매// 할매의 사랑 애틋하여/ 사랑하고 협동하는 영도/ 하나의 섬이 아니라/ 작은 공동체
　　　　　　　　　　　　　　　　　　　　　　　　- 심윤정,「봉래산 산신 할매」전문

인용 시「봉래산 산신 할매」도 조봉에 자리 잡은 할매바위에 대한 이야기이다. "봉래산 정상에 앉아/ 바위 되어 굽어보시는 할매"가 이를 대변한다. 그리고 이 시에서 "안녕과 번영의 상징이다"라고 언급한 것처럼 일부 영도 사람들은 이 할매바위의 신성성이 그들의 삶에 작용한다고 믿어 왔다. 인간 정신은 대체로 의식적으로 작용하지만, 때로는 무의식적으로 작용하기도 한다는 관점에서 보면, 할매바위는 영도 사람들에게 지적 요소나 구조로 작용하기도 하고, 심리적 요소나 구조로 작용하기도 할 것이다. 더 쉽게 말하면, 봉래산 삼신할매는 영도 사람의 일부에게는 살아 있는 신앙이다. 그렇다면 영도 사람들의 삶에 어떤 식으

로든 영향을 끼쳤을 것이다. 영도 사람들은 그 영향으로 심리적이든 실존적이든 간에 그 자연 신앙이 안겨 준 힘으로 삶의 변화를 경험했을 것이다. 그렇다면 부정적인 영향보다는 긍정적인 영향으로 영도 사람들에게 진정한 의미와 가치로 가슴속에 자리 잡았을 것이다.

신화학자들은 신화가 그 신화를 만들어 낸 공동체의 역사와 문화적 실재 또는 진실을 담고 있다고 말한다. 이에 마지막 행의 "작은 공동체"라는 맺음을 대입해 보면, 심 시인은 영도라는 특수성의 공간에서 살아가는 사람들의 공동체 의식과 문화적 정체성을 시로 새롭게 구축해 나가고 있음을 읽을 수 있다.

이러한 신화적인 요소가 담긴 시는 자연 신앙, 윤리, 예술 등이 함께 어울리는 다차원적인 의미로 다가온다. 우리로 하여금 경외감을 느끼게 한다. 신화학자 레비스트로는 신화적 사고에 대해 '의미 없음에 항거하는 해방자'로 보았다. 다시 말하면 신화적 사고가 자연과 인간, 이성과 감성을 융화하게 하고, 신과 인간을 교감하게 하여 우주 만물을 풍부한 의미의 세계로, 이상적인 낙원의 세계로 변화하게 하는 통합적 사고라고 주장한다. 이것은 분열된 세계, 분열된 인간의 정신을 통합하게 하는 구원적 역할을 할 수 있다고 본 것이다.

심 시인이 언급한 〈봉래산 삼신할매 전설〉은 자연계와 인간계의 질서 속에서의 인간의 위치를 인식하게 하는 공유된 집단 인식 체계에서 비롯된 것으로 해석해도 무방하리라 판단된다. 다시 말하면, 신화를 과학적 인과론의 관점에서 보면, 비합리적이고 비논리적인 듯 보인다. 하지만 신화는 그 나름의 방식으로 자연계와 인간계를 바라보는 하나의 방식이자 통로이다. 그래서 신화와 과학을 대립적인 구도로 바라보기보다는 인간의 인식 방식 중의 하나라고 보면 타당할 것이다.

6. 오이디푸스, 스핑크스, 판도라 상자

깊은 사고를 하는 우리 인간은 눈으로 본다는 감각을 매우 중시한다. 실명이라는 말만 들어도 무의식적으로 온몸에 소름이 돋는다. 세계적으로 실명 모티프가 나타난 작품은 수없이 많다. 우리나라 작품에서 대표적인 작품만을 언급해 보면, 고소설『심청전』, 이청준의 소설「서편제」, 임권택 감독의 영화〈서편제〉를 들 수 있다. 이들은 우리 전통적인 한의 표상임과 동시에 비극적 한의 구조를 이루고 있다. 고소설『심청전』은 우리식 실명 모티프의 표상이다. 현재까지 발굴된 고소설 중에서 유일한 실명 모티프 소설이다. 달리 보면, 초극의 광명(光明) 모티프이기도 하다.

이처럼 고소설『심청전』이『오이디푸스 왕』의 실명 모티프 못지않게 풍부한 상상력과 끈질긴 생명력으로 재생산되었다. 앞으로도 비극적 한의 구조와 실명 모티프의 표상인『심청전』에 근원을 둔 예술 작품이 꾸준히 재탄생할 것이다. 몇 세기 동안 문화 콘텐츠의 원형으로서 꾸준히 생명력을 이어 나갈 것이라고 장담해 본다. 그 문화적 가치처럼 곽 시인 역시 우리의 정신세계와 물질세계를 풍요롭게 하고도 남음이 있을 '눈', '눈동자', '시선' 등의 의미를 중시하며 시에 미적 구조를 구축하고 있음을 읽을 수 있다.

> 모두 살아서 늘 깨어 있는 동강에는/ 시퍼런 눈들이 하도 많아/ 강바닥 어디에도 숨길 곳 없어/ 비오리 갈퀴질도 멋쩍고// 투영한 강돌의 그림자에 숨어/ 몰래 채운/ 피라미 뱃속도 부끄럽기만 해// 정선 아우라지 전설이/ 실타래 풀리듯 흘러내려/ 깊어지는 동강으로/ 삿갓 쓴 송어도 숨어 살아// 앳된 주검 하나 지키려는/ 가련한 저 생명들의/ 시퍼런 눈동자여
>
> — 곽상철[5],「동강의 눈」전문

---

[5] 시집『느티나무 그늘에서』(2012),『부지깽이』(2013),『버팀목』(2015).

인용 시 「동강의 눈」 3연의 "정선 아우라지 전설이/ 실타래 풀리듯 흘러내려/ 깊어지는 동강으로"라는 것만 읽어 보더라도 정선 아우라지에는 여러 전설이 흐르고 있음을 연상할 수 있다. 강을 사이에 두고 사랑을 나누던 처녀 총각이 간밤에 폭우로 불어난 물줄기에 서로 만나지 못하자 처녀는 아우라지 언덕에서 님이 있는 마을을 바라보다가 지쳐서 물에 빠져 죽었다는 전설을 묘사하고 있다. "삿갓 쓴 송어도 숨어 살아"에서는 김삿갓, 즉 김병연의 은둔을 말하고 있다. 그리고 4연에서는 "앳된 주검 하나 지키려는/ 가련한 저 생명들의/ 시퍼런 눈동자여"라며 어린 단종 임금의 죽음을 안타까워하고 있다.

    함박눈이 기웃거립니다/ 맑은 오목눈이의 눈동자로/ 유리창 밖에서 기웃거립니다// 나뭇가지에 내려앉아/ 사랑에 젖기도 하고/ 아직 헤매고 다니는 눈은/ 호기심 많은 청춘의 기운으로/ 부대끼며 사랑하고/ 미워도 하며/ 서로에게 녹아듭니다// 하얗게 세상을 품었다가/ 모두 갖기엔 버거운 생명들을/ 하나씩 따스한 가슴으로 데워/ 제자리로 돌려보냅니다
                                                     - 곽상철, 「가슴에 따스한 눈」 전문

인용 시 「가슴에 따스한 눈」에서 곽 시인은 '함박눈'과 '함박눈의 눈동자'라는 눈(雪)과 눈(目)에 대한 언어유희를 발휘하고 있다. 특히 서정적 자아의 시선과 함박눈의 시선에 주목해 볼 필요성이 있다. 안과 밖의 경계에 유리창이 놓여 있다. 함박눈도 "유리창 밖에서 기웃거"리고 서정적 자아는 유리창 안에서 밖의 함박눈을 바라보고 있다. "함박눈은 하얗게 세상을 품었다가 낮이 되면" "따스한 가슴으로 데워/ 제자리로 돌려보"낸다고 인식한다.

    뽕잎 총총 썰던 한잠 시절/ 배부르면 세상 다 가진 듯/ 젖빛 고운 누에 얼굴// 뽕잎 채썰기 하던 두잠 시절/ 제 발로 동무를 찾아다니며/ 순수가 통증

을 앓던 사춘기의 여드름// 뽕잎 채로 먹어 치우던 석잠 시절/ 먹어야 산다는 중년의 집념/ 먹어도 끝이 없는 생각의 먹성// 가지째 기어오르던 넉잠 시절에는/ 푸른 하늘의 속살을 도려 먹고/ 또 다른 세상을 꿈꾸며 벗는 장년의 허물// 한 겹씩 벗어 던진 누에의 허물처럼/ 이젠 제 몸의 문자를 토해/ 칭칭 동여매어 문장을 만들고/ 어둠의 집에서 꿈꾸는 비천// 아직도 허물 한 겹 벗지 못하고/ 뽕잎 위로 뒹구는 누에의 꿈은

- 곽상철, 「허물을 벗으려 애를 써도」 전문

인용 시는 '스핑크스의 수수께끼'처럼 인생의 여정이 그려져 있다. "아침에는 네 발로, 낮에는 두 발로, 저녁에는 세 발로 걷는 것이 무엇이냐?"라는 수수께끼에 "사람이다. 유아기에는 네발로 기고, 자라서는 두 발로 걷고, 노년기에는 지팡이에 의지한다."라고 답하여 스핑크스를 자살하게끔 한 오이디푸스의 지혜와 같은 시이다.

시인은 누에의 "한잠 시절"을 '유아기', "두잠 시절"을 '사춘기', "석잠 시절"을 '중년', "넉잠 시절"을 '장년'에 비유하는 장치를 해놓았다. "한 겹씩 벗어 던진 누에의 허물처럼/ 이젠 제 몸의 문자를 토해/ 칭칭 동여매어 문장을 만들고/ 어둠의 집에서 꿈꾸는 비천"이라는 의미를 '시인의 삶'에 비유하고 있다. 장년기에 시인의 삶을 시작한 곽 시인 자신의 삶을 겹쳐 놓았다. 또한, "아직도 허물 한 겹 벗지 못하고/ 뽕잎 위로 뒹구는 누에의 꿈은"이라는 표현에는 완성도 높은 시 한 편을 갖고 싶은 시인의 꿈을 암시해 놓은 것이다. 이 시에서 '누에'가 곧 '시인'이고, '누에의 삶'이 곧 '시인의 삶'이고, 그 '시인'이 곽 시인 자신임을 상징적인 장치를 해 놓았다. 이 시 한 편에서 겉으로 드러내지 않으면서도 존재적 우위를 점하고 있는 그의 선비 정신과 겸손한 태도를 엿볼 수 있다.

나, 판도라의 상자를 열었네/ 세상의 모든 암흑이 오히려, 내 눈을 멀게 했네/ 짐승의 마음으로 핥아 보는/ 붉은 잇몸의 봄/ 꽃그늘 감옥에 당신을 가두고/ 자책의 굳은 가시 목을 찔렀네/ 나, 이제 서성이네 잠겨진 문 앞에서/ 나 오늘 잠시 동안에 판도라 상자를 열어 보네

— 박윤수[6], 「판도라 상자」 전문

인용 시는 뜻밖의 재앙의 근원과 인류의 희망을 뜻하는 그리스 신화의 판도라 상자(Pandora's box)를 제재로 삼아 이를 변용한 시이다. 판도라의 상자는 판도라가 제우스의 경고를 거역하고 호기심에 뚜껑을 열고 말았다. 그러자 상자 안에서 온갖 재앙과 죄악이 빠져나가 세상에 퍼졌고, 상자 안에는 희망만이 남게 되었다는 신화이다.

흔히 판도라 상자를 세상이 아무리 험악해도 꼭 한줄기 희망은 남아 있다는 비유의 뜻으로도 쓴다. 이 시의 화자가 오늘 잠시 판도라의 상자를 열어 보았노라고 말하며 세상의 모든 암흑에 대해 자책을 하면서도 암흑 속에서 한줄기 희망의 끈을 잡고 있음을 암시해 놓았다. 그러나 기원적 시점의 구체적 진술을 생략함으로써 시가 드러내지 말아야 할 것을 적당히 숨겨 놓았다. 시인이 판도라의 상자에 봄이라는 희망을 환치시켜 놓았다.

벽장 속 할머니의 반짇고리는/ 판도라의 상자였다// (……)// 바느질 도구를 꺼내/ 바느질하시는 할머니의 손은/ 신비의 손이었다// 색동헝겊으로 베갯모를 만들고/ 색실로 베갯잇을 수놓아 만들고/ 옷도 꿰매고, 양말도 꿰매고/ 이불도 뜯었다 다시 꿰매고/ 가끔은 숯다리미에 숯을 넣어/ 입으로 물을 뿌리며 다림질도하고/ 방망이로 다듬이질도 하고/ 모두가 내겐 신기했다//

...

6) 시인.

(······)// 반짇고리는 어리던 날/ 보는 것 자체만으로도/ 흥미로운 놀이였다

- 한현심[7], 「놀이·2」 부분

인용 시 1연에서 시인은 "벽장 속 할머니의 반짇고리는/ 판도라의 상자였다"라고 인식하고 있다. 그러나 시 내용을 자세히 읽어 보면, 벽장 속 보이지 않는 곳에 비밀스럽게 숨겨져 있던 반짇고리는 신화 속의 열지 말았어야 할 판도라 상자와 희망만 남겨진 판도라 상자만을 의미하는 것이 아님을 알 수 있다. 그 반짇고리에 할머니의 손이 닿는 순간 요술 상자처럼 신기하고, 장난감 상자처럼 흥미로웠음을 말하고 있기 때문이다. 마지막 연에서는 "반짇고리는 어리던 날/ 보는 것 자체만으로도/ 흥미로운 놀이였다"라며 반짇고리는 흥미로운 놀이 상자였음을 강조하고 있다.

이 시의 '벽장 속 반짇고리'는, 바슐라르의 "상자는 열리는 대상이다. 상자가 닫히면 그것은 일반적인 사물들의 공동체로 되돌려진다. 그때 그것은 외부 공간 가운데 제자리를 차지하게 된다. 그러나 그것은 열리는 것이다!"라며 강조한 말과 이 시의 '반짇고리'에 대한 화자의 호기심과 흥미로움의 상상력이 잘 들어맞는다.

상상력이라는 관점에서 보면, 앞에서 언급한 바슐라르의 "닫혀 있는 상자 속에는 언제나, 열려 있는 상자 속보다 더 많은 것들이 있다."라는 말에 이 시를 대입해 보면, 벽장 속 반짇고리를 화자의 손으로 열었다면 시적 상상력이 현저히 감소했을 것이다. 하지만 3연의 "바느질 도구를 꺼내/ 바느질하시는 할머니의 손은/ 신비의 손이었다"라는 시행과 같이, 할머니의 손과 결합하여 벽장 속 반짇고리를 열고, 할머니의 손이

---

[7] 시집 『꽃이 피는 세상은 아름답다』(2011), 시집 『할머니의 뜨락에 핀 유년』(2013).

자아내는 신비스러운 바느질에 대한 상상력이 펼쳐진다. 이것은 바슐라르가 말한 "열고 닫는 힘은 생명의 힘, 인간의 힘, 성스런 동물의 힘을 가지고 있어야 하는 것"과 연결해 보면, 화자는 반짇고리 상자에서 과거의 할머니라는 생명의 힘을 열어 보면서 현재와 미래의 화자 자기 생명의 힘을 충전하고 있는 것일 수도 있을 것이다. 결국, 반짇고리는 과거의 생명의 힘과 현재의 생명의 힘을 이어 주는 매개물이기도 하다. 다시 말하면 할머니와 화자를 이어 주는 회억의 매개물 역할을 하는 것이다.

7. 공기적 프로메테우스

한 나무 가지에 수천수만씩 돋아나 저마다 하늘을 부르며 너풀너풀 손짓을 하는 플라타너스 잎의 꿈이나 풍선의 꿈이나 매한가지였다. 하늘은 始終 없이 푸르른 것이었다. 가도 가도 가 닿을 수 없는 하늘의 끝을 깨친다고 하는 것이 무슨 보람이겠는가? 오늘도 하늘 높이 솟아보려고 한들 어제와 매한가지인데. (……)

온통 나무둥치를 뿌리마저 송두리째로 뽑아들고 하늘로 날아오를 듯이 서둘러대면서 너풀너풀 하늘을 부르던 수천수만의 플라타너스 잎들도 끝내 그 자리에 머무른 채 지금 엽록소의 생리를 햇볕 받고 있는 것이나, 슬픈 궁극의 관측풍선이나, 내 젊음이나 다 계절 속을 한때 무성하여 보는 것임은 매한가지가 아닐까?

— 신동문[8], 「풍선기-20호」 부분

・・・
8) 신동문(辛東門)은 "현대 문학사에서 가장 이채로운 음역(音域)을 선보인 시인 가운데 한 사람이다. 그는 전후(戰後)의 현실을 직정(直情)의 언어로 증언하였고, 불모와 폐허의 상황에 맞서 저항하는 순결하고도 뜨거운 시적 발화(發話)를 지속적으로 보여 주었다. 따라서 서정 단시 위주의 미학주의에 빠져 있었던 우리 문학사의 프리즘에 그의 이 같은 시적 개성이 선명하게 포착되기는 지극히 어려웠다. 그만큼 신동문은 일종의 반시적(反詩的) 시풍으로 우리 문학사에 뚜렷이 각인되고 있는 반(反) 문학사적 시인이라 할 수 있다." 유성호, 「부정과 참여의 반시적 페이소스」, 『내 노동으로』, 솔, 2004, 110쪽.

인용 시에서 '공기적 프로메테우스'의 원리와 '수직적 심리학의 역동적 이미지'를 읽을 수 있다. "온통 나무둥치를 뿌리마저 송두리째로 뽑아들고 하늘로 날아오를 듯이"만 보더라도 알 수 있다. 그 팽팽함에서 바슐라르가 말한 "인간의 정신적 삶은 위로 오르기를 원한다."라는 말과 셸리의 시에서 분석해낸 '공기적 프로메테우스'를 떠올릴 수 있기 때문이다. 바슐라르는 프로메테우스가 자신의 몸을 묶고 있는 사슬을 끊어질 정도로 팽팽하게 당기며 높은 곳으로 올라가는 것은 공기적 삶을 받아들이기 위해서라고 보면서 끊임없이 자기 존재를 초월하며 존재의 정점에서 살기를 원하는 인간의 은유로 보았듯이, 이 시에서도 시적 화자의 공기적 삶과 자기 존재를 초월하며 존재의 정점에서 살기를 원한다고 읽을 수 있다.

또한, 이 시에서는 나무를 통해 대지적 상상력과 공기적 상상력이 겹쳐진다. 나무의 솟구침을 통해 시적 화자는 공기적 삶을 추구한다. 나아가 자신의 존재론적 삶의 도약과 비상을 꿈꾼다.

8. 당산나무, 풍어제, 섬, 달

필자의 두 번째 시집 『내 눈빛은 전선에 머문다』(2015)에서 자유시와 사설시조의 융합을 시도해 보았다. 사설시조는 시조의 운율 3 · 4조의 음악성을 변주하면서 현대 시처럼 언어의 긴장미와 내용의 긴장미를 함께 버무려 보았다. 시조의 초장과 종장은 변형 없이 그대로 살리고, 중장을 3 · 4조로 반복하는 사설시조 형식을 빌렸다. 엄격하게 말하면, 자유시와 사설시조 형식을 융합한 실험 시들이다. 내용 면에서는 서사성과 서정성을 함께 실험해 보았다. 사설시조 「섬」, 「흔들림의 말」, 「풍어」 등이 이를 충족하는 대표적인 시편이다.

이들 시편에서 '당산나무, 풍어제, 섬, 달'이라는 시어를 통해 이상향을 꿈꾸며 신화적 상상력을 발휘하고 있음을 읽을 수 있을 것이다.

1
더플백 울러 메고
배표 한 장 내민다.

후끈한 뙤약볕 비단처럼 나풀나풀, 한여름 거친 숨 가늘게 내쉰다. 시퍼런 잇몸 드러낸 파도의 혀 비린내를 풍긴다. 파도에 그을린 눈빛 살가워도 알 수 없는 사투리 머릿속을 휘젓는다. 거친 바람 뱃전을 후려치고 달아난다. 하이힐이 버거운 섬 처녀 비뚤비뚤 갑판을 가로지르다 주저앉고, 갯바람과 입맞춤하는 짧은 치마 아가씨, 보이지 않는 섬처럼 위태롭다. 가물가물 보일 듯 멀어져 가는 여수항, 뒤돌아보면 지난밤 잠 못 이룬 두근거림이 다시 울렁울렁, 자맥질하던 그 섬의 추억 새로이 꼬물댄다.

점점이
찍어 둔 달빛
발길 잡던 그 섬.

2
달빛이 성난 파도
잠재우던 그 섬

바다도 침묵하던 그때 그 섬, 옛 기억 더듬어 가는 탐조등 불빛 아래 아직 동그마니 서서 달빛 간질인다. 갈매기 날고 흑염소 뛰놀던 그 섬, 겨울바람 깨워 열정의 동백꽃을 피웠다. 물질하던 해녀의 숨비 소리에 쫑긋 귀 세우던 젊은이 아직 거기 서 있다. 바람처럼 구름처럼 언젠가 다시 가고픈 젊음이 숨 쉬던 그 섬.

지난밤
사무친 꿈결
생생하게 다녀왔다.

3
해무가 내려앉은
뱃길 끊긴 그 섬

그 섬에 가면 밤에도 잠들 수 없는 달빛을 만날 수 있다. 그 섬엔 거친 파도 오래 쉬다 떠난다. 철썩철썩 섬의 성감대를 간질이는 협주곡이 현의 소리로 뒹군다. 그 섬은 섬이 아니다. 섬이 아닌 그 섬, 뭇 생명을 키워 낸 바다의 자궁이다. 파도를 어루만지고 바람을 잠재우는 포근한 그 섬, 어머니의 품이다. 달빛 이불 삼아 뒤척이며 전하는 말, 그 섬에 묻어 둔 꿈, 꿈을 파헤치러 가야 해.

여태껏
꿈결의 흔적
새파랗게 맴돈다.

— 신기용, 「섬」 전문

「섬」은 1985년 육군 소위로 임관 후, 첫 부임지가 전남 여수시(당시 여천시)에 소재한 '월호도(月湖島)'라는 섬이다. 한자 그대로 주변의 바다가 마치 달빛이 내려앉아 노니는 호수같이 포근한 섬이다. 원초적 고향인 자궁 같기도 하고, 어머니 품 같기도 한 부드러운 섬이라서 늘 머릿속에 자리 잡고 있다. 거친 바다 한가운데 부드럽게 떠 있는 '월호도'라는 공간의 특수성과 개별성을 보편성의 공간으로 대상화하고자 '섬' 혹은 '그 섬'으로 이미지화하였다.

    풍성한 당산나무
    허리춤 울긋불긋

    새끼줄 매듭마다 알록달록 바람을 흔들어 대면, 당산나무 아래 합장한 손도 당신(堂神)의 마음을 흔든다. 소리 없는 풍어의 기도 이파리를 흔들고 잔가지도 흔든다.

    파르르
    흔들림의 말
    뱃노래도 흔든다.

                           - 신기용, 「흔들림의 말」 전문

    1
    결 솟은 된바람을
    밀쳐 내는 된마

    공룡발자국 되밟아 뭍에 오르는 모오리돌 구르는 소리, 들숨 날숨 없이 당산을 올라탄다. 그 소리 함께 엮어 금줄 동여맨 당산 아래 한 번도 날지 못한 슬픈 시조새의 화석, 파도에 사그라지는 물보라처럼 결을 삭이고, 젯술에 취한 바람 갯내를 뿜어낼 무렵, 제주(祭主)의 주름진 눈빛 닮은 무녀의 칼바람 파도를 가르고, 삶의 땀방울 털고 털어 두 손 가득 만선을 빌고 빈다. 파도를 출렁이며 팔딱대는 고깃배의 무게, 갯바람 흔들며 깔깔대는 오색 깃발의 무게와 같다. 별신굿의 절정에서 땀방울 스민 오색 깃발 풍어의 바다로 가잔다.

연분홍
어부 얼굴빛
흩날리는 꽃비다.

2
어부의 혼을 묻은
횡금 이징 끝자리

덩더꿍 소리의 뼈로 어둠을 밀어낸 뱃고동, 이골 난 찌든 마음 어깨 위 무동 태워, 찢어질 듯 펄럭이는 바람의 넋을 담은 출항의 설레임.

처자(妻子)도
삶의 풍어를
옹골차게 엮는다.

3
고요가 출렁출렁
주름 깊은 밤바다

달빛으로 화장한 어부의 얼굴이 밝다. 집어등 불빛 아래 허리 한 번 펼 수 없어도 간간이 달빛 윤슬 어둠을 살라 먹고, 그물에 걸려든 적금통장을 건져 올리는 어군탐지기, 엔터 키 한 번에 처자의 꿈이 뱃전에 일렁인다. 한평생 고기잡이 어렵기는 매한가지 움푹 팬 눈망울이 하얗게 어둠을 지울 햇덩이 하나

길어 올릴 쯤, 목을 뺀 갈매기 금빛을 쪼아 먹고 솟구친 은빛 물고기 포물선을 긋는다.

등골 휜
대학 등록금
파닥이며 서울 간다.

— 신기용, 「풍어」 전문

인용 시 「흔들림의 말」과 「풍어」는 어릴 적 부산 대포만(감천항)의 풍경을 회억하며 현시대에 맞게 새롭게 형상화했다. 부산의 작은 포구에는 거친 바다를 삶의 터전으로 삼아 살아가는 어부가 많다. 풍어제(별신굿)라는 의식과 풍어에 대한 염원을 그려 내고, 그들의 고된 삶에서 솟아나는 희망의 서사를 수렴한 시이다. 거칠고 난폭한 파도와 싸워 가며 그 바다에서 순수성을 간직한 물질과 돈을 얻고, 그것을 밑천으로 삼아 식구를 먹이고 공부하게끔 책임을 다하는 가장으로서 삶의 무게를 시화한 것이다. 특히 대학 등록금을 대기에도 벅찬 가장의 책임감과 그 자녀에 대한 희망을 겹쳐 보았다.

이들 사설시조는 형식 면에서 자유시와 사설시조의 융합을, 내용 면에서는 사설시조의 서사성과 서정성을 실험한 산물이다.

9. 나가기

지금까지 살펴본 바와 같이 신화 속의 이상향을 비롯한 신화의 화소를 인유하거나 이를 재해석하여 시 속에 상징적으로 장치한 다양한 신화적 상상력을 수렴한 시를 읽어 보았다.

신화는 환상적이다. 앞에서 언급한 바와 같이 신화적 상상력은 프로이트의 '고대의 잔존물', 융의 '원형' 혹은 '원시 심상', 가스통 바슐라르의 '원형적 상상력'이라는 용어와 분리하여 생각할 수 없다. '원초적으로 이어 온 유전적인 인간의 심리 형태'와 깊은 관련이 있기 때문이다.

신화적 상상력도 환상적이다. 그리고 무한하다. 그렇다고 신화적 상상력을 굳이 무의식 작용에 한정하여 말할 필요는 없을 것이다. 그것이 개인적 무의식이든 집단 무의식이든 정상적인 인간의 의식 작용은 늘 무의식과 의식이 혼재한다. 그 혼재 속에서 무의식은 의식에 억압되거나 표출되기도 한다.

진정한 문인(시인, 소설가 등)은 신화적 상상력을 통해 새로움을 창조해 낼 수도 있고, 미래의 꿈을 열어 갈 수도 있을 것이다.

3.
장자(莊子)적 상상력을 내포한 수필과 시 읽기

– 무위자연(無爲自然)과 물아일체(物我一體)의 이상향

1. 들어가기

    수직으로 날아오른 참새 한 마리가 나뭇가지에 올라앉아 무엇인가를 파먹고 있다. 부리가 나무를 쪼을 때마다 나뭇가지는 파르르 파르르 파장을 일으키고, 가지 위에 올라앉은 눈은 옷을 훌훌 털어내고 눈발이 공중에서 하얗게 부서진다.
    모처럼 치열한 삶을 내려놓은 고요한 휴일 아침, 겨울나무와 새가 연출해내는 그림이 가끔 정적을 흔들 뿐 사위가 조용하다.

– 성기조, 수필 「겨울나무」에서

인용 수필은 수필집 『그림 속 아포리즘 수필』[1](2014)에 수록된 수필 중 한 편이다. 인용 부분의 표현만 읽어 보더라도 수필가는 인위적인 손길이 가해지지 않은 있는 그대로의 자연(겨울나무, 눈, 새)을 관조하면서 있는 그대로 표현한다. 나아가 자연에 순응하는 태도를 견지하며 무

---

[1] 수필집 『그림 속 아포리즘 수필』은 수필과 그림이 함께 편집되어 있다. 수필은 수필가 윤재천이 엮고, 그림은 시인이면서도 화가인 김종이 그렸다.

위자연의 삶을 추구한다. 다시 말하면, 이 수필에서 장자의 무위자연의 상상력이 녹아들어 있음을 읽을 수 있다.

2천여 년 전, 장자는 '무위자연'을 꿈꿨다. 물아일체를 꿈꾸기도 했다. 현대인들도 이를 꿈꾼다. 무위자연과 물아일체의 상상력이 『장자』에서는 초월적이면서도 창조적이다. 『장자』는 한국 철학을 비롯해 문학과 예술에 지대한 영향을 미쳤다.

특히 한국 문학과 예술 작품에서 『장자』의 나비, 물고기(鯤), 새(鵬), 나무 등의 은유를 인용하거나 모티프로 삼아 창조적 상상력을 발휘한 작품을 흔히 접할 수 있다. 나아가 문장 속에 은은히 녹아들어 있는 작품을 접할 수도 있다.

"장자는 자유로운 상상력이 풍부한 사상가일 뿐만 아니라, 고대 우론(愚論) 산문의 개척자이다."[2] 흔히 장자를 '동양 최초의 수필가', 『장자』의 「소요유」를 '동양 최초의 수필'이라고 평가하기도 한다. 이런 평가는 우언(寓言) 때문일 것이다. 즉, 외물을 빌려와서 자기의 생각을 피력했기 때문일 것이다.

장자는 우화의 비유를 통해 풍부한 상상력을 발휘했고, 이로 말미암아 현대 문인이나 예술가들은 장자의 상상력에 매력을 느낀다. 장자의 초월적 상상력에 근거한 모티프는 창조적 상상력을 더욱 풍부하게 이끌어 낸다. 이런 상상력을 '장자적 상상력'이라는 용어로 정리할 수도 있다. 때로는 무위자연의 장자적 이상향을 신화적 상상력의 범주에 속한다고 정리할 수도 있다. 장자의 비유, 즉, 이야기 그 자체가 초월적 상상력의 환상성을 지녔기 때문이다.

∴

2) 왕꾸어똥 지음, 『장자평전』, 신주리 옮김, 미다스북스, 2005, 289쪽.

따라서 이 글에서 수필은 김명희[3]의 두 번째 수필집 『사람이 그리운 섬』(2012)의 작품 중에서 장자의 비유를 뚜렷하게 인용을 하지 않았지만, 문장 속에서 은은히 흐르고 있는 장자적 상상력을 읽어 보고자 한다. 시는 평자가 그동안 시집 해설, 평론집에 수록한 평론/평설 등, 여러 지면을 통해 발표한 글 중에서 장자적 상상력이라는 주제에 맞게 발췌 수정한 글도 있음을 밝혀 둔다.

2. 장자의 물고기(鯤). 새(鵬)

장자는 "하늘에 올라 안개 속을 거닐고, 무극을 배회하는(登天游霧撓挑無極)"[4] 상상을 했다. 이처럼 장자는 자유롭게 하늘을 날아오르는 상상력을 발휘했다. 무한한 우주 공간인 하늘을 날아오르는 이야기에서 이를 알 수 있다. '신선 이야기', '열자 이야기', '지인(至人) 이야기', '세속을 초월한 사람 이야기' 등이 대표적이다.

"장자가 볼 때, 물을 3천 리나 튀기고 9만 리 높이 수직 상승하는 큰 붕새나, 바람을 타고 날 수 있는 열자는 비록 높이 날지만 모두 바람에 의지해야 가능한 일이었다. 만일 바람의 힘을 빌지 않고 아득한 우주 공간을 향해 날아오를 수 있다면 이것이야말로 소요가 아니겠는가? 장자는 「소요유」라는 명편에서 바로 장자가 추구하던 인생을 이야기하였다."[5]

여기서 먼저 시와 수필에 내포한 장자의 '물고기'와 '새'를 중심으로

• • •
[3] 수필가. 전직 KBS아나운서. 수필집 『사람이 그리운 섬』외 1권. 서울 강서구 '꿈꾸는 어린이 도서관' 운영위원장.
[4] 왕꾸어똥 지음, 앞의 책, 79쪽.
[5] 위의 책, 80쪽.

읽어 보고자 한다.

> 매일/ 손톱을 깎으며/ 나비 꿈을 꾸는 장자/ 지구 자전 속도보다 더 빨리 자라는/ 손톱 때문에 고민이다/ 손톱이 긴 나비를 본 적 없는 장자/ 오늘도 초승달 같이 쌓이는/ 손톱 앞에 무릎을 꿇는다/ 나비 되어 구만리 높은 하늘 올라/ 어느 별 작은 연못 속 금붕어 한 마리 키우려면/ 그 옛날/ 어쩔 수 없다/ 아내 죽은 날 대야 두드리며 노래 부르던 장자/ 거울 닦는 늙은 중처럼/ 바늘귀 찾는 할멈처럼/ 매일 손톱을/ 깎는다
>
> — 김한빈[6], 시 「장자의 손톱」 전문

인용 시 「장자의 손톱」은 부산의 어떤 문예지에 발표된 시이다. 『장자(莊子)』의 「덕충부(德充符)」에 노나라 애공의 질문에 대답하는 공자의 말이 나온다. 이중 "천자의 후궁이 되면 손톱을 깎거나 귀를 뚫지 못하게 한다."라는 공자의 대답이 나온다. 아마도 「장자의 손톱」이라는 제목은 이를 인용한 듯하다.

시인은 객관적 상관물 '손톱'을 끌어들여 '장자의 나비'와 '소요유'(나를 떠나 자유로워지다. 현실을 초월한 자유로움.), '물고기'와 '새'를 시화했다. 시인은 손톱을 깎을 때 "지구 자전 속도보다 더 빨리 자라는/ 손톱"의 이미지를 포착하여 시상을 잡은 듯하다. 객관적 상관물 '손톱'을 '지구 자전'이라는 우주적 이미지로 부각해 놓았다. 과연 손톱의 생장 속도가 과학적으로 지구 자전 속도보다 빠를까? 손톱의 생장은 지구가 한 바퀴 돌 때 대체로 0.1mm 정도 자란다고 알려져 있다. 분명한 것은 시는 과학이 아니다. 비과학적인 허구가 시적 상상력을 촉발시킨다.

---

6) 시인. 경성대학교 외래교수.

시적 화자는 장자의 나비처럼 "구만리 높은 하늘"에 올라 무극을 배회하는 '소요유'의 이상향의 삶을 추구하고 있다. "어느 별 작은 연못 속 금붕어 한 마리"는 장자가 비유한 북녘 바다의 물고기 '곤(鯤)'으로 해석할 수도 있다. 장자의 '곤'이 날개가 달려 새로 변하면 '붕(鵬)'이 된다. 이 '붕'이 날개를 펼쳐 남쪽 바다로 갈 때 물길을 가르는 것이 삼천리, 요동쳐 오르는 것이 구만리였다. 6개월을 날은 후 쉴 정도로 과장된 허구의 새이다.

이처럼 시인은 장자처럼 현실을 초월한 자유로운 삶을 추구하고 있음을 알 수 있다. 장자는 초현실적 자유로움을 추구했다. 이것은 모든 인간이 꿈꾸는 이상향이다. 시적 화자도 초현실적인 자유로움을 좇아 이상향을 꿈꾸고 있음을 읽을 수 있다.

여기서 "아내 죽은 날 대야 두드리며 노래 부르던 장자"라는 고전 일화를 인용한 시인의 의도를 읽어 볼 필요가 있을 것이다. '대야'는 '질그릇' 혹은 '항아리'라고 이해하면 무리가 없을 것이다.

장자의 친구인 혜시(惠施)가 장자의 아내가 죽었다는 소식을 접하고 조문을 갔을 때, 마침 장자가 질그릇을 두드리며 노래를 부르고 있었다. 혜시가 이를 비난하자 장자는 "왜 슬프지 않았겠나? 곰곰이 생각해 보니 애초에 아내에게는 생명도 형체도 기(氣)도 없었네. 유(有)와 무(無)의 사이에서 기가 생겨났고, 기가 형체로 변화하였고, 형체가 다시 생명으로 변화하였네. 이제 삶이 죽음으로 변화하였네. 이것은 춘하추동 네 계절이 순환하는 것과 다를 바 없음일세. 지금 아내는 우주 안에 잠들었네. 내가 슬퍼한다는 것은 천명(天命)을 모른다는 것과 같음일세. 그래서 나는 슬퍼하기를 멈춘 것일세."라는 고전 일화를 인용한 것이다. 아마도 시인은 우주(자연)의 이치에 순응하는 삶, 즉 순명(順命) 의식을 강조하려는 의도에서 인용한 듯하다.

이처럼 장자를 이해하려면, "자연과 사회 더 나아가 우주 전체는 모두 부단히 운동 변화하고 있다. 따라서 자연과 사회의 변화를 고립되고 정체된 관점으로 바라보아서는 안 된다."[7]는 말을 깊이 생각해 볼 필요가 있을 것이다.

잠자리는 우리보다 훨씬 오래전인 고생대 석탄기(약 3억 5,000만 년 전)부터 이 지구 위에 나타났다. 공룡이 살던 시대에 하늘을 나는 익룡과 먹이 경쟁을 벌였다. 물에서 태어나 하늘로 날아올라 곤충을 잡아먹는 육식 동물이다. 그래서 이름도 '드래곤 플라이(dragon fly)'다. 덩치가 훨씬 큰 공룡은 멸종했지만 잠자리는 아직도 살아 있다. 환경에 맞게 변화해 가며 적응을 했기 때문이다. 큰 잠자리는 날개가 60cm나 되는 것도 있었다고 하니 제 몸의 크기를 줄인 것이 가장 큰 비결이다. 욕심을 줄이고 먹이를 줄이고 제 몸을 줄일 줄 아는 가벼움의 미덕을 배워야 한다.

— 김명희, 수필 「잠자리 파란 날개」에서

인용 수필 「잠자리의 파란 날개」에서 수필가 김명희는 '잠자리'와 '익룡'에 대해 상상력을 발휘하고 있다. 잠자리는 "물에서 태어나 하늘로 날아올라 곤충을 잡아먹는 육식 동물이다. 그래서 이름도 '드래곤 플라이(dragon fly)'다."라는 문장은 장자의 곤과 붕의 이미지와 연관성이 있다.

또한, "큰 잠자리는 날개가 60cm나 되는 것도 있었"단다. 잠자리는 유충 시절 물속에서 보내다 물위로 올라오면서 우화한 뒤 하늘에 오른다. 그러나 잠자리는 붕과는 달리 반대로 덩치가 작다. 고생대 잠자리와 비교해 봐도 매우 작아졌다. 곤과 붕의 비유와는 반대 현상이기도 하지만, 장자적 상상력으로 읽기에 부족함이 없다.

...

7) 왕꾸어똥 지음, 앞의 책, 211쪽.

김명희 수필가는 "욕심을 줄이고 먹이를 줄이고 제 몸을 줄일 줄 아는 가벼움의 미덕을 배워야 한다."라는 표현을 통해 우리 인간들이 깨우쳐야 할 문제로 제시한다. 그도 장자처럼 현실을 초월한 자유로운 삶을 추구하고 있음을 알 수 있다.

3. 장자의 나무

파리가 내 얼굴을/ 조목조목 훑을 때만 해도/ 그늘나무 아래서 개미가/ 내 온몸을 샅샅이 뒤질 때만 해도/ 나는 의식과 무의식의 경계에서/ 그 고통을 정확히 인지하지 못했다.// 단풍처럼 붉어진 그녀의 입언저리에서/ 헤픈 사랑이 낙엽처럼 쏟아져/ 내 서러운 어깨 위에 내려앉아도/ 애써 어깨를 털지 못했다.// 복받치는 사랑의 언어를/ 군침처럼 삼키며/ 낯선 가을의 창가에 서서/ 방향도 없이 사랑의 기도를 올리던/ 내 젊은 날의 노스탤지어.// 사랑은 감당하지 못하는 가을처럼 왔다가/ 책임지지 못할 가슴 하나쯤/ 낙엽처럼 떨구고 가도 좋았을 것을./ 세상인심이 그렇고 그럴진대/ 계절의 인심이야 말해서 무엇할까.// 사람들의 기도가 하나같이/ 사랑을 얘기할 때/ 나는/ 더도 덜도 아닌 자연이어서/ 그저 가을에는/ 가을의 깊이만큼/ 사랑하며 살고 싶다.// 가슴 깊이 상처 하나/ 애지중지 품고 살았다./ 이제 그 상처의 쓰라림보다/ 양파 껍질처럼/ 그 상처를 첩첩이 감싸 주던/ 여인들에게 미안함을 느낀다.// 티끌에라도 매달려 머물고 싶은/ 늦가을 잎새가/ 저리도 소리 내어 우는 날에는/ 구겨진 지폐의 지엄한 현실 앞에/ 사랑을 거짓으로 노래하던// 아!/ 옥다방에 설양아./ 네 붉은 입술로/ 저 초라한 잎새를 향해/ 한 번만 더/ 사랑한다 말해 주지 않으렴.

― 오낙율[8], 「가을날의 회상」 전문

---

8) 시인. 시집 『따이한에게 쓰는 편지』, 『바람 꽃』, 『봄은 안 오고 꽃만 피었네』.

인용 시는 시집 『봄은 안 오고 꽃만 피었네』(2017)에 실린 시이다. 인용 시 「가을날의 회상」은 회억을 통해 가을을 사랑함을 노래하고 있다. 특히 "사랑의 언어", "사랑의 기도", "사랑은 감당하지 못하는 가을처럼 왔다가/ 책임지지 못할 가슴 하나쯤/ 낙엽처럼 떨구고" 등의 표현에서 보는 바와 같이 가을날의 회상을 통해 사랑을 노래하고 있다. 5연에서 "가을의 깊이만큼/ 사랑하며 살고 싶다."라며 기원적 시점의 진술도 한다. 6연에서 "가슴 깊이 상처 하나/ 애지중지 품고 살았다./ 이제 그 상처의 쓰라림보다/ 양파 껍질처럼/ 그 상처를 첩첩이 감싸 주던/ 여인들에게 미안함을 느낀다"라며 상처받은 자에 대한 위로를 말한다.

달리 읽어 보면, 1연 3행 '그늘나무 아래 개미가'라는 시행을 '장자의 나무'와 연계하여 읽을 수 있을 것이다. 장자의 우화에 나오는 오래 산 커다란 참죽나무(대춘수)가 연상되기 때문이다. 이 나무의 한 살은 1만 6천 년이었다. 그 그늘에 사람들이 쉬어 갔다. 사람에게 쓰임이 없어 오래 살아남아 큰 그늘을 만들었다는 우화이다. 쓰임이 없어 살아남았지만, 그 그늘이 쓰임이 있다는 비유이다. 이 시에서 시적 화자는 오래 살아남은 장자의 나무처럼 그늘나무(정자나무) 아래서 "개미가/ 내 온몸을 샅샅이 뒤질 때만 해도/ 나는 의식과 무의식의 경계에서/ 그 고통을 정확히 인지하지 못했다."라고 진술한다.

　　모두가 내 그늘에서 쉬어 가길 바랐다/ 머리 희끗해진 겨울 산에서/ 발밑을 바라보니/ 오히려 내가/ 누군가의 등을 딛고 서 있었다

　　　　　　　　　　　　　　　　　　- 전숙[9], 시 「정자나무가 되어」 전문

인용 시는 시집 『눈물에게』(2011)에 실린 시이다. '정자나무가 되어'

・・・

9) 시인. 원탁시 동인. 시집 『눈물에게』 등.

라는 제목에서 '장자의 나무'가 연상된다. 장자의 우화에 나오는 대춘수(大椿樹), 즉 오래 산 커다란 참죽나무를 말하는 듯하다.

장자는 "계수나무는 먹을 수 있으므로 베어지고, 옻나무는 쓸 수 있으므로 껍질이 벗겨진다. 사람들은 모두 유용의 쓰임은 알지만 무용의 쓰임은 아무도 알지 못한다."라며 '유용의 쓰임'과 '무용의 쓰임'을 비유했다. 장자는 유용과 무용을 상대적인 것이라 여겼다.

이 시에서 시적 화자는 오래 살아남은 장자의 나무처럼 정자나무가 되어 "모두가 내 그늘에서 쉬어 가길 바"란다. 하얀 눈이 내린 "겨울 산에서/ 발밑을" 내려다본다. 그때 "오히려 내가/ 누군가의 등을 딛고 서 있"음을 깨닫는다. 우리도 장자의 나무 그늘처럼 '무용의 쓰임'을 깊이 생각해 보자.

> 양평 용문사의 은행나무를 보고 그 위용에 감탄을 금치 못했었다. 나이가 1,100살이나 된다는 이 나무의 전설은 너무나 유명해 언급할 필요도 없을 테고, 일본 순사들이 이 나무를 자르려다가 즉사했다는 얘기며, 고종이 승하했을 때는 커다란 나뭇가지가 부러졌고, 8·15, 6·25, 4·19, 5·16 때도 우는 소리가 10리 밖에서도 들렸다는 말에 수염이 허연 산신령 할아버지를 보는 느낌이 들었다.
>
> — 김명희, 수필 「은행나무」에서

외할머니댁으로 가는 언덕 위에는 커다란 은행나무가 있었다. 어린아이 팔로는 두세 명도 어림없었고, 어른 대여섯이 팔을 벌려야 둘레를 잴 수 있을 만큼 큰 나무였다. 은행이 떨어져 냄새를 피울 때 빼고는 그 나무의 그늘이 지나는 사람들의 쉼터가 되어 주었다. 동네마다 어귀에 든든히 버티고서 오가는 사람들의 사랑방 역할을 톡톡히 하는 정자나무가 한 그루씩은 꼭 있기 마련이다. 마을과 사람들을 지켜 주는 보호수이자 소원을 비는 기도나무가 돼 주기도 한다.

(……)

　오랜 세월 살아내느라 비어 버린 기둥이 허술하다고 베어 버리면, 빗물에 씻겨 내리는 흙을 잡아 주지도, 가지가 휘는 강한 바람도 막아 줄 수가 없다. 깊은 뿌리에 힘을 주고 버텨 내느라, 진이 빠져 휘청거리는 가지는 어린나무들이 매달려 무게를 실어 주면 된다.

— 김명희, 수필 「그늘나무」에서

　인용 수필 「은행나무」에서도 "양평 용문사의 은행나무를 보고 그 위용에 감탄을 금치 못한다. 나이가 1,100살"인 커다란 은행나무는 장자의 우화에 나오는 대춘수와 겹쳐 읽을 수 있다.

　인용 수필 「그늘나무」에서 '그늘나무'라는 제목만으로도 '정자나무'가 연상된다. '그늘나무'의 사전적 의미도 '정자나무'와 동의어이다. 나아가 '정자나무'를 접할 때 '장자(莊子)의 나무'가 떠오른다. 그 그늘의 쓰임 때문이다.

　수필가 김명희가 "외할머니댁으로 가는 언덕 위에는 커다란 은행나무가 있었다. 어린아이 팔로는 두세 명도 어림없었고, 어른 대여섯이 팔을 벌려야 둘레를 잴 수 있을 만큼 큰 나무였다."라고 표현한 것처럼 커다란 은행나무는 장자의 우화에 나오는 대춘수와 겹쳐 읽을 수도 있다.

　이 수필에서도 어른에 비유하여 그 쓰임을 말하고 있다. 장자의 계수나무와 옻나무의 비유처럼 '유용의 쓰임'과 '무용의 쓰임'을 비유하고 있다. 커다란 은행나무가 "동네마다 어귀에 든든히 버티고서 오가는 사람들의 사랑방 역할을 톡톡히" 한다고 일반화하기도 한다. 나아가 "마을과 사람들을 지켜 주는 보호수이자 소원을 비는 기도나무"임을 강조하기도 한다.

　또한, 수필가 김명희는 "오랜 세월 살아내느라 비어 버린 기둥이 허술하다고 베어 버리면, 빗물에 씻겨 내리는 흙을 잡아 주지도, 가지가 휘는 강한 바람도 막아 줄 수가 없다."라며 거목의 쓰임을 표현한다. 유용의 쓰임을 강조한 것이다.

4. 호접지몽, 장자의 나비 꿈

장자의 나비 꿈이/ 영혼을 불러와 난다// 훨훨/ 사랑 전달자// 겨우내/ 알 속에 갇혀/ 비상을 꿈꾸며/ 날아오르는/ 죽은 오빠/ 영혼을 닮은 나비// 그건/ 사랑 영혼

— 구숙희[10], 시 「나비」 전문

인용 시 「나비」는 시집 『잠자리가 본 세상구경』(2015)에 실린 시이다. 1연 "장자의 나비 꿈"은 『장자(莊子)』의 「제물론(齊物論)」 마지막 장에 나오는 장자의 '호접지몽(胡蝶之夢)'을 인용한 인유법의 시이다. 시적 화자는 2연에서 '장자의 나비'를 "사랑 전달자"라고 변형하여 상상력을 발휘하고 있다. 3연에서 "겨우내/ 알 속에 갇혀/ 비상을 꿈꾸며/ 날아오르는/ 죽은 오빠"의 "영혼을 닮은 나비"라며 오빠의 영혼과 겹쳐 놓고 동일성을 유지하려고 한다. 마지막 연에서는 "그건/ 사랑 영혼"이라며 정의적 진술을 하고 있다.

이쯤에서 '장자의 호접지몽'이 무엇인지 살펴볼 필요가 있을 것이다. 나비가 된 꿈. 장자(莊子)가 나비가 되어 날아다닌 꿈이라는 뜻으로, 물아일체의 경지, 또는 인생의 무상함을 비유하여 이르는 말이다. 그리고 장주(莊周, 장자)는 꿈에 나비가 되었다. 펄펄 나는 것이 확실히 나비였다. 스스로 유쾌하여 자기가 장주인 것을 몰랐다. 그러나 얼마 후 문득

• • •

10) 시인. 시집 『잠자리가 본 세상 구경』 외 1권.

꿈에서 깨어 보니 자기는 틀림없이 장주였다. 장주가 나비 된 꿈을 꾼 것인지, 아니면 나비가 장주가 된 꿈을 꾼 것인지 알 수가 없었다. 그러나 장주와 나비는 분명히 구분이 있을 것이니, 이를 일러 만물의 변화라고 하는 것이다. (昔者莊周爲胡蝶。栩栩然胡蝶也。自喩適志與、不知周也。俄然覺、則蘧蘧然周也。不知周之夢爲胡蝶與、胡蝶之夢爲周與。周與胡蝶、則必有分矣。此之謂物化。) 이 이야기는 『장자』의 「제물론」에 나온다. 장자는 여기에서 장주와 나비는 분명 별개의 사물이지만, 물아의 구별이 없는 만물일체의 절대 경지에서 보면 장주도 나비도 꿈도 현실도 구분이 없으며, 다만 있는 것은 만물의 변화일 뿐이라는 것을 이야기하고 있다. 여기에서 유래하여 '호접지몽'은 피아(彼我)의 구별을 잊는 것, 또는 물아일체의 경지를 비유하는 말로 쓰이게 되었는데, 오늘날에는 인생의 덧없음을 비유하는 말로 쓰이기도 한다.[11]

> 잠자리 한 마리 세상을 내려다본다./ 맑게 갠 하늘과 초원은 더욱 밝게 빛나고/ 그림자 밑에 깔린 조각들 사이로/ 오밀조밀 붙어 있는 계딱지들/ 높고 낮은 건물이 장난감 블록처럼 보인다// 내 눈은 전천후 카메라다// 이른 아침 시장 바닥엔/ 아줌마들의 재잘거림과/ 장사꾼들의 희로애락이 섞여/ 삶이 온통 전쟁이다// (……)/ 저는 눈이 다 알아서 돌아다니고/ 가만있어도 '프로펠러'는 사방팔방 잘 돌고/ 사람들과 소는 나보다 다 작아 보이고/ 하늘 높이 날아다니다 보니/ 지구가 내 발아래 있네요
>
> - 구숙희, 시 「잠자리가 본 세상 구경」 부분

인용 시 「잠자리가 본 세상 구경」도 시집 『잠자리가 본 세상 구경』 (2015)에 실린 시이다. 이 시를 읽어 보아도, '장자의 호접지몽'이 연상

---

11) [다음 백과사전], ≪고사성어대사전≫ 참조.

된다. 인용 시에서는 '나비' 대신 '잠자리'로 변신하여 세상을 내려다보고 있다. 화자는 잠자리이다. 잠자리를 인격화한 것이다. 잠자리의 시선으로 세상을 내려다본다. 2연에서 "내 눈은 전천후 카메라다"라며 '잠자리의 눈'과 '카메라'를 등가임을 표현한다. '잠자리의 눈=카메라'는 메타포이다. '잠자리의 눈'과 '카메라'를 비교하여 본래의 의미를 표면에 나타내지 않고 비유만을 드러내고 있다. 그렇다면 이 카메라는 세상을 내려다보면서 각종 영상과 음향을 채록/기록하는 드론을 암시하기도 한다. 마지막 연의 "프로펠러"와 "높이 날아다니다 보니/ 지구가 내 발아래 있네요"에서도 이를 암시한다. 드론은 프로펠러로 날고 잠자리보다 드높이 하늘을 날기 때문이다.

이를 염두에 두고 인용 시를 자세히 음미해 보면, 자연의 '잠자리'와 인공의 '드론'이 하나로 겹쳐져 있음을 읽어 낼 수 있다. '잠자리'는 '드론'의 상징이기도 하다. '잠자리가 본 세상 구경'은 '드론이 본 세상 구경'인 셈이다. 즉, '드론이 촬영한 영상/음향의 세상'이다. 혹여 드론으로 상상력을 확장해 나가는 것이 오독(誤讀)이라 할지라도 이 또한 인용 시가 낳은 상상력임이 틀림없어 보인다.

인용 시의 첫 행 "잠자리 한 마리 세상을 내려다본다."를 '드론 하나 세상을 내려다본다'로 고쳐 읽어 보면 더욱 또렷해진다. 드론이 내려다본 세상은 맑게 갠 하늘과 초원을 비롯하여 높고 낮은 건물마저 장난감 블록처럼 보이기도 한다. 나아가 야채를 옮기는 모습과 파는 모습, 아기를 업고 시장에 나온 엄마의 모습, 흥정하는 모습, 생선을 다듬는 모습, 모여 앉아서 음식 먹는 사람들의 정겨운 모습 등 수많은 영상을 담아낸다. 심지어 "이른 아침 시장 바닥엔/ 아줌마들의 재잘거림"과 "의류 가게 확성기 마이크로 호객하는 소리" 등 온갖 음향까지 채록한다. 이런 영상과 음향은 공중파 또는 케이블을 타고 안방에서도 쉽게 접할 수 있는 영상임을 다시금 떠올리게 한다. 마지막 연에서 "사람들과 소는 나보다 다 작아 보이고/ 하늘 높이 날아다니다 보니/ 지구가 내 발아래 있네요"라며 최첨단 영상 장비의 발달이 빚어낸 문명의 위대함을 내세우기도 한다.

슬퍼하거나/ 포기하지 마세요./ 잡초에 꽃 피면/ 야생화가 되는 겁니다.// 오는 봄/ 그대는 야생화 되고/ 산천이 온통 싱그러우면/ 나는 나비가 되어/ 하얀 나비가 되어// 야생화를 사랑할 테요/ 야생화 당신을/ 사랑할 테요.
― 오낙율, 「야생화」 전문

인용 시는 시집 『봄은 안 오고 꽃만 피었네』(2017)에 실린 시이다. 인용 시 「야생화」는 장자의 나비를 연상하게 하는 시이다. 2연의 "나는 나비가 되어/ 하얀 나비가 되어"에 주목해 본다. 장자의 '호접지몽(胡蝶之夢)'의 상상력으로 읽을 수 있다. 자세히 말하면 장자가 꿈을 꾼 나비와 장자는 별개이다. 그러나 장자도 나비도, 꿈도 현실도 구분할 수 없다. 오로지 구분할 수 있는 것은 만물의 변화일 뿐이라는 의미와 연계해서 읽어 볼 수 있다는 말이다. 시적 화자는 2연에서 나는 하얀 나비가 되어 "야생화 당신을/ 사랑할 테요."라며 상상력을 발휘하고 있다.

두둥실 흰 구름 위/ 독수리 타고 날다// 극한의 온도 속에/ 기내는 신선의 집// 다 함께/ 이동한 공간/ 상상의 끈 뚜벅뚜벅.

하늘을 가리는/ 장애는 하나 없다.// 손오공 군두운도/ 이러진 못했다.// 그 옛날/ 장자의 나비/ 무극(無極)을 배회한다.
― 이명세[12], 시 「장자의 꿈」 전문

---

12) 시조시인. 시집 『상상의 끈 뚜벅뚜벅』.

인용 시조 「장자의 꿈」은 시집 『상상의 끈 뚜벅뚜벅』(2016)에 실린 시조이다. '북극 항로에서'라는 부제가 달려 있다. 이를 미루어 보면, 아마도 시인이 비행기를 타고 북극 항로를 지나갈 때 시상을 잡은 듯하다. 구름 위를 날아가는 비행기라는 물체 자체가 '신선의 집'이라고 인식한다. 비행기를 타고 공간 이동하면서 상상의 끈에 매달린 온갖 상상이 뚜벅뚜벅 뇌세포에서 걸어 나온다. 이것이야말로 제목에서 알 수 있듯이 장자의 '호접지몽'을 연상하게 하는 시조이다. 속도의 혁명을 이룩한 비행기에 '장자의 나비 꿈'과 '소요유'를 겹쳐 놓고 시인 스스로 무극을 배회하듯 장자의 상상력을 한껏 발휘하고 있다. 나아가 이 시조는 고금을 막론하고 하늘을 날기를 갈망했던 인간의 꿈을 실현해 나가는 현대 문명의 위대함을 찬양하는 방점도 내재해 있다.

앞 강가에는 커다란 돌들이 많이 있었다. 그곳에는 아줌마들이 돈 몇 푼을 받고 양잿물을 푼 드럼통에 이불 홑청을 삶아 주었다. 아낙들은 새하얗게 삶아진 홑청을 돌에 널어놓고는 작은 빨래를 했다. 강가에서 커다랗고 하얀 나비들이 젖은 날개를 말리는 동안 엄마를 따라 나온 꼬맹이들은 가장자리 얕은 곳에 발을 담그고 강물이 바람에 출렁이며 만들어 내는 간지러움을 즐기기도 하고, 다슬기들이 만들어 놓은 자국을 따라 돌을 들춰내 잠자고 있는 녀석들을 깨운다. 그러나 심심하면 뜨겁게 달구어진 돌에 물발자국을 내지만 금방 마르고 만다.
- 김명희, 수필 「흐르는 강물처럼」에서

어릴 때 물고기가 가득 들어 있는 양어장처럼 푸른 하늘엔 온통 잠자리인데 커다란 잠자리채를 아무리 휘휘 돌려 보아도 한 마리 들어오지 않고 바람만 빠져나가곤 했다.
- 김명희, 수필 「잠자리의 파란 날개」에서

아이가 어릴 때 배추벌레를 키웠다. '징그럽게 벌레는 왜 키우느냐.'라며 역정을 냈었는데, 고운 날개를 펼치는 나비가 되는 것을 보고 난 다음부터는 배추를 다듬다 벌레가 나와도 질색하며 놀라지 않았다. 안다는 것은 낯을 익히고 편해지는 관계다. 낯설다고 외면만 하다 보면 '우리'가 아닌 '나'와 '내가 아닌 남'만 존재하게 된다.

- 김명희, 수필 「희한한 새」에서

인용 수필 「흐르는 강물처럼」의 "강가에서 커다랗고 하얀 나비들이 젖은 날개를 말리는 동안"과 「잠자리의 파란 날개」의 "커다란 잠자리채를 아무리 휘휘 돌려 보아도 한 마리 들어오지 않고 바람만 빠져나가곤 했다."라는 감각적 표현이 돋보인다. 또한, 「희한한 새」의 "고운 날개를 펼치는 나비가 되는 것을 보고 난 다음부터는 배추를 다듬다 벌레가 나와도 질색하며 놀라지 않았다."라는 진술의 진실성도 돋보인다.

이 세 편의 수필 문장에서도 장자의 '호접지몽'을 접할 수 있다. 수필가 김명희는 '장자의 나비'처럼 '날개 젖은 하얀 나비'와 '파란 날개 잠자리'를 끌어와 상상력을 발휘하고 있다. 특히 "어릴 때 물고기가 가득 들어 있는 양어장처럼 푸른 하늘엔 온통 잠자리인데 커다란 잠자리채를 아무리 휘휘 돌려 보아도 한 마리 들어오지 않고 바람만 빠져나가곤 했다."(「잠자리의 파란 날개」)라는 표현을 읽을 때, '장자의 호접지몽'이 연상되기도 한다. 즉, 꿈처럼 잠자리도 잡힐 듯 말 듯 하면서도 잡히지 않는다는 의미로도 읽히기 때문이다.

5. 나가기

앞에서 읽어 본 바와 같이 장자는 중국을 비롯한 동양 사상과 문학에서 차지하는 비중이 매우 크다. 장자의 사상이 현재까지 한국의 문학에도 지대한 영향을 미치고 있음을 부인할 수 없다.

특히 '장자의 물고기, 새', '장자의 나무', '장자의 나비 꿈' 등, 우화와 관련한 상상력이 한국 문학 작품에서 생각보다 많이 숨 쉬고 있다. 장자의 초월적 상상력에 근거한 모티프는 창조적 상상력의 근원이기도 하다.

문인이여, 서양의 이론도 필요하지만, 한번쯤 동양의 이론을 들여다 볼 필요가 있음을 망각하지 말자. 나아가 '장자적 상상력'을 한껏 발휘하여 '무위자연과 물아일체의 이상향'의 꿈을 이루어 보자.

4.
죽음의 미학을 수렴한 황동규 연작시「연옥의 봄」

1. 들어가기

    황동규(黃東奎)는 시집『연옥의 봄』(2016)에서 '연옥'이라는 공간을 소재로 시화하였다. 이들 시편은 죽음 주제와 함께 죽음의 미학을 수렴하고 있다. 특히 가톨릭 필수 교리 가운데 하나인 연옥을 시로 형상화하고 이상화하였다. 연옥은 사후 세계이다. 천국과 지옥의 중간인 제3의 공간이다. 이들 시편에는 독일의 시인 라이너 마리아 릴케(Rainer Maria Rilke)의 시에 나타난 죽음 주제와 죽음의 미학처럼 실존적 성향이 짙게 녹아 흐른다.

    사후 세계, 즉 저승에 관해 개신교 교리에는 천국과 지옥이라는 이원론적 개념만 있고, 제3의 공간인 연옥이라는 개념은 없다.《표준국어대사전》에는 "죽은 사람의 영혼이 천국에 들어가기 전에 남은 죄를 씻기 위하여 불로써 단련받는 곳."이라고 등재되어 있다. 쉽게 표현하면 죽은 자의 영혼이 천국으로의 구원의 날까지 정화의 불에 단련을 받으며 대기하는 공간이다. 토마스 아퀴나스(Thomas Aquinas)는 "지옥에서 타락한 자들을 괴롭히는 것과 연옥에서 의로운 자들을 고통하게 하는 것은 꼭 같은 불이다."라고 하면서 "지옥의 불과 다른 점은 하나도 없다."[1]라고 말했다.

　황동규의 연작시 「연옥의 봄」에 내재한 사후 세계인 연옥이라는 공간의 의미와 죽음의 미학에 관해 살펴보고자 한다. 먼저 연작시 「풍장」 이후의 죽음 의식을 간략히 살펴본 후, 죽음의 미학을 수렴한 연작시 「연옥의 봄」을 읽어 보고자 한다.

2. 연작시 「풍장」 이후의 죽음 의식

　황동규를 일컬어 "20세기 후반의 한국 시사"[2]라는 평가에 주목해 보면, 전후 한국 현대시사에서 차지하는 비중이 크다는 의미이다. 그리고 "김수영, 김춘수, 김종삼 등과 더불어 한국 현대시의 인식론적, 방법론적 지평을 확대"[3]했다는 평가도 있다. 이숭원은 "황동규 시의 전개에서 중요한 분기점 역할을 한 작품은 「풍장」 연작이라 할 수 있다. 1982년에 시작되어 1995년에 종결된 「풍장」 연작은 우리 현대 시사에 중요한 한 획을 긋는 빛나는 시적 성취로 평가된다. 이 작품은 40대 중반에서 50대 후반에 이르는 한 시인의 삶과 죽음에 대한 인식의 변화 과정을 담아낸 작업이다."[4]라고 평가했다.

　황동규는 연작시 「풍장」 이후의 시집에서도 죽음에 대한 명상과 사유, 죽음 이미지와 상상력의 시를 발표하고 있다. 연작시 「풍장」의 연장 선상에서 삶과 죽음의 경계를 넘나드는 죽음 의식을 드러냈다. 시집 『우

---

1) 김창영, 「죽음에 대한 기독교적 이해」, 『인문학연구논집』, 제7집, 동의대학교 인문학연구소, 2002, 184-185쪽 참조.
2) 김주연, 「역동성과 달관」(시집 해설), 『몰운대행』, 문학과지성사, 1991, 130쪽.
3) 이성천, 「황동규 초기시에 나타난 '불안'의 정체」, 『어문연구』, 제128권, 한국어문교육연구회, 2005, 310쪽.
4) 이숭원, 「황홀하고 서늘한 삶의 춤」(시집 해설), 『꽃의 고요』, 문학과지성사, 2006, 121쪽 참조.

연에 기댈 때도 있었다』(2003)의 시「황해 낙조」에서는 삶과 죽음의 경계가 지워진 세계의 신비함을 묘사했다. 시집『꽃의 고요』(2006)의 시「참을 수 없을 만큼」에서는 삶과 죽음의 경계를 무화했다. 시집『사는 기쁨』(2013)의 시「세상 뜰 때」에서는 "너 콘돔 가지고 가니?"라는 우스갯소리로 죽음을 해학적으로 풀어나갔다.『연옥의 봄』(2016)에서는 오치수를 비롯한 친구들의 투병과 죽음의 슬픔 속에서도 따뜻한 유머와 위트, 순응의 여유로움을 드러냈다. 가장 최근에 발간한 시집『오늘 하루만이라도』(2020)에서도 시「죽음아 너 어딨어?」를 수록한 것만 보아도 줄곧 죽음 주제와 이미지에 천착하고 있음을 알 수 있다.

3. 죽음의 미학을 수렴한 연작시「연옥의 봄」

황동규는 시집『연옥의 봄』에서, 삶과 죽음의 경계에서 서성거린다. 즉, 유한성의 세계와 무한성의 세계와의 경계에서 서성거린다. 시「마지막 날 1, 2」와「북촌」은 마지막 날에 관한 이야기이다. 또한, 삶과 죽음의 경계에서 서성거리기도 하지만, 무한성의 세계로 한 걸음 더 나아가 연옥에 발을 디디려 한다. 시「연옥의 봄 1, 2, 3, 4」는 제목부터 연옥으로 한 걸음 더 나아갔다. 내용 면에서는 삶과 죽음의 경계에서 서성이고 있다. 특히「연옥의 봄 4」의 마지막 행 "'퍼뜩 정신 들어 손 털고 일어나 갈 거다.'라는 다짐은 황동규가 소망하는 삶과 죽음에 대한 자세를 반영"[5]하였다는 평가를 받고 있다.

시「발」에서는 "자신의 죽음을 슬퍼하는 제자들을 위해 관 밖으로 발

---

5) 김수이,「연옥의 봄에는 눈이 내린다」(시집 해설),『연옥의 봄』, 문학과지성사, 2016, 181-182쪽 참조.

을 내밀었다는 부처의 일화를 인유"[6]했다. 시 「마지막 날 1」에서는 "문을 열자 열린 층계 창을 통해/ 확 달려드는 빗소리와 싱그러운 물비린내,/ 어떻게 하면 이것들을 챙기지 않고 가지?"라며 마지막날을 상상한다. 시 「북촌」에서는 "일상 속의 순례를 떠나기를 소망하면서 세상에서의 마지막 날에 대한 상상을 밀어붙인다. 그 상상은 익살스러울 만큼 분방하"[7]다. 『연옥의 봄』에 "수록한 명편 중 하나인 시 「나의 동사(動詞)들」은 황동규의 시와 삶의 내력과 현재적 사유 구조를 '뼈'가 고스란히 보이도록 비극적이고도 아름답게 그려"[8] 내고 있다.

황동규의 「연옥의 봄」은 4편의 연작시이다. 무한성의 세계, 즉 사후세계에서 불로써 단련을 받는 공간인 '연옥'과 따뜻한 '봄'이라는 계절적 시간의 의미가 복합적으로 내재한 시편이다. 4편 모두 '연옥'이라는 공간과 '봄'이라는 시간이 유기적이고 중의적으로 담겨 있다. 황동규는 시론에서 "삶과 죽음은 서로 손잡고 서로 상대의 일부를 이룰 때 각각 진정한 의미를 획득한다. 죽음이 있기 때문에 삶이 비로소 유한함을 벗어나 죽음처럼 무한한 것이 될 수 있"[9]음을 강조한 바 있다.

같이 가던 사람을 꿈결에 놓쳤다./ 언덕에선 억새들 저희끼리/ 흰 머리칼 바람에 날리기 바쁘고/ 샛강에선 물새들이 알은체 않고/ 얼음을 지치고 있었다./ 쓸쓸할 때 마음 매만져주던 동네의 사라진 옛집들도/ 아직 남아 있었구나! 눈인사해도 받아주지 않았다.// 기억엔 없어도 약속은 살아 있는지/ 아무리 가도 닿지 않는 찻집으로 가고 있다./ 왕십리가 청량린가? 마을버스 종점인가?/ 반쯤 깨어보니 언제 스며들었는지/ 방 안에 라일락 향이 그윽하다./ 그

• • •

6) 의 글, 170쪽 참조.
7) 위의 글, 180쪽 참조.
8) 위의 글, 172-173쪽 참조.
9) 황동규, 『나의 시와 빛과 그늘』, 중앙일보사, 1994, 213쪽 ; 황동규, 『시가 태어나는 자리』, 문학동네, 2001, 224쪽.

대, 혹시 못 만나게 되더라도/ 적어도 이 봄밤은 이 세상 안에서 서성이게.

- 「연옥의 봄 1」 전문

시적 화자는 라일락 향이 가득한 봄날 밤에 꿈을 꾼다. 1연의 "같이 가던 사람을 꿈결에 놓쳤다."를 읽어 보면, 시적 화자는 놓쳐 버린 사람과 함께 저세상을 향해 걸었다. 그러던 중 동행자를 놓쳐 버렸다. 그 동행자가 저세상으로 향해 사라졌음을 암시한다. 시적 화자는 그 동행자를 놓친 뒤, "언덕에선 억새들", "샛강에선 물새들", "동네의 사라진 옛집들"과 마주하지만, 모두 거리감만 멀게 느낄 뿐이다. 2연에서는 꿈속에서 여기저기 방황을 하다가 "반쯤 깨어보니 언제 스며들었는지/ 방 안에 라일락 향이 그윽하다." 마지막 행에서는 꿈결에서 놓친 사람을 향해 기원하듯 "그대, 혹시 못 만나게 되더라도/ 적어도 이 봄밤은 이 세상 안에서 서성이게."라고 말하며 이 세상에 살아 있기를 기원한다. 달리 읽어 보면, 놓쳐 버린 그 사람이 사후 세계로 떠나가는 영혼이라 하더라도 이 봄날 밤에는 이 세상에서 서성이기를 기원한다. 즉, 유한성의 세계와 무한성의 세계와의 경계에서 서성이기를 기원한다. 이 시에서 연옥은 현실 세계와 사후 세계가 겹쳐지는 공간이다. 현실 세계의 라일락 향기가 가득한 방 안이라는 공간과 봄날 밤의 시간이 곧 사후 세계이기도 하다. 여기서 연옥은 중의적 공간이다. 즉, 연옥은 현실 세계와 사후 세계의 경계 공간이라는 의미로 읽힌다. 꿈에서 반쯤 깨어난 몽상적이고 몽환적 현실 세계 자체가 연옥이기도 하고, 놓쳐 버린 동행자가 곧 들어갈 곳이 연옥이라는 의미로 겹쳐 읽히기도 한다.

팔다리 서로 끼고 바다로 나가던 테트라포드들이/ 꽉 낀 몸 그만 풀어버릴까? 망설이는 낡은 방파제/ 그 끄트머리./ 위에 동그란 구름 한 점 떠 있는 곳,/ 누군가 흰 철 쭉 한 묶음을 놓고 갔다.// 묶은 끈이 풀어져 있다./ 풀어졌어도 꽃묶음은 그대로 있다./ 만날 때마다 눈인사 나누던 허리 굽은 낚시꾼/ 며칠 전부터 뵈지 않고/ 그의 낚시 구럭이 꽃 옆에 놓여 있다./ 줄 달린 바늘, 해초 묻은 낚싯봉,/ 그리고 엮은 나무줄기 틈새로 스며든/ 햇빛 한 줄기가 담겨 있다.

- 「연옥의 봄 2」 전문

시적 화자는 '테트라포드'로 엮어 놓은 "낡은 방파제/ 그 끄트머리."에서 서성인다. 그곳엔 "동그란 구름 한 점 떠 있"고, "누군가 흰 철쭉 한 묶음을 놓고 갔다." 이 하얀 철쭉은 봄이라는 시간을 의미하기도 하지만, 가을이나 겨울의 하얀 국화꽃의 상징처럼 죽은 자를 위한 헌화를 의미한다. 즉, 봄날의 죽음을 암시하는 객관적 상관물이다. 그 꽃 옆엔 "만날 때마다 눈인사 나누던 허리 굽은 낚시꾼"의 낚시 구럭이 놓여 있다. 그 구럭에는 "줄 달린 바늘, 해초 묻은 낚싯봉,/ 그리고 엮은 나무줄기 틈새로 스며든/ 햇빛 한 줄기가 담겨 있다." 이 시행은 그 낚시꾼이 사후 세계로 떠나 버렸음을 암시한다. 그 구럭과 꽃이 놓인 것을 보면, 낡은 방파제의 테트라포드 틈 사이로 추락하여 사망하였음을 읽을 수 있다. 이 시에서의 연옥은 죽은 자가 불의 단련을 받는 사후 세계의 공간일 수도 있지만, 추락사한 낡은 방파제 그 끄트머리 공간일 수도 있다. 낚시꾼이 시간을 낚아 올리던 그 공간, 파도와 말동무하며 마음을 정화하던 그 공간, 그 공간이 연옥이라는 의미로 읽히기도 한다. 특히 "만날 때마다 눈인사 나누던 허리 굽은 낚시꾼"이라는 시행에 주목해 보면, 시적 화자도 자주 그 공간에서 낚싯대를 드리우고 마음을 정화하고 있음을 읽을 수 있다. 즉, 삶을 반추하며 죽음을 예비하는 그 공간, 삶과 죽음을 동일 선상에 놓고 마음을 정화하는 그 공간은 삶의 끄트머리 지점이면서 사후 세계의 출발 지점이기도 하다. 그 공간이 연옥일 수도 있을 것이고, 더 한 걸음 나아간 공간이 연옥일 수도 있을 것이다.

연옥은 단테가 지옥에서 쓰다 쓰다./ 채 못다 쓴 기억을 털어버린 곳./ 주고 못 받은 상처는 남아 있겠지./ 그럴 바엔 방거사(龐居士)에게 연옥을 맡기면 어떨까?/ 그는 주면 받고 있으면 준다.// 오늘은 새들이 빛나는 보석 조각들처럼 노래한다./ 새들을 하늘에 풀어놓을 게 아니라/ 하늘을 풀어놓는다면?/ 연고 없이 떠돌다/ 구름 속으로 새들 속으로 스며들 거다./ 거사는 구름에게서 그늘을 내려 받고/ 새들과 양식을 나누리라.

- 「연옥의 봄 3」 전문

시적 화자는 단테의 『신곡』 '연옥편'의 일부를 끌어들였다. "연옥은 단테가 지옥에서 쓰다 쓰다./ 채 못다 쓴 기억을 털어버린 곳"이라고 말한다. 그리고 "방거사(龐居士)에게 연옥을 맡기면 어떨까?/ 그는 주면 받고 있으면 준다."라며 중국 당나라 재가(在家) 선사(禪師) 방온(龐蘊)을 끌어들였다. 나아가 시적 화자는 그 방거사가 "구름에게서 그늘을 내려 받고/ 새들과 양식을 나누리라."며 말한다. 여기서 동서양의 인물 한 명씩 끌어들여 연옥이라는 공간적 의미를 부각해 놓았다. 단테의 '기억을 털어버리는 곳', 방거사의 '새들과 양식을 나누는 곳'이라는 의미로도 읽을 수 있다. 특히 방거사와 관련한 시행에서는 도교의 선(仙)의 공간과 불교의 선(禪)의 공간과 겹쳐 읽히기도 한다. 특히 인용 시 1연의 일부인 "연옥은 단테가 지옥에서 쓰다 쓰다./ 채 못다 쓴 기억을 털어버린 곳./ 주고 못 받은 상처는 남아 있겠지./ 그럴 바엔 방거사(龐居士)에게 연옥을 맡기면 어떨까?"라는 시행만 떼어 놓고 읽어 보면, 선시(禪詩)로 읽히기도 한다.

휴대폰은 주머니에 넣은 채 갈 거다./ 마음 데리고 다닌 세상 곳곳에 널어뒀던 추억들/ 생각나는 대로 거둬 들고 갈 거다./ 개펄에서 결사적으로 손가락에 매달렸던 게,/ 그 조그맣고 예리했던 아픔 되살려 갖고 갈 거다.// 대낮이다.

밥집으로 갈까./ 쥐똥나무 꽃 하얗게 핀 낮은 울타리 길을 걸을까?/ 꽃은 떨어져 흙으로 돌아가는데/ 떨어지는 높이가 낮을수록 뭔가 아쉽다는 생각이 든다./ 흙이 아니고 아스팔트?/ 피곤한 아스팔트 같은 삶의 피부에 비천상(飛天像) 하나 새기다/ 퍼뜩 정신 들어 손 털고 일어나 갈 거다.

― 「연옥의 봄 4」 전문

시적 화자는, "휴대폰은 주머니에 넣은 채 갈 거다./ 마음 데리고 다닌 세상 곳곳에 널어뒀던 추억들/ 생각나는 대로 거둬 들고 갈 거다."라며 죽음을 예비한다. 그리고 "개펄에서 결사적으로 손가락에 매달렸던 게,/ 그 조그맣고 예리했던 아픔 되살려 갖고 갈 거다."라며 아주 사소한 아픈 기억까지 가지고 갈려고 한다. 나아가 "피곤한 아스팔트 같은 삶의 피부에 비천상(飛天像) 하나 새기다/ 퍼뜩 정신 들어 손 털고 일어나 갈 거다."라며 죽음을 준비하고자 한다. 즉, 유한성의 세계에서 무한성의 세계 가운데 하나인 연옥으로 갈 마음의 준비를 한다. 특히 인용시와 관련하여 다시 주목할 시는 연작시 「풍장」의 서시 격인 「풍장 1」이다. 인용 시의 "휴대폰은 주머니에 넣은 채 갈 거다./ 마음 데리고 다닌 세상 곳곳에 널어뒀던 추억들"이라는 시행과 "내 세상 뜨면 풍장시켜다오. / 섭섭하지 않게/ 옷은 입은 채로 전자시계는 가는 채로/ 손목에 달아놓고"(「풍장 1」에서)라는 시행을 겹쳐 놓고 읽어 보면, 황동규가 삶과 죽음을 동일 선상에 놓고 있다는 점이 확연히 드러난다. 이들 시편은 앞에서 언급한 바와 같이 황동규가 시론에서 "죽음이 있기 때문에 삶이 비로소 유한함을 벗어나 죽음처럼 무한한 것이 될 수 있"음을 강조한 문맥과 연관성이 깊다.

4. 나가기

　황동규의 연작시 「연옥의 봄」 4편을 읽어 보면, 현실 세계와 사후 세계를 동일 선상에 놓고 있음을 읽을 수 있다. 시적 화자는 삶과 죽음의 경계를 넘나드는 경계에서 서성이는 경계적 자아이다. 그 현실 세계 너머의 공간은 사후 세계의 연옥이고, 그 연옥으로 가는 시간은 봄이다. 연옥이라는 사후 세계를 다양하게 형상화하여 삶과 죽음이 하나라는 섭리에 관한 메시지를 던지고 있다. 나아가 연옥이라는 공간과 봄이라는 시간을 결합하는 시적 상상력을 통해 봄날의 죽음을 이상화하고 있다. 아마도 황동규 시인뿐만 아니라 많은 사람이 따뜻한 봄날에 죽기를 희망하고 이상화하며 살아가고 있을 것만 같다. 높푸른 가을날의 죽음을 희망하는 사람도 있겠지만, 황동규 시인처럼 봄날의 죽음을 희망하는 사람이 더 많을 것 같다. 이들 시편을 읽으면서 황동규를 한마디로 평가해 보았다. '죽음의 미학을 추구하는 시인!'

제3장

문화와
문학 담론 읽기

1. 신동문 산문에 나타난 1960년대 부산
2. 부산 동구의 문화 특성 연구
    - 호국 정신이 깃든 문화 정책 제언
3. 허구를 수용하면 수필이 아니다
    - 허구 수용 불가론

1.
신동문 산문에 나타난 1960년대 부산

I. 서론

앙가주망 시인 신동문(辛東門, 1927~1993)이 1963~1964년에 경향신문 특집부장으로 있을 때 쓴 기사(산문) 가운데 부산과 관련한 내용이 있다. 그는 현대문학사에서 중요한 자리를 차지한다. 그러나 문학 연구사에서 그의 산문과 시 작품의 연구가 소홀했다. 그는 출판기획자 혹은 편집자로 널리 알려졌으나 문학 연구사 속에서 문인 혹은 시인으로서는 크게 부각하지 못했다. 1950년대 모더니즘적 경향을 보이던 그는 4·19 혁명 이후 민중적이고 정치 지향적인 현실 비판적 경향의 시를 발표했다. 즉, 인간의 존엄성과 민주주의 회복 혹은 정착을 외치듯 현실주의를 지향하며 현실 참여시를 발표했다. 그는 시뿐만 아니라 산문에서도 현실 참여적인 면모를 드러냈다.

사회와 정치 현실을 비판한 대표적인 산문을 간략히 소개하면,『새벽』(1960) 5월호에 발표한 「썩어진 지성에 방화하라」[1],『사상계』(1963)

...

[1] "눈치만 살피고 비위만 맞추고 아양만 떠는 이기로서의 썩어 버린 지성에 대하여 억울이, 분통이 한꺼번에 터지는 방화를 하고 싶다. 훨훨 타서 재가 되고 난 잿더미 속에서 새싹처럼 돋는 청순한 인간의 정신과 그것을 부축하는 건강한 지성의 모습을 보고 싶다."라며 자신을 포함한 모든 지성인들에게 고했다.「새벽」, 1960. 5, 137쪽 ; 신동문,『행동한다 그러므로 존재한다』, 솔, 2004, 23쪽 참조.

5월호에 발표한 「군대적인 너무나 군대적인」[2], 『동아춘추』(1963) 2월호의 「청년과 사회 참여의 한계」[3], 『동아춘추』(1963) 4월호의 「시인아 입법하라 아니면 폭동하라」[4] 등이다. 그리고 『세대』(1963) 10월호의 「순수 문학이냐 참가 문학이냐」라는 서정주와의 지상 세미나에서, 그는 참여 문학 편에 서서 「오늘에 서서 내일을」이라는 산문으로 주장을 펼쳤다.

신동문은 1960년대 신구문화사 기획 위원 및 주간, 1969년~1975년간 창작과비평사 대표를 역임했고, 1975년 『창작과비평』에 이영희가 쓴 베트남 전쟁 기사로 긴급조치9호에 저촉되어 중앙정보부에 연행되어 고초를 겪었다. 그 뒤로 완전히 절필하고, 충북 단양군 적성면 애곡리에 낙향하여 1993년 담도암으로 운명을 달리할 때까지 포도 농장을 가꾸면서 침술 봉사를 하였다. 시를 절필한 시기는 1967년경[5]이라고 알려져 왔다.

신동문의 시에 관해 연구한 학위 논문[6]과 학술 논문[7]은 있으나, 산문

• • •

2) "구정치인 못잖게 부패한 것이 군인들인데 그 군인들 빼놓고는 국민 치고 깨끗한 놈이 하나도 없고 우국할 자격을 갖지 못한 것이라고 낙인을 찍히고 말았다."라며 5·16쿠데타가 국민을 위한 혁명이 아니라는 것을 비판했다. 『사상계』, 1963. 5, 64쪽 ; 신동문, 위의 책, 100쪽 참조.
3) "실상 따지고 보면 못나고 잘못된 것은 따라오라고 혼자 주인인 체한 군인들보다도, 부패 정권을 무너뜨린 군인들에게서 연전 4·19 때의 그 의기와 용기로 정권을 즉각으로 이양받지 못했던 국민들 자신이었다. 언제고 자기를 상실하는 죄는 뺏는 자보다도 빼앗기는 자에게 더 있듯이 우리는 국민 자신에게 죄는 더 있는 것이다."라며 청년들에게 고했다. 『동아춘추』, 1963. 2, 166쪽 ; 신동문, 위의 책, 32-33쪽 참조.
4) "이만 정도의 현상 속에서 오금을 못 쓰고 스스로의 개성마저 말살한 빈사상태가 되어 버린 한국의 시인들이 자기들을 어찌 저 가혹했던 운명과 현실의 희생자가 됐단 독일의 유대인과 비길 수가 있겠는가?"라며 시인들을 조롱했다. 『동아춘추』, 1963. 4, 53쪽 ; 신동문, 위의 책, 65쪽 참조.
5) 본 연구자가 문헌을 검토한 결과 시를 1965년경 절필했다.
6) 김청우, 「한국 전후시의 공간 인지 특성 연구-서정주, 신동문, 김구용을 중심으로」, 전남대학교 국어국문학과 박사논문, 2016.
　이승하, 「한국 현대시에 나타난 풍자성 연구-송욱, 전봉건, 신동문, 김지하을 중심으로」, 중앙대학교 문예창작학과 박사논문, 1996.
　이혜경, 「한국 전후시에 나타난 현실 비판의식-박봉우·신동문·신동엽을 중심으로」, 한남대학교 문예창작학과 박사논문, 2015.
　유정이, 「한국 전후 모더니즘 시 연구-신동문, 전봉건, 김구용 시를 중심으로」, 동국대학교 국어국문학과 박사논문, 2008.
7) 노지영, 「신동문 전기시의 연작 형식-「풍선과 제삼포복」의 불연속적 시리즈성을 중심으로」, 『서강인문논

에 관해 연구한 논문은 없다. 이 연구는 신동문의 산문 전집에 수록한 산문 「길 막힌 태극도」와 「낙동강 여정」을 통해 1960년대 부산의 모습을 읽어 내고자 한다.

Ⅱ. 콜레라 창궐과 태극도 맹신 감천동

신동문이 1963~1964년 경향신문 특집부장으로 있을 때 쓴 기사 가운데 부산 사하구(당시 서구) 감천2동과 관련한 내용이 있다. 그 기사의 제목은 「길 막힌 태극도」이다. 내용을 모두 읽어 본 뒤에는 제목의 의미가 '길이 막힌 태극도'가 아닌 '기가 막힌 태극도'라고 읽힌다. 그 내용은 1963년 9월 21일 감천2동에서 발병한 콜레라[8]와 관련하여 태극도 신도들의 반응을 비틀고 꼬집은 글이다.

저항 시인이기도 한 신동문이 남긴 감천2동과 관련한 산문 「길 막힌

총」, 제27집, 서강대학교 인문과학연구원, 2010, 5-39쪽.
박순원, 「신동문 시 연구-생애의 전환점을 중심으로」, 『비평문학』, 제44호, 한국비평문학회, 2012, 231-257쪽.
신기용, 「신동문 연작시 풍선기에 나타난 공기 이미지 연구」, 『한국시학연구』, 제56호, 한국현시학회, 2018, 89-114쪽.
오윤정, 「'오늘'의 상황 의식과 부정의 시학-신동문론」, 『한국 전후 문제시인연구·2』, 예림기획, 2005, 319-357쪽.
유성호, 「1950년대 후반 시에서의 '참여'의 의미 : 박봉우·신동문·신동엽을 중심으로」, 『민족문학사연구』10권, 민족문학사연구소, 1997, 170-197쪽.
이석우, 「신동문의 후기시 연구」, 『한국문예비평연구』, 제2호, 한국현대문예비평학회, 1998, 151-165쪽.
이승훈, 「1950년대 한국 모더니즘시 연구」, 『한국학논집』, 제33집, 한양대학교 한국학연구소, 1996, 71-96쪽.
임승빈, 「신동문 시 연구-그 서정성을 중심으로」, 『현대문학이론연구』, 제54호, 2013, 265-289쪽.
전은진, 「신동문 시의 어휘 사용 양상과 공기어 네트워크 분석」, 『인문과학연구』, 제42호, 2014, 175-200쪽.
조영복, 「1950년대 장형시와 내면화의 두 가지 방식-민재식, 신동문의 경우」, 『한국현대문학연구』 제7집, 한국현대문학회, 1999, 245-266쪽.
8) 인터넷 기사마다 통계가 다르다. 통계 기사를 종합하여 재구성한 것임을 밝혀 둔다. 감천2동 확진 환자 50명, 사망 13명이고, 전국의 확진 환자 1,396명, 사망 125명이었다.

태극도」를 읽어 보고자 한다. 감천2동에 거주했거나 거주하고 있는 분들 혹은 태극도 신도들이 이 기사를 현시점에서 읽어 본다면 기분이 상할 수도 있다. 하지만 그 당시 객관성을 유지한 기사라고 생각해 보면, 기사 자체가 던지는 메시지를 통해 많은 생각을 불러일으킨다.

한국 속의 신라(新羅)라고나 할까? 현대 속의 조선 시대(朝鮮時代)라고나 할까? 아무리 생각해도 현실일 수 없는 현실이 눈앞에 벌어지고 있었다. 여기 부산 감천동 산비탈에 다닥다닥 굴딱지처럼 붙어 있는 판자촌은 누가 보든지 극빈촌의 표본 같은 마을이었다. 만나는 사람들의 얼굴은 부황증 직전이고 옷차림은 전쟁 중의 피난민 바로 그것이었다.
그런데도 그들은 그런 삶에 만족하고 있었다. 그들에겐 그보다 더한 고통과 시련이 있다 해도 그곳을 달게 받고 견딜 마음의 즐거움이 있다는 것이었다. 그것은 바로 믿음의 보람 즉 '한번 도통하면 5만 년의 육신에 신선이 된다'는 진리를 믿고 있기 때문이었다. 이 터무니없는 교리(敎理)를 믿고 가산 일체를 팔아 치워 향리를 버리고 모여든 신도는 거개가 전라도 경상도 충청도 산골 태생의 불학무식한 농민들이었다.
이곳이 바로 작년에 창궐한 콜레라의 점화지(點火地)였다. 위생 시설이라곤 아무것도 없는 이 가난의 밀림 지대에서 연이어 이환자(罹患者)가 생기고 데굴데굴 숨져 쓰러져 갔건만 그래도 이 신도들은 이곳을 떠나지 않았다고 한다. 그리고 지금 모든 신도들이 굶주리면서도 아무렇지도 않는 표정이었다.
김삿갓 행각 중에 도처에서 들은 세정(世情)을 종합하면 춘궁기(春窮期)가 딴 해보다도 일러 절양(絕陽)에 허덕이는 비참한 이야기뿐이었는데 이곳은 그것을 표면상으로 나타내지 않고 있었다.
간부 신도들을 만나
"전국을 돌며 들은 소리가 배고프다는 소리뿐이었습니다. 내가 보기론 이곳은 그 어느 곳보다도 가난한 사람만이 모인 것 같은데 왜 배고프단 말을 않습니까?"

"그렇습니다. 전부가 극빈하지요. 그러나 우린 배고프다고 말하지 않습니다. 그것은 믿음이 있기 때문에 배고픈 것 정도는 참아낼 수 있기 때문입니다."

라고 그들은 빈혈(貧血)진 얼굴을 열적게 웃어 보였다.

그 소리를 들으며 나는 속으로 뇌까렸다.

"에이 이 불쌍한 놈아. 믿음이 있어서 배고파도 참아!"

멱살이라고 잡고 제정신이 들게 따귀를 때려 주고 싶을 정도였다.

"들은 바에 의하면 이 마을에선 어느 선거 때고 여당 표만 쏟아져 나온다는데 왜 그런가요?"

"예, 그건 정국이 안정되기를 바라서이지요."

"아니 배가 고파도 믿음으로 참는다면서 독재나 강압은 믿음으로 못 견뎌서 그럽니까? 당신네들을 발판으로 삼은 여당 입후보자가 와서 머리를 숙이는 게 불쌍해서 그럽니까?"

그들은 아무 대꾸가 없이 머리를 숙이는 것이었다. 그런데도 일단 그 신앙의 진리 문제로 화제가 옮겨지자 논리도 제대로 안 서는 교리를 횡설수설 늘어놓으면서도 도리어 우리들 정상적인 사회생활을 하는 사람을 비웃는 눈치였다.

"대지는 음양(陰陽)이요. 사람은 곧 하늘인데 금세(今世)의 영화를 버릴 수 있는 수도(修道)를 샇아야지요."

라고 사뭇 큰 뜻을 깨달은 듯이 말하며 의젓한 체한다.

무식한 자의 맹신처럼 무서운 것이 없다더니 여기 흰 두루마기, 상투 바람으로 나를 둘러싸고 있는 사람들이 딱하기만 했다. 문득 김삿갓이 내로라 하며 뽐내는 양반들을 욕한 시 생각이 났다. 그들의 성(姓)과 벼슬을 따서 곯린 시이다.

日出猿生原(元生員)

貓過⁹⁾鼠盡死(徐進士)
해가 뜨면 원숭이가 들로 나오고
고양이가 지나간 뒤엔 쥐가 다 죽더라

黃昏蚊簷至(文僉知)
夜出蚤席射(趙碩士)
해가 저물면 모기가 추녀 끝으로 오고
밤에 나온 벼룩이 자리에서 쏜다

조교주(趙敎主)가 죽고 난 뒤의 실권자라는 도전(都典) 박현경 씨를 만나보자고 했더니 저희들끼리 서로 눈짓을 하고는 지금 마침 부재중이라고 한다. 있긴 있는데 숨기는 눈치였다. 도리 없이 김삿갓이 서당 선생을 찾다가 못 만나고 쓴 욕설이 나온다.

書堂乃早知
房中皆尊物
서당 내용을 매 이미 아는데
방 안에 있는 자는 다 잘난 체한다

生徒諸未十
先生來不謁
생도는 전부 합쳐 열도 못 되는데
선생은 나와 보지도 않는다

• • •

9) 원시는 모과(暮過)이다. 신동문은 와전된 묘과(猫過)를 인용했다. 김일호 편, 『김립시집』, 학우사, 1953, 5쪽 ; 정공채, 『오늘은 어찌하랴』, 학원사, 1985, 375쪽 참조.

어리석고 완고한 문명의 벽촌(僻村)이 민주주의 국가의 비호를 받으며 바로 눈앞에 현대 과학의 이기인 감천화력발전소를 내려다보며 오수(午睡) 아닌 제자리 걸음을 하고 있는 것이 믿기지 않았다. 무지를 극(極)한 태극도(太極道). 이것이 곧 우리 한국의 일단면인지 모른다.

— 신동문, 「길 막힌 태극도」 전문[10]

이 산문에 현실성을 반영하였다. 즉, 1960년대 사회 현실을 비판하고 풍자하고 있다. 그 당시 신동문은 현실주의자로서 현실 참여에 앞장선 시인이었다. 허두에서 "한국 속의 신라라고나 할까? 현대 속의 조선 시대라고나 할까? 아무리 생각해도 현실일 수 없는 현실이 눈앞에 벌어지고 있었다. 여기 부산 감천동 산비탈에 다닥다닥 굴딱지처럼 붙어 있는 판자촌은 누가 보든지 극빈촌의 표본 같은 마을이었다. 만나는 사람들의 얼굴은 부황증 직전이고 옷차림은 전쟁 중의 피난민 바로 그것이었다."라며 조선 시대 이전으로 회귀한 듯한 감천2동 달동네 판자(판옥)촌의 당시 풍경과 가난하고 굶주린 극빈촌 사람들의 피난민 같은 옷차림은 물론 영양실조 직전의 얼굴 모습을 그려 내고 있다. 산비탈에 판자로 잇대어 바람만 피할 요량으로 지은 집들이 다닥다닥 붙어 있었던 그 당시 감천2동의 모습을 묘사한 것이다. 특히 다닥다닥 굴딱지처럼 붙어 있다는 묘사는 인공적인 담이라는 것은 없고, 바람과 골목길이 판잣집 이웃 간의 담이었다는 의미이기도 하다. 그 당시 이런 판잣집(板屋)을 하코방(箱房)[11]이라고 일컬었다.

그리고 "이곳이 바로 작년에 창궐한 콜레라의 점화지였다. 위생 시설이라곤 아무것도 없는 이 가난의 밀림 지대에서 연이어 이환자가 생기

---

10) 신동문, 앞의 책, 2004, 69-172쪽.
11) 상자로 만든 집 혹은 상자 같은 집이라는 의미의 일본어 명사이다.

고 데굴데굴 숨져 쓰러져 갔건만 그래도 이 신도들은 이곳을 떠나지 않았다고 한다. 그리고 지금 모든 신도들이 굶주리면서도 아무렇지도 않는 표정이었다."라며 감천2동 주민들이 최소한의 생존 조건인 보건 위생상의 보호를 받지 못하고 있음과 태극도의 맹신적 믿음에 대해 꼬집고 비틀고 있다.

신동문은 방랑 시인 김삿갓(김병연)의 시 "해가 뜨면 원숭이가 들로 나오고/ 고양이가 지나간 뒤엔 쥐가 다 죽더라/ 해가 저물면 모기가 추녀 끝으로 오고/ 밤에 나온 벼룩이 자리에서 쏜다."를 인용하여 태극도를 비틀고 있다. 이시는 신동문이 밝혔듯이 김삿갓이 "내로라하며 뽐내는 양반들을 욕한 시"이고, "그들의 성(姓)과 벼슬을 따서 곯린" 시이다. 이를 더 자세히 살펴보면, 인용 시는 "김삿갓이 북쪽 변방의 어느 고장에 들렀다가 그 지방 유지인 원씨, 서씨, 문씨, 조씨들이 김삿갓을 업수이 여기기에 성씨의 음을 따는 대신 뜻을 바꿔 조롱한 시"(신동문, 2004: 375)이다. 신동문은 바로 태극도 주요 직위자들이 그러하다고 조롱하고 있다.

그리고 태극도의 "조교주(趙敎主)가 죽고 난 뒤의 실권자라는 도전(都典) 박현경 씨를 만나보자고 했더니 저희들끼리 서로 눈짓을 하고는 지금 마침 부재중이라고 한다. 있긴 있는데 숨기는 눈치였다. 도리 없이 김삿갓이 서당 선생을 찾다가 못 만나고 쓴 욕설"인 "서당 내용을 매미이 아는데/ 방 안에 있는 자는 다 잘날 체한다/ 생도는 전부 합쳐 열도 못 되는데/ 선생은 나와 보지도 않는다."를 인용하여 조롱했다. 이를 통해 "어리석고 완고한 문명의 벽촌이 민주주의 국가의 비호를 받으며 바로 눈앞에 현대 과학의 이기인 감천화력발전소를 내려다보며 오수 아닌 제자리걸음을 하고 있는 것이 믿기지 않았다. 무지를 극(極)한 태극도. 이것이 곧 우리 한국의 일단면인지 모른다."라며 일단면일 수 있다는 단서를 붙이기는 했지만, 현대 문화인으로서 납득할 수 없는 일이 일어나고 있음을 비틀어 대며 세상을 향해 고발하고 있다. 태극도 신앙촌의 부조리한 현실을 비틀고, 신흥종교를 비호하는 국가를 비판하고 있다. 나아가 현대인으로서 비합리적이고 비이성적인 사고의 극치를 꼬집어 조롱하며 풍자한 것이다.

여기서 "무지를 극한 태극도"라는 표현에 다시 주목해 본다. 태극도 본부의 간부들만을 일컫는 말이라기보다는 태극도를 믿는 신도 전체를 일컫는 의미로 해석할 수 있다. 그리고 "이 터무니없는 교리(敎理)를 믿고 가산 일체를 팔아 치워 향리를 버리고 모여든 신도는 거개가 전라도 경상도 충청도 산골 태생의 불학무식한 농민들이었다."와 "무식한 자의 맹신처럼 무서운 것이 없다더니 여기 흰 두루마기, 상투 바람으로 나를 둘러싸고 있는 사람들이 딱하기만 했다."라는 말도 신도 전체를 일컫는 의미로 해석할 수 있다. 하지만 그 당시 신도들의 가장(家長)은 대부분 지식인이었다. 문맹자는 거의 없었다. 이들은 전라도, 충청도, 강원도에서 가족을 동반하여 이주해 왔다. 비록 이상향을 좇는 지식인이기는 하나 가장의 판단과 결정을 존중하여 가족 구성원들도 함께 이주해 왔다. 그러나 모두가 태극도의 교리를 신봉하거나 존중하지는 않았다. 이는 신동문이 태극도 맹신의 한 단면만으로 기사화했기 때문에 그들이 당시에 지식인이었다는 것은 간과한 것이다. 달리 해석하면, 태극도 맹신을 무지로 표현한 것일 수도 있다.

이 산문이 2020년도에 살아가는 현대인에게 던지는 메시지도 분명하게 존재한다. 그것은 신흥종교가 혹세무민하여 국민의 등골을 빼먹으니 이를 경계하라는 메시지가 담겨 있다. 이와 관련하여 최근 전국적으로 확산한 코로나19와 1963년에 감천2동에서 발병하여 전국적으로 확산한 콜레라를 비교해 보면, 확산의 요인 가운데 빼닮은 점이 있다. 한국만의 문제이긴 하지만, 바로 신흥종교가 그 중심에 서 있다는 점이다. 결과적으로 이 두 질병은 국민들로 하여금 신흥종교에 관심을 집중시켰다. 그리고 신흥종교가 혹세무민한 사실을 세상 밖으로 드러나게 했다.

그는 이 산문을 통해 미래에도 비뚤어진 신흥종교로 인해 전염병 확산이라는 비슷한 일이 반복될 수 있음을 예측한 것일 수도 있다. 그가 예측하였든 하지 않았든 코로나19에 직면한 오늘의 현실에 시사하는 바가 크다. 그리고 "전부가 극빈하지요. 그러나 우린 배고프다고 말하지 않습니다. 그것은 믿음이 있기 때문에 배고픈 것 정도는 참아낼 수 있"다는 태극도 신도의 말을 인용한 것은, 니체가 "진정한 종교 생활(세밀한 자기 성찰 작업이 그 하나요, 항시 '신의 강림'에 대비하기 위해 취하는 '기도'라는 이름의 명상적 자세가 다른 하나다)을 해나가려면 어느 정도의 여가가 필요하며 그것이 안 되면 최소한 그와 비슷한 것이라도 있어야 한다는 것은 이제까지 잘 알려져 온 사실이다."(프리드리히 니체, 『선악을 넘어서』, 김훈 옮김, 1982: 80)라고 주장한 말의 대응인 듯하다. 그는 니체의 말을 직접 언급하지는 않았지만, 그와 같은 말을 간접적으로 담았다고 해석할 수 있다. 여가는 고사하고 당장 의식주도 해결할 수 없는 종교와 신앙을 비튼 것이다.

또한, 그는 「길 막힌 태극도」를 발표하기 이전에 참여 문학을 옹호하고 지향했다. 1963년 『세대』 10월호의 「순수 문학이냐 참가 문학이냐」라는 '지상 세미나'에서 「오늘에 서서 내일을」이라는 글을 통해 참여 문학을 옹호했다. 그때 괴테의 글을 인용하여 다음과 같이 현실 참여를 강조했다.

"우주는 크고 풍부하다. 생활의 정경 또한 무한한 변화로 가득 차 있다. 그러기 때문에 결코 시의 주제가 마감되는 일은 없을 것이다. 그러나 중요한 것은 언제나 상황의 시를 써야 한다는 일이다. 즉 현실에서 기회와 소재를 얻어야 하는 것이다. 특수한 경우도 시인에게 취급되면 필연적으로 보편적인 경지가 된다. 나의 시는 전부가 상황의 시이다. 나의 시는 현실에서 생겨난다. 나의 시가 뿌리박은 곳은 현실이며, 나의 시가 돌아가는 곳도 현실이다."[12]

신동문은 그 당시에 동인지 『현실』을 주재하고 있었다. 비록 "나의 시는 전부가 상황의 시이다. 나의 시는 현실에서 생겨난다. 나의 시가 뿌리박은 곳은 현실이며, 나의 시가 돌아가는 곳도 현실"이라며 현실 비판적인 참여 문학을 지향하고 있었다. 그가 괴테의 말을 인용하여 강조했지만, 시인이란 부조리한 현실을 거부하고 비판하는 일이 책무임을 강조한 것이기도 하다.

III. 여수(旅愁)에 젖은 낙동강 하구 강마을

산문 「강산천리―김삿갓 따라」는 『한국수상록전집4-미지에의 산책』(진문출판사, 1976)에 수록되었다. 이 산문은 1964년 『경향신문』에 발표했던, 산문 「낙동강 여정」을 '1', 산문 「나그네 통일론」을 '2'라고 분류하여 하나의 작품으로 편집되어 있다. 문단 구성을 비롯해 삽입한 시의 행과 연갈이의 변형을 가했다. 그 가운데 산문 「낙동강 여정」에서 부산 사하구(당시 서구) 다대포 인근의 낙동강 하류 강마을과 관련한 내용이 있다.

특히 산문 「낙동강 여정」에 삽입한 시 가운데 제목을 명확하게 밝힌 「강」과 제목을 밝히지 않은 1편의 무제[13]가 다대포 인근 강마을에서의 여수와 관련이 있다.

---

12) 신동문, 「오늘에 서서 내일을」, 『세대』 10월호, 1963, 201쪽 ; 신동문, 앞의 책, 2004, 55-56쪽 ; 김판수, 앞의 책, 2011, 148쪽.
13) 연구 목적상 산문의 문맥을 고려하여 임의의 제목 「여수(旅愁)」라고 한다.

여수는 날씨 탓이었다.

비나 눈이 와서 가던 길이 막히고 말면 낯선 객사의 침침한 방바닥에 뒹굴며 다 읽은 신문지를 이리 뒤지고 저리 뒤지고 저리 뒤지다 지쳐 낮잠이나 자게 마련이다.

잠에서 깨고 나도 개운할 리 없는 마음은 도리 없이 선술집을 찾는다.

더불어 여정을 나눌 벗도 없이 어깨를 움츠리고 기울이는 대폿잔의 뒷맛은 새삼스럽게 산다는 덧없음을 깨닫게 한다. 그런데도 이틀씩 사흘씩 날이 안 갠다고 하자. 습기 진 창호지가 늘어지고 바람벽의 풀자국에 파란 곰팡이가 끼듯이 나그네의 마음에도 여수의 곰팡이가 낀다.

어른이 이따금 까닭 없이 우는 것도 이런 때다. 이런 속에서도 안 우는 사람은 다부지기 돌 같은 의지의 사람이요, 남모르게 눈시울을 적시며 한숨 짓는 사람은 못난 사나이, 그러나 정과 한의 사람이다. 산다는 것은 어차피 나그네. 떠나가고, 보내는 설움을 울 것도 없고, 흘러왔다 흘러가는 뜬세상을 안타까워 한숨지을 것도 없을 것 같다만, 못나고 모진 목숨, 태어 받은 것이 눈물이요, 한숨이고 보면 어리석은 범용의 평생을 그 눈물과 한숨으로 수놓고 가는 수밖에……

40년을 방랑한 김삿갓이 나그넷길에서 만난 비와 눈의 설움이 몇 백 번이요, 술을 만나면 미친 사람처럼 들이마시며 운 것이 몇 천 번일지 알 길은 없지만, 《자탄(自嘆)》이라는 시에는 읽는 이로 하여금 눈물짓게 하고도 남는 감상이 깃들여 있다.

嗟乎天地間南兒
知我平生者有誰
아 슬프다, 천지간(天地間)에 남아(男兒)로 태어나, 제 평생(平生)이 어떨지 아는 자가 누구냐?

薄水三千里浪跡

琴書四十年虛詞

물에 떠서 삼천 리(三千里) 파도 자국뿐이요, 글을 써서 사천 년(四十年) 헛소리만 했다.

靑雲難力致非願

白髮惟公道不悲

청운은 힘으로 이루기 어려우니 원(願)할 바 아니요, 백발(白髮)이 됨도 오직 정해진 길이니 슬퍼할 것도 없다.

驚罷還鄕神起座

三更鳥聲南枝

환향(還鄕)의 꿈을 꾸고 놀라 일어나 앉으니, 야삼경(夜三更)에 밤새만이 남녘 가지에서 슬피 운다.

그의 감상이 옮아와서 그런지 몰라도, 여기 낙동강(洛東江) 하류 다대포(多大浦) 가까운 강마을 대폿집에서 멍청히 앉아 가랑비를 내다보는 마음도 쓸쓸하기만 했다.

김삿갓이 낙동강 나루를 건넌 기록은 있지만 그곳이 어딘지 알 수가 없었다.

생각다 못한 나는 십여 년 전 비행기로 이곳 다대포 상공을 날아가며, 천리를 흘러온 낙동강이 바다로 빠지는 경치를 보고 온갖 몸부림으로 흘러오던 강물이, 영원인 양 푸른 바다로 귀의하는 하구를 주제로 하는 장시를 썼던 기억이 생각나서 다시 찾아보기로 한 것이다.

그러나 이제 40년이 내일모레고 어지간히 산다는 노역에도 지친 마음속엔 좀처럼 그날같이 장엄한 정신적 진폭이 일어나지가 않았다.

다만 값싼 감상으로 떠오르는 시구는 이런 것이었다.

江

먼 물굽이

너 떠나고
난 뒤의
먼 물굽이

종일토록
오늘도
먼 물굽이

  이것은 20년 전 사춘기에 있지도 않은 가상의 연인에게 스스로 실연당하고, 그녀가 떠나간 강가에서 온종일 그녀를 그리는 시정입네 하고 썼던 시였다.
  그 무렵 이 시를 외며 고향의 강가에서 혼자 곧잘 울상이 되었던 일이 우습기만 하다.
  여기 바다처럼 넓은 낙동강 하류에서 그 시구를 외는 것은 나그네와 시와 비와 대폿술의 애수가 한데 얽힌 심정이, 이젠 떠나보낸 순정의 소녀 대신 흘러가 버린 내 자신의 청춘을 그리는 까닭인지도 몰랐다.
  오다 말다 비는 온종일 계속한다. 객사 추녀 끝에 어느덧 어둠이 깃들이기 시작했다.

갈길은 멀고
해는 저물고
길은 비에 갇히고
호주머니는 비어 가고

여수는 날씨 탓이었다.

— 신동문, 「강산천리―김삿갓 따라」 전문[14]

산문 「강산천리―김삿갓 따라」는 산문 전집에는 「나그네 통일론」과 「낙동강 여정」이라는 산문으로 분리하여 수록되어 있다. 이 산문에서 신동문은 김삿갓의 시 「자탄(自嘆)」을 인용하면서 "읽는 이로 하여금 눈물짓게 하고도 남는 감상이 깃들여 있다."라며 강조했다. 인용 시에는 "부평초와 같이 떠돌아다니는 나그네 신세에 북받쳐 오르는 설움과 고향에 돌아가고 싶은 타향에서의 객수(客愁)를 읊은 시이다. 부귀영화를 누리는 것은 힘으로만 될 일이 아님을 스스로 체험했으며, 세월이 가고 나이가 들어 머리가 하얗게 변해 버리는 것도 모든 사람의 공통된 현상이기 때문에 그다지 슬퍼할 일이 아니지만, 천 리 타향을 떠돌아다녀야만 하는 자신의 신세에 대해서만은 처량한 마음을 억누르지 못하는 감정"(김병연, 『김삿갓 시집』, 황병국 옮김, 1987: 129)이 흐르고 있다.

이런 쓸쓸함에 젖은 감정은 고독이다. 니체가 자유 정신 소유자를 "오늘날 고독하게 태어났고 고독하게 될 운명이고 고독을 추구하는 인간이며, 그것도 가장 깊고 가장 어둡고 가장 밝은 고독을 쫓는 인간"(프리드리히 니체, 김훈 옮김, 1982: 69)이라고 정의한 말과 연결이 가능하다. 그리고 니체의 "가장 고독하고 가장 은폐되고 가장 초연한 인간, 선악을 넘어서 있는 인간, 자신의 덕성을 지배할 수 있는 인간, 의지로 넘치는 인간, 이러한 인간을 가장 위대한 인간이라 할 수 있다."(프리드리히 니체, 김훈 옮김, 1982: 147)는 말처럼 신동문도 자유 정신의 소유자임은 물론 이를 추구했다. 이는 신동문이 『신풍토―신풍토 시집1』

...

14) 신동문, 앞의 책, 162-165쪽 ; 이은상 외, 『한국수상록전집4-미지에의 산책』, 진문출판사, 1976, 175-176쪽.

(백자사, 1959)에 발표한 시 「6월」에 '니체'가 등장한다. "질머진 채 너는 돌아갈 곳이 있는데, 돌아갈 곳 있는 너마저도 「엘리 엘리……」 까부러졌는데. 우리는 「닛쳬」[15]와 함께 「돌아갈곳있는자는행복하리라」 「돌아갈곳있는자는행복하리라」 주책없는 합창(合唱)으로 6월(六月)에 섰다."[16]라는 시행이 그것이다. 이 시에서 신동문은 예수가 십자가에 매달려 "아버지여, 왜 나를 버리시나이까"라고 외친 말과 니체의 "신은 죽었다."라는 종교관의 대립을 통해 자유로운 정신 세계관을 지향하고 있는 듯하다.

신동문은 "여기 낙동강 하류 다대포 가까운 강마을 대폿집에서 멍청히 앉아 가랑비를 내다보는 마음도 쓸쓸하기만 했다. 김삿갓이 낙동강 나루를 건넌 기록은 있지만 그곳이 어딘지 알 수가 없었다. 생각다 못한 나는 십여 년 전 비행기로[17] 이곳 다대포 상공을 날아가며, 천리를 흘러온 낙동강이 바다로 빠지는 경치를 보고 온갖 몸부림으로 흘러오던 강물이, 영원인 양 푸른 바다로 귀의하는 하구를 주제로 하는 장시를 썼던 기억이 생각나서 다시 찾아보기로 한 것이다."라는 대목을 읽어 보면, 산문의 배경은 낙동강 하류 다대포 가까운 강마을 대폿집이다. 아마도 당시 하단 에덴공원 인근 강마을의 어느 대폿집인 듯하다. 그때 쓴 장시의 제목을 밝히지 않아 그 실체를 알 수 없다. 또한, 현재까지 발굴된 그의 시 가운데 낙동강과 관련한 시가 없다.

그리고 "이제 40년이 내일모레고 어지간히 산다는 노역에도 지친 마음속엔 좀처럼 그날같이 장엄한 정신적 진폭이 일어나지가 않았다. 다만 값싼 감상으로 떠오르는 시구는 이런 것이었다."라고 하면서 "여기

• • •
15) 니체
16) 『신풍토』, 백자사, 1959, 151쪽 ; 『신춘문예당선시집』, 신지성사, 1959. 9월, 105-106쪽 ; 『세계전후문학작품전집8-한국전후문제시집』, 신구문화사, 1961, 201쪽 ; 『신동문 시 전집-내 노동으로』, 솔, 2004, 71-72쪽.
17) 그 기간은 한국 전쟁 중이었다. 당시 탄 비행기는 공군 병사로서 아마도 공군 수송기를 탄 듯하다.

바다처럼 넓은 낙동강 하류에서 그 시구를 외는 것은 나그네와 시와 비와 대폿술의 애수가 한데 얽힌 심정이, 이젠 떠나보낸 순정의 소녀 대신 흘러가 버린 내 자신의 청춘을 그리는 까닭인지도 몰랐다. 오다 말다 비는 온종일 계속한다. 객사 추녀 끝에 어느덧 어둠이 깃들기 시작했다."라며 비가 내리는 날의 다대포 인근의 강마을이 배경임을 설명하고 있다.

산문 「강산천리―김삿갓 따라」와 「낙동강 여정」에 삽입한 시에 대해 아래 인용 시를 참조하여 살펴보고자 한다. ①은 산문 「낙동강 여정」에 삽입한 단시(短詩)이다. ②는 산문 「낙동강 여정」의 말미에 삽입한 무제의 단시이다. 이에 앞서 ①은 1963년 『여상』 1월호에 발표한 산문 「그늘진 자아 침식」에도 삽입한 시이다. 물론 행과 연의 변형은 있다. 이때 시에 앞서 "고향 가까운 강가 언덕에 가 앉아서 그 소녀가 떠난 것이 결코 이 강가도 아니고 그 소녀가 타고 간 것이 이 강에 있는 나룻배도 아니었는데, 먼빛으로 오고 가는 나룻배에 이별의 온갖 곡절을 다 부여해 놓고 그녀에의 상념을 더듬었던 것이다. 그리하여 쓴 시 중에는 이런 것이 있다."라고 밝히면서 전문을 소개했다. 시의 뒤에 "이런 따위 시를 무수히 써서는 종이배를 만들어 그 강물에 띄우며 눈물을 글썽이곤 했다."[18]라며 그의 자작시임을 밝혔다. ②는 본고에서 「여수(旅愁)」라는 임의의 제목으로 연구한다.

①
먼 물굽이

너 떠나고
난 뒤의

⋯

18) 『여상』 1월호, 1963, 364쪽 ; 신동문, 앞의 책, 2004, 204쪽.

먼 물굽이

종일토록
오늘도
먼 물굽이

― 「강」 전문[19]

②
갈길은 멀고
해는 저물고
길은 비에 갇히고
호주머니는 비어 가고
여수는 날씨 탓이었다.

― 「여수(旅愁)」 전문[20]

산문 「낙동강 여정」, 「강산천리-김삿갓 따라」 등에서 ①은 제목을 명확히 밝힌 반면, ②는 제목을 밝히지 않았다.

특히 ①은 단시이다. "7·5조의 이 단시는 더할 나위 없이 절제된 압축의 아름다움을 보여 준다. 천사만려가 강물처럼 떠내려가는 강변에 앉아 시인은 머얼리 자취를 감추며 물굽이를 이루는 소실점을 바라보고 앉아 있다. 가슴에 사무치는 그리움이 강물과 함께 한없이 흘러가고 있으련만 시인은 그런 감정을 조금도 드러내지 않고 단지 '종일토록/ 오늘도/ 먼 물굽이'라고 줄여 말한다. (중략) 7·5조를 율격으로 하는 서정시

---

19) 신동문, 위의 책, 204쪽 ; 이은상 외, 앞의 책, 1976, 174-175쪽.
20) 위의 책, 165쪽 ; 위의 책, 175-176쪽.

의 정조는 안서나 소월 이후 한국시의 중요한 전통의 하나로 영향을 미쳐 왔고 신동문 역시 그러한 서정시의 영향을 기본적으로 받아들였다는 사실을 이 시는 입증"[21]한다. 결국에는 "너 떠나고/ 난 뒤의/ 먼 물굽이"에서 이인칭 '너'는 짝사랑을 한 소녀를, "먼 물굽이"는 이룰 수 없는 짝사랑과 이별을 상징한다. 이별의 슬픔을 노래한 것이다. 나아가 "종일토록/ 오늘도/ 머언 물굽이"는 온종일 이별의 슬픔에 잠겨 있었다는 상징적인 표현이다.

결국에는 "너 떠나고/ 난 뒤의/ 먼 물굽이"에서 이인칭 '너'는 짝사랑을 한 소녀를, "머언 물굽이"는 이룰 수 없는 짝사랑과 이별을 상징[22]한다. 이별의 슬픔을 노래한 것이다. 나아가 "종일토록 오늘도/ 머언 물굽이"는 온종일 이별의 슬픔에 잠겨 있었다는 상징적인 표현이다.

산문 「그늘진 자아 침식」에서 시 「강」에 관해 "나는 그 무렵에 처음으로 시(詩)라는 것을 썼다. 불란서 심볼리스트 시인, 알베르 사맹의 시를 읽으면서 그 시의 군데군데에서 내가 상상으로 그려 보고 매만져 보는 그 소녀의 용모를 사실 그대로 신비할 정도로 표현하고 있는 것만 같아서 그 시구(詩句)를 우리말로 옮겨놔 봐야겠다고 밤낮없이 입안으로 암송을 해 보곤 했다. 그리하여 결국 그 소녀가 서울로 간 것을 알게 되고서도, 그런 그 사실 자체는 문제도 삼지 않고, 혼자서 모든 것이 끝나고 헤어져 버린 슬픔인 양 한숨을 되씹었다."[23]라고 진술했다. 이 말은 그가 "섬려(纖麗 ; 섬세하고 아름다운)한 상징적 수법과 감미(甘美)한 조

...

21) 홍기삼, 「신동문의 시세계」, 『신동문 추모문학제 자료집』, 덩아돌하문예원, 2012, 8-9쪽. (임승빈, 「신동문 시론 연구」, 『인문과학논집』, 제52집, 2015, 134-135쪽에서 재인용.)
22) 문학적 상징이란 심상(image)과 관념(idea)의 결합이요, 관념은 심상이 암시적으로 환기한다. 은유는 대체로 상사성 혹은 유사성을 통한 두 사물의 결합이다. 상징은 한마디로 비상사성 혹은 비유사성을 터널로 한 두 사물의 결합이라 할 수 있다. 전혀 이질적인 두 사물, 곧 심상과 관념이 내면적인 유사성을 암시하거나 진술하는 표현의 양식이다. 이승훈, 『시론』, 고려원, 1980, 151-152쪽 ; 장은영, 「전쟁 경험의 문학적 수용과 시적 형상화 재고」, 『비평문학』, 제63호, 2017, 160쪽.
23) 위의 책, 1963, 364쪽 ; 위의 책, 2004, 203-204쪽.

절"24)의 시적 특징을 보인 알베르 사맹의 영향을 받았다고 스스로 밝힌 말이다. 즉, 한 소녀를 향한 짝사랑이 이루어지지 못함에 대한 슬픔을 프랑스 상징주의 수법으로 창작한 시임을 산문을 통해 명확하게 밝힌 것이다. 그 당시 한국에 소개된 알베르 사맹의 시는 일본어를 중역한 시집 『오뇌의 무도』(1921)에 8편, 『실향의 화원』(1933)에 3편, 『해외서정시집』(1938)에 3편 등이다. 이들 시편의 영향을 받았을 것이다. 프랑스 시인 알베르 사맹의 상징주의 수법의 영향을 받았다는 자체가 시문학사적인 의미가 있다.

산문 「그늘진 자아 침식」에 삽입한 시 「강」에 관해 그는 시의 아래에 "이것은 20년 전 사춘기에 있지도 않은 가상의 연인에게 스스로 실연당하고 그녀가 떠나간 강가에서 온종일 그녀를 그리는 시정(詩情)입네 하고 썼던 시였다. 그 무렵 이 시를 외며 고향의 강가에서 혼자 곧잘 울상이 되었던 일이 우습기만 하다."25)라고 밝혔다. '20년 전 사춘기 때의 일'26)임을 밝히고 있다. 「강」은 습작기 시이면서 최초로 창작한 시라고 밝혔다.

②는 5행의 시이다. 5·5·7·9(5·4)·9(3·6)음으로서 기본적으로 7·5조 운율임을 알 수 있다. 특히 2행과 3행의 "해는 저물고/ 길은 비에 갇히고"는 5·7조 운율이고, 3행과 4행의 "길은 비에 갇히고/ 호주머니는"은 7·5조 운율이다. 이 시행은 "해는 저물고"라는 공기 이미지에서 "길은"이라는 대지의 이미지로 전환한 뒤, "비에 갇히고"라는 물의 이미지로 곧바로 전환한다. 짧은 시이지만 여러 이미지의 조화로움을 통해 여수

---

24) 서강대학교 인문학연구소 편, 『오뇌의 무도, 실향의 화원, 해외서정시집』, 서강대학교 인문학연구소, 1986, 436쪽.
25) 신동문, 2004b, 164쪽 ; 이은상 외, 앞의 책, 1976, 175쪽.
26) 「강」에 관해 김판수는 "그가 스무 살 때 썼다는 첫 시이다. 물론 습작이며 정식으로 발표된 것은 아니다. 1963년 자서전 「청춘의 병든 계단」에 삽입되었으므로, 쓰인 지 약 16년 만에 공개된 것이다."라며 신동문과 다른 주장을 했다. 김판수, 앞의 책, 2011, 60쪽.

를 자아낸다. 하지만 시적 수준은 미완의 시이다.

Ⅳ. 결론

신동문의 시는 1950년대 모더니즘적 경향을 보였고, 4·19 혁명 이후에는 민중적이고 정치 지향적인 현실 비판적 경향을 보였다. 그는 인간의 존엄성과 민주주의 회복 혹은 정착을 외치듯 현실주의를 지향하며 현실 참여시를 발표했다. 또한, 그는 시뿐만 아니라 산문 「썩어진 지성에 방화하라」, 「군대적인 너무나 군대적인」, 「청년과 사회참여의 한계」, 「시인아 입법하라 아니면 폭동하라」 등에서도 현실 참여적인 면모를 드러냈다.

지금까지 살펴본 「길 막힌 태극도」에는 현실 참여적인 비판 의식과 풍자 의식이 녹아들어 있다. 즉, 신동문 특유의 꼬집고 비틀어 대는 풍자와 해학성이 녹아들어 있다. 그 반면에 「낙동강 여정」에는 전혀 현실 참여적인 색채가 없다. 이들 산문을 통해 아주 단편적이긴 하지만, 1960년대 부산의 모습을 읽어 낼 수 있었다. 자세히 말하면, 「길 막힌 태극도」에서는 당시 극빈촌 감천2동의 모습을 신흥종교 태극도에 맹신하는 주민들의 굶주린 삶과 함께 읽을 수 있었다. 특히 최근 전국적으로 확산한 코로나19와 1963년에 감천2동에서 발병하여 전국적으로 확산한 콜레라를 비교해 보면, 둘 다 신흥종교가 그 중심에 서 있다는 점을 읽을 수 있었다. 「낙동강 여정」에서는 부산 사람의 삶의 모습이나 낙동강 하류 다대포 인근 강마을의 모습을 자세히 읽어 낼 수는 없지만, 이곳에서 작가의 여수에 젖은 심정을 감상하기에 충분했다.

부산을 소재로 한 산문 2편은 '경향신문' 특집 기사였던 관계로 문학적 의미를 부여할 수는 없다. 이들 산문에서 도출한 특징은 다음과 같다. 첫째, 김삿갓(김병연)의 시를 인용하여 현 상황과 결부하여 풍자하거나 감정에 젖어 들고 있다는 점. 둘째, 산문에 습작기 시를 삽입했다는 점. 셋째, 태극도 신앙촌의 부조리한 현실을 비틀고, 현대인으로서 비합리적이고 비이성적인 사고의 극치를 꼬집어 풍자하고 있다는 점 등이 특징적이다.

2.

부산 동구의 문화 특성 연구

- 호국 정신이 깃든 문화 정책 제언

I. 서론

부산 동구는 '역사와 전통의 고장'이다. "동구의 역사는 부산의 역사이다."(동구 50년사 편찬위원회, 『동구 50년사』, 2007: 50)라는 말을 자주 사용한다. 이것은 '부산'이라는 지명의 유래 때문이기도 하다. "동구 좌천동에 위치하고 있는 증산(甑山), 즉 시루(甑)를 현대어로 바꾸면 가마(釜)다. 이 산 이름을 따서 부산(釜山)이라는 지명이 유래하였다. 그래서 '동구'를 부산의 모태(母胎)라고"(동구 50년사 편찬위원회, 2007: 50-51) 일컫는다.

동구는 임진왜란 때 부산진성을 사수하다가 순절한 정발(鄭撥) 장군을 비롯, 일제 강점기에는 나라를 찾기 위해 부산경찰서에 폭탄을 투척한 독립운동가 박재혁(朴載赫) 등 많은 의사가 성장한 고장으로 애국 투사의 고장이라고도 한다. 또한, 항일의 역사가 면면히 흐르는 전통과 역사의 고장이다. 부산진 일신여학교는 기미년 3·1 운동 당시 부산에서 제일 먼저 대한독립만세운동을 전개한 곳이며, 신식 교육의 발상지였다. 조선 시대에는 역대 부산 첨사의 첨사영이던 영가대(永嘉臺)가 위치하는 등 많은 유적과 유물이 산재하고 있는 역사의 고장이다(동구 50년사 편찬위원회, 2007: 51). 오늘의 부산 동구는 '부산의 중심'이면서

'아시아의 관문'이다. '부산의 중심, 아시아의 관문 동구'라는 이 말은 동구청에서 내건 슬로건이다.

현재 부산 동구의 교통망은 중앙로가 직선으로 통과하고 있으며 부두로가 해변으로 통과하고 있어 항만 물동량 수송에 일익을 담당하고 있다. 산으로 이루어진 지형 특성상 산복도로가 고지대 주택가를 통과하고 있어 버스를 타고 가면서 부산항을 한눈에 넣을 수 있다. 그뿐만 아니라, 지하철 1호선이 시가지 중심부를 통과하고 있어 부산의 중심축으로 기능을 다하고 있다. 특히 부산역과 '부산진역'[1], 부산항 '제3, 4, 5부두'[2]와 컨테이너 부두가 자리 잡고 있어 한국수출입국의 전초 기지로서 역할을 담당하고 있다(동구 50년사 편찬위원회, 2007: 53). 해상 교통, 철도, 육로 교통요충지로서 역할을 톡톡히 해내고 있다.

일제 강점기 때 '조선방직공장'이 자리하던 범일동(일명 조방앞) 일대는 '부산진시장'을 비롯, '남문시장', '자유시장' 등 재래시장이 도매시장으로서 상권을 형성하고 있다. 예식장, 호텔, 유흥업소가 밀집해 있고 '부산은행 본점'[3]도 이곳에 자리 잡을 정도로 부산의 문화를 주도하는 곳이기도 하다. 또한, '부산 시민회관'을 비롯한 문화 시설이 갖추어져 있으며, 광복 후 세계적인 음악가 윤이상 선생과 시의 세계를 유감없이 전달했던 유치환 선생이 재직하면서 활동했던 부산고등학교와 경남여고가 오랜 전통을 자랑하며 자리 잡고 있다(동구 50년사 편찬위원회, 2007: 54). 100년 전통의 상권은 물론, 문화와 교육의 명문으로 이름 높은 곳이다.

이 연구의 목적은 부산 동구의 문화 특성 연구를 통해 호국 정신이 깃든 문화 정책을 제언하는 데 있다. 역사적 연구 방법과 문화 콘텐츠

• • •
1) 현재 철도 부산진역은 폐쇄된 상태이다.
2) 현재 부산북항 재개발로 국제여객선터미널의 역할을 담당하고 있다.
3) 2014년 10월 남구 문현동 금융단지로 이전했다.

연구 방법을 원용한다. 먼저 부산 동구의 문화 특성을 역사적 전통성, 현재의 이중성으로 구분하여 고찰하고, 두 번째는 임진왜란 전투 현장이었던 부산진성, 부산진지성(자성대)과 정발 장군의 호국 정신을 기리는 정공단에 관해 살펴본다. 세 번째는 대일 선린 외교의 현장으로서 조선통신사의 어제와 오늘을 살펴본 후, 미래의 문화 정책을 제언하고자 한다.

II. 동구의 문화 특성

1. 역사적 전통성: 동구의 문화 유적

1) 정발(鄭撥) 장군 동상

부산의 육로 관문인 '부산역' 광장 앞 좌우로 가로지르는 도로가 중앙로이다. 좌측은 중앙동 방향이고, 우측은 부산진역 방향이다. 우측으로 도보 5분 거리에 삼각공원이 있다. 초량 윗길과 아랫길이 만나는 지점이다. 그 삼각공원 입구에 동상이 서 있다. 임진왜란 때 부산 첨사였던 정발 장군 동상이다. 이 정발 장군 동상이 호국 정신이 살아 숨 쉬는 고장임을 상징한다. 임진왜란 때 부산진성에서 임전무퇴의 정신으로 초개처럼 목숨을 내던진 정발 장군의 기상을 온몸으로 느낄 수 있다. 서울 세종로의 이순신 장군 동상이 호국 정신의 상징물이듯 부산의 호국 정신을 대표하는 상징물이 정발 장군 동상이다. 정발 장군을 일명 흑의 장군이라고 일컫는다.

이 동상이 선 대석(臺石)은 화강석으로 되어 있다. 아래 다각형 평대석 위 오른쪽에 8각 화강석으로 된 약 6미터의 입대석(立臺石)이 높이 섰다. 그 입대석 위에 갑옷을 입고 투구를 쓴 장군이 허리에는 칼을 차고 왼손으로는 활을 들고 오른손을 높이 쳐들었다. 막 뛰어나갈 듯한 왼발의 힘이 당차다. 왼쪽의 약 1.5미터 높이의 입대석에는 맨주먹의 장수와 활을 쏘는 갑옷의 군사와 전립을 쓰고 깃발을 내세운 군사, 세 사람이 어울렸다. 부산진전투의 격렬함을 보이고 있다. 입대석 전면에는 '충장공 정발 장군상'이란 당시의 대통령 박정희의 글씨가 동판으로 새겨졌다. 약전은 정중환, 건립문은 허만하, 글씨는 배재석이 썼는데 헌납은 당시의 시장 박영수 이름으로 되어 있다. 1977년 3월 20일 한인성 조각으로 건립되었다(부산광역시사편찬위원회, 『부산지명총람 제1권』, 1995: 353).

이 동상이 있는 작은 삼각공원에는 나무들이 많아 '도심의 녹지'라고 말할 수 있는 곳이다. 하지만 도심의 차량 소음 때문에 옆 사람과 대화조차 어려운 소음 지대이고, 10여 명의 노숙자가 벤치를 차지하고 있어 발붙이고 오랫동안 서 있을 수는 없다. 그 주변에는 거의 일 년 내내 경찰 기동대 차량이 일본 영사관 경비 명목 아래 점령을 하고 있어 시민들이 가까이 갈 수 없는 곳, 그냥 지나가면서 쳐다보는 곳이다. 그야말로 부산을 대표하는 호국 정신의 상징물과 오갈 때 없는 노숙자가 겹쳐 있는 부산의 이중성이 묻어나는 아이러니한 공간이다.

또한, 이런 호국 정신이 깃든 바로 인근에 일본 영사관이 자리 잡고 있다. 시민 단체에서는 우여곡절 끝에 이곳에 '평화의 소녀상'을 설치했고, 이곳 거리를 '항일거리'라고 일컫는다. 정발 장군과 일본 영사관만 놓고 봐도 아이러니한 곳이다. 이에 더하여 평화의 소녀상을 겹쳐놓고 보면 항일 정신과 호국 정신을 일깨우는 공간임이 틀림없다.

현재 정발 장군을 소재로 한 창작 오페라는 없다. 앞으로 임진왜란의 영웅 흑의 장군 정발의 일대기를 소재로 한 창작 오페라가 탄생하기를 기대해 본다.

2) 윤흥신(尹興信) 장군 석상(石像)

윤흥신 장군은 임진왜란의 영웅이다. 부산 사하구의 역사적 인물이다. 2017년 사하구 을숙도문화회관에서 윤흥신 장군의 일대기를 소재로 한 창작 오페라를 제작 발표했다. 윤흥신 장군의 석상은 동구에 있다. 임진왜란 당시 동래 부사였던 송상현 동상이 동래구가 아닌 부산진구에 있는 것처럼 부산시에서 호국 정신과 극일 의식을 북돋기 위해 동상과 석상을 설치하였기 때문이다. 서울 광화문 광장에 우뚝 선 이순신 장군 동상은 국가 차원에서 호국 정신과 극일(克日) 의식을 북돋기 위한 사례이다. 물론, 박정희 군사 독재를 합리화하려는 의도에서 이순신 장군을 성웅화하였다는 주장도 있다. 어쨌든 현재의 시각으로 보면, 호국 정신과 극일의 상징임은 분명하다.

정발 장군 동상에서 부산진역 방향으로 도로를 따라 5분 정도 가면 초량 윗길과 아랫길이 다시 만나는 지점에 또 하나의 삼각지공원이 있다. 그 삼각지공원 안에 대리석 조각상인 하얀 석상이 있다. 이것이 윤흥신 장군의 석상이다. 이 윤흥신 장군 석상도 정발 장군 동상과 함께 호국 정신이 살아 숨 쉬는 고장임을 상징한다. 임진왜란 때 다대포성에서 임전무퇴의 정신으로 죽음을 맞이한 윤흥신 장군과 그 휘하의 군졸들의 호국 정신이 살아 꿈틀거리는 숙연한 공간이다.

1592년의 임진왜란 당시의 다대포 첨사로 왜적과 싸우다가 순절한 윤흥신 장군 석상은 초량3동으로 중앙 간선도로의 고관 입구 삼각지공원에 1981년 9월 10일 김영중 조각으로 건립되었다. 전체가 화강암으로 조성되었다. 대석에서 삼각 피라미드형의 정상으로는 크고 작은 인물이 어우러졌는데 한가운데 투구와 갑옷으로 이제 막 칼을 뽑으려는 자세의 무인이 윤흥신 장군의 상이다 (부산광역시사편찬위원회, 1995: 352).

이 석상이 있는 작은 삼각지공원도 정발 장군 동상이 있는 삼각공원처럼 나무들이 많아 '도심의 녹지'라고 말할 수 있는 곳이다. 이곳도 도심의 차량 소음 때문에 옆 사람과 대화하기조차 어려운 소음 지대이고, 10여 명의 남녀 노숙자가 벤치를 차지하고 누워 있어 인근의 높은 빌딩에서 근무하는 회사원들조차 그냥 지나다닐 뿐, 공원으로서 역할을 다하지 못하는 곳이다. 이곳 또한, 부산의 백과 흑이 한자리에 공존하는 아이러니한 공간임이 틀림없다.

　정발 장군 동상과 윤흥신 장군 석상 일대의 삼각지공원은 제 기능을 되찾을 필요가 있다. 노숙자에 대해서는 시설에 수용하는 복지 정책이 필요할 것이고, 청결한 환경을 유지하기 위해서는 부산시나 동구가 공원을 효과적으로 관리할 수 있는 문화 정책이 필요하다.

3) 영가대

　부산 동구의 호국 정신을 말하면서 빼놓을 수 없는 곳이 영가대이다. 이곳은 최초 부산진에 정박해 있던 전선(戰船)이 외부에 노출되지 않도록 보호하는 역할을 하였으며, 훗날 대일 선린 외교의 상징인 조선통신사의 출발지이면서 해신제를 지낸 곳이기도 했다.

　영가대는 광해군 6년(1914)에 순찰사 권반(權盼)이 전선을 감추기 위해 선착장을 만든 뒤, 연못에서 파낸 흙이 언덕이 된 곳에 세운 누각이다. 권반은 1594년 군자감참봉, 교하현감을 역임했고, 광해군 5년(1613)에는 경상도 관찰사로 지방행정을 잘 다스려 길천군(吉川君)에 봉해졌다. 당시 부산은 두 차례의 왜란을 겪은 뒤 동래부가 전란시 인근 고을의 군사를 징발·배치할 수 있는 특별한 권한을 부여받은 독진대아문(獨鎭大衙門)으로 승격하고, 좌수영을 중심으로 해상을 감시하는 진보의 수비를 강화함으로써 동남 지방의 군사 기지가 되고 있었다. 또한, 초량 왜관을 중심으로 대일 교역 및 남방 무역의 중심지로서의 역할도 수행하고 있었다. 전란의 수습이 채 이루어지지 못한 상태에서 순찰사로 파견된 권반은 우선 번번이 출몰하는 왜구의 침범에 대한 대비를 공고히 갖추어야 하는 데 큰바람으로 배가 전복되는 사태가 자주 발생했기에 전삼달(田三達), 엄황(嚴惶) 등과 함께 전선(戰船)을 안전하게 감추기 위해 육지를 뚫어 호수를 만드는 공사를 강행하여 돛대를 다는 큰 전함 3척을 동시에 계류할 수 있는 인공 선착장을 만들었다. 이때 연못에서 파낸 흙을 쌓아 놓은 토사가 언덕을 이루자 망루도 겸할 겸 언덕 위에 8칸 누각을 지었다. 이것이 영가대이다. 처음에는 이름이 없다가 인조 2년(1624) 일본 사신 대경참판을 맞이하기 위해 부산에 파견된 선위사 이민구(李敏求)가 권반의 본향인 안동의 옛 이름 '영가(永嘉)'를 따서 이름한 것이다. 영가대의 역할은 조선 왕조의 대일 기본 정책인 교린을 실현하기 위해서 1428년부터 1811년까지 조선의 왕이 일본의 실질적인 최고 통치자인 '막부 장군'에게 보낸 시의의 외교 사절이 서울에서 출발해서 육지의 마지막이고 항해의 첫 출발지였다. 일본에서 귀항할 때는 도착지로 이용되었다(동구 50년사 편찬위원회, 2007: 562).

영가대 본터는 경부선 철도 부지 내에 있어 높은 담으로 폐쇄되어 있다. 출입을 할 수 없는 곳이지만, 범일동과 좌천동을 잇는 철도 위 교량에서 내려다보면 그 터가 선명하게 보인다. 영가대 본터는 출입할 수 없는 곳이라 본터와 150m쯤 떨어져 있는 좌천동 가구거리 모퉁이에 조성되어 있는 작은 녹지 공원, 즉 삼지공원에 영가대 기념비가 세워져 있다. 이곳은 영가대 본터와 사선으로 철도 반대편에 위치하고 있다. 자성대공원에 복원해 놓은 영가대에서는 매년 5월 조선통신사 축제 때 해신제를 올리는 곳이기도 하다.

2. 현재의 이중성: 산복도로 르네상스

　부산은 바다와 접하고 있어 평지가 적고, 산이 많아 사람의 거주 지역이 산에 형성되어 있다. 그래서 버스와 차가 다닐 수 있는 도로가 산 중턱 부분에 잘 발달해 있다. 이를 '산복(山腹)도로'라 한다. 산복도로를 더 구체적으로 말하면 제일 높은 곳에는 '산정(山頂)도로', 가운데는 '산복도로', 산복도로의 위쪽이나 아래쪽에 형성한 도로를 '중복(中腹)도로'라 불렀으나, 현재는 도로명을 붙여 부르고 있다.

　산 중턱을 휘감아 도는 '산복(山腹)도로'는 부산의 역사와 문화가 담긴 이야기의 보고다. 6·25전쟁 당시 피란민들이 정착한 산복도로 주변은 한국 근대사의 축소판이다. 과거를 돌아보고 현재와 소통하며 미래를 꿈꾸는 산복도로 이야기 사업이 시작됐다. 부산시와 동구청은 동구 초량동 망양로 변에서 '세월과 사람이 남긴 이야기를 찾아 떠나는 골목길 여행'을 주제로 '이바구길' 및 '이바구 공작소'를 개소했다. 이바구는 '이야기'의 경상도 사투리이다. 이바구 공작소 사업은 원도심 산복도로를 역사와 문화마을로 재생하는 산복도로 르네상스 사업의 하나이다. 길이 1.5km의 이바구길은 부산역 건너편에 위치한 부산 최초 물류창고인 남선창고 터에서 출발해 옛 백제병원 건물~초량초등학교 담장에 설치된 이바구 갤러리~우물터~168계단~김부민전망대~당산~망양로까지다. 이바구길의 끝에 위치한 연면적 265m²(약 80평), 지상 2층 규모의 이바구 공작소는 이바구길의 역사관 격이다(http://news.donga.com).

　이처럼 부산 동구는 현재와 과거가 함께 살아 숨 쉬는 이중성의 공간이기도 하다. 높은 빌딩이 말해 주듯 현대화의 역동성을 지닌 현재와 6·25 한국 전쟁 피난민들이 형성해 놓은 마을이 아직 공존하고 있는 곳이다. 현재와 과거의 소통의 길을 열어 놓고 미래를 꿈꾸고 있다. 그 한

가운데 산복도로가 자리 잡고 있다. 그래서 부산과 동구청의 '산복도로 르네상스 사업'과 '산복도로 이야기 사업'에 거는 기대가 컸었다. 결과적으로 2013년 정부에서 꼽은 성공한 정책의 대표적 사례로 자리매김하기도 했다.

III. 호국 정신이 살아 숨 쉬는 고장

1. 부산진성

임진왜란이 시작된 곳도 부산 동구의 '부산진성'이었다. 부산의 동구가 옛날이나 지금이나 나라의 관문임이 틀림없다. 그래서 호국 정신이 살아 숨 쉬는 부산진성 전투를 살펴볼 필요가 있다. 1592년 임진왜란 때 첫 전투가 벌어진 곳이 부산진성이다. 이 부산진성은 '부산진첨사영'이었다. 이 성에서 정발 장군을 비롯한 그 휘하의 모든 군민이 결사 항전하며 죽음을 맞은 곳이기 때문에 임전무퇴의 호국 정신이 깃들어 있는 곳이기도 하다.

부산진성은 수군이 되어 성을 갖추지 못하고 있다가 성종 21년(1490)에서야 축성되었다. 성의 주위가 280여 간(間)의 작은 성으로 바닷물이 성문 가까이 밀려들고 임진왜란 당시는 바닷가에서 성에 이르는 사이 방어의 목적으로 말뚝이 설치되었고, 성벽 주위에는 참호가 설치되었다. 그러나 임진년(1592) 4월 14일 왜장 고니시 유키나가(小西行長)가 이끄는 대군에 중과부적으로 부산진성이 무너졌다. 왜군은 침략의 장기전을 꾀해 1593년 모리 데리모토(毛利

輝元)⁴⁾ 부자(父子)가 오늘날의 증산(甑山)에다가 종전의 부산진성보다 넓고 견고한 성을 쌓았다. 그것이 오늘날 산정에 얼마간 남아 있는 왜성인 범천증산성(凡川甑山城)이다. 임진왜란이 끝나고는 부산진첨사영의 부산진성은 부산진성의 자성(子城)이었던 자성대성으로 옮겼다(부산광역시사편찬위원회, 1995: 340-341).

『부산지명총람』에 의하면 범천증산성(凡川甑山城)이란 좌천동 서북쪽 고지인 증산(甑山: 시루대) 정상에 남아 있는 왜성 성지(城址)로 임진왜란 때 왜장 모리 데리모토(毛利輝元)가 중심이 되어 축성했다. 이 성터가 범천의 증산 위에 있어서 범천 증산성이라고 한다. 일본인들은 정유재란 때 주둔한 왜성의 이름을 따서 소갑천성(小甲川城)이라 했다. 성을 쌓은 석재(石材)는 본디 있었던 부산진성의 석재를 이용했다. 현재 남아 있는 왜성 성터는 왜성 축성법인 二之丸(니노마루), 三之丸(산노마루) 등이 本丸(혼마루)를 둘러싸는 둔하계단형(遁下階段形)을 이룬 흔적을 보이고 있다. 이 범천증산성은 일본 막부의 장군이자 전쟁을 일으킨 토요토미 히데요시(豊臣秀吉)가 직접 이곳으로 와서 범천증산성을 본영으로 삼아 진을 치고 명나라까지의 전쟁 지휘를 하려 하였으나 부하인 도쿠카와 이에야스(德川家康) 등이 말려서 오지 못했다고 한다(부산광역시사편찬위원회, 1995: 340-341). 현재 왜성이 정상부에 일부만 남아 있고 많은 부분이 훼손되고 없다. 성의 정상부에는 '증산공원'이 조성되어 있고, '동구도서관'이 함께 자리하고 있다. 성의 하단부의 흔적은 거의 사라지고 없다. 좌천동 가구거리 한 블록 뒤에 위치하고 있는 '정공단'이 성의 남문이 있었던 터로 알려져 있다. "오늘날의 정공단 외삼문 위치가 부산진성

• • •

4) 모리 데리모토[毛利輝元]: 임진왜란 때 제7군단을 지휘한 왜장.

의 남문이었던 자리로 임진왜란 때 부산진첨사 정발 장군이 전사한 자리"(부산광역시사편찬위원회, 1995: 340)라고 전해진다.

2. 부산진지성(자성대)

부산진지성(釜山鎭支城)을 자성대(子城臺)라고 한다. 지금은 '자성대 체육공원', '조선통신사 역사관', '영가대' 등이 조성되어 있고, 왜성의 많은 부분이 그대로 남아 있다.

원래는 부산진지성 공사의 일환으로 서문인 금루관을 복원할 때 함께 이전하여 복원하였다. 이 돌기둥에는 남요인후(南徼咽喉) 서문쇄약(西門鎖鑰)이라는 글자가 새겨져 있는데, 이는 '이곳은 나라의 목에 해당되는 남쪽 국경이라, 서문은 나라의 자물쇠와 같다'라는 뜻으로 임진왜란 이후 왜적을 크게 경계한 당시의 시대적 분위기를 나타내는 유물이기도 하다. 즉, '이곳을 잃으면 나라를 잃은 것과 같다'는 말로 이곳이 국방상 매우 중요한 지역임을 강조한 문화재이다. 왼쪽 돌기둥은 높이 272cm에 폭 46~49cm이며, 오른쪽 돌기둥은 높이 277cm에 폭 67~71cm이다. 부산진지성 서문성곽 우주석은 1972년 6월 26일 부산광역시 지정 기념물 제19호로 관리하고 있다(동구 50년사 편찬위원회, 2007: 556).

지금 남아 있는 이 성진은 임진년에 침범한 왜군이 부산에 주둔하면서 부산진의 지성으로 쌓은 성이다. 지금 남아 있는 이 왜성은 선조 26년(1593)에 모리 데리모토(毛利輝元) 부자(父子)에 의해 일본식 성으로 축성되었다. 소서성(小西城)이라고도 했다. 이는 선조 30년(1597) 고니시 유키나가(小西行長)가 주둔한 적이 있기 때문에 붙여진 것이다. 또

환산성(丸山城)⁵⁾이라고도 했다. 자성대라고도 하는데 이는 부산진을 모성이라고 하고, 그 자식의 성이라는 뜻으로 말하는 이가 있다. 또 산정에 자성을 만들고 장대로 하였다는 데서 나왔다고도 한다. 한편 만공대라고도 한다. 이는 명의 만세덕(萬世德)이 주둔한 적이 있고 그 후 만공단이 있었다는 데서 나온 명칭이다. 원래 이 왜성이 축조되기 전에 우리의 성이 있었다고도 한다. 즉, 임진란 전에 부산포에는 내성이 있었는데 내성인 본성은 오늘날 정공단이 있는 일대를 중심으로 뒷산인 증산(甑山)을 둘러쌓고 있었던 성이고, 자성대는 그 외성으로서 쌓여져 있었다. 이 성을 왜군이 지금 우리가 볼 수 있는 왜성으로 개조하였다. 왜군을 몰아낸 뒤에 명의 만세덕 휘하의 군대가 일시 주둔하였고, 그 뒤부터는 위 측에서 자성대를 중심으로 성을 쌓고 서대문을 축조하며 관위를 정비하여 부산진으로 사용하였다(부산시, 『부산문화재』, 1977: 200-201). 현재 우리나라 옛 성(城) 형태로 복원된 서문에는 '부산진지성 서문성곽 우주석'이 그대로 남아 있다. 부산진지성의 서문성곽 우주석을 세운 연대는 정확하게 알 수는 없으나, 임진왜란 후 부산진지성을 축성할 때 세운 것으로 추정된다.

3. 정공단

정공단 삼외문을 들어서서 오른편을 보면 '충장공 정발 전망비(忠壯公鄭撥戰亡碑)'가 안치되어 있다. 『부산지명총람』에 의하면 "임진왜란 때 왜적과의 첫 접전지였던 부산진지성에서 왜적과 분전하다가 전사한 부산진첨사 정발 장군의 공을 기리어 영조 37년(1761)에 경상좌수사 박재하(朴載河)가 세운 비석이다. 본디는 영가대에 세워져 있었으나 일제

...

5) 자성대의 둥근 모양을 따라 붙여진 이름.

강점기의 전찻길 개설 때 영가대 일부가 헐리게 되자 비석을 정공단으로 옮겼다. 현재는 동구 좌천동의 정공단 외삼문(外三門) 안쪽 옆 비각에 안치되어 있다. 경상좌수사 박재하가 글을 짓고 황간(黃幹)이 글씨를 썼다. 비석의 규모는 높이 167m, 넓이 69m, 두께 43m"(부산광역시 사편찬위원회, 1995: 332)이다.

정공단은 영조 42년(1766) 당시의 부산 첨사 이광국이 임진란에 이 나라 궐문을 지키기 위해 군민을 이끌고 적의 대군 앞에 홀연히 궐기하여 장렬히 싸우다 성과 운명을 같이 한 부산 첨사 충장공 정발이 순사한 부산진성의 남문 자리에 설치한 단(壇)이다. 정발과 그를 따라 전사한 여러 사람을 모신 곳이다. 정공단은 단 앞에 정공단 3자가 새겨진 비가 세워지고, 단의 서쪽에는 별단이 남향으로 마련되어 정발의 막료로 전사한 이정헌을 모시고 있다. **단의 동쪽에는 서향으로 일단이 마련되어 정발의 첩 열녀 애향을 모시고 서변 남쪽에는 동향으로 순사한 여러 군민을 모시고 있으며, 남쪽 층계 밑에는 정발의 충직한 노복인 용월의 단이 동향으로 마련되어 있고, 둘레에는 담을 쌓고 남쪽에 문을 설립하였다.** 제사는 부산진성이 함락되었던 음력 4월 14일에 올리고 있다. 그 후 계속하여 부산 첨사에 의해 제향이 이어져 왔으나, 조선 말기인 1895년 갑오경장으로 관제가 개혁되고 첨절제사 제도가 폐지되자 그 후는 지방민의 성심으로 모아진 향사계에서 계승하여 제사를 올렸다고 한다. 그러다가 1907년(강희 원년) 순종 황제가 남쪽 지방 순시 시, 이 현상을 보고 하사금을 내리어 단의 유지와 향사를 계속 이어 가게 하였으나, 한일 합병으로 일제는 이 단에 대하여 박해를 가하였다. 향사계는 이에 굴하지 않고 단을 유지하였으나, 일본 경찰의 탄압은 날로 심하여 1942년에는 해산을 당하였고 사단도 폐쇄되고 유물 비품도 일체 몰수당하였다. 1945년 해방을 맞이하여 동년 11월에 다시 향사계는 조직되고 향사는 4월 14일에 거행되고 사단법인 정공단보존회에서 맡고 있다(동구 50년사 편찬위원회, 2007: 552-553).

인용문 가운데 굵은 글씨로 표기한 부분에 주목해 본다. 부산 동구청에서 발간한 『동구 50년사』(2007)를 토대로 현지 답사한 결과, 현장감 있게 기술하고 있으나 동서남북 방향에 대한 오류가 있음을 확인하였다. 남쪽이라 기술한 방향이 실제 동남쪽이다. 서쪽은 서남, 동쪽은 동북 방향이다. 이곳에서 방향은 좌, 우, 아래, 위로 칭하는 것이 옳을 것 같다. 또한, 부산시에서 발간한 『부산문화재』(1977)에서는 "정 첨사를 모시고 있던 애향(愛香)이 첨사를 뒤따라 죽음을 택한 일, 그리고 또한 애첩 용월(龍月)이 순사"한 것이라고 잘 못 기술하고 있다. 애향이 정 첨사의 애첩이고, 용월은 정 참사의 노복이었음을 확인하였다. 현지 안내 간판에 기술되어 있는 것으로 바로잡아야 옳다.

Ⅳ. 조선통신사 어제와 오늘

동구 범일2동 자성대 공원 내 영가대를 100여 년 만에 복원하여 1719년(숙종 45년) 통신사의 기록인 해유록 '해행총재(海行摠載)'에 기록된 해신제를 모델로 2004년부터 매년 9월 해신제 재현 행사를 거행하고 있다. 2006년부터는 179년 전의 해신제를 매년 5월 재현하고 있다. 해신제는 조선 시대 외교 사절단으로서 일본으로 왕래하였던 통신사 일행의 무사 안녕을 기원하였던 제례였다. 해신제를 역사성을 바탕으로 한 부산 고유의 역사 문화 관광 상품으로 개발하여 이를 동구의 문화 브랜드로 정착시켜 조선통신사 한일 문화 교류 사업의 목표를 이루고자 한다(동구 50년사 편찬위원회, 2007: 571). 이런 정책적 의지가 발판이 되어 지금은 '조선통신사 행렬'과 '해신제'가 부산의 국제적인 축제로 자리를 잡고 있다.

일반적으로 통신사는 조선 후기 조선국왕이 **일본 막부 장군(국왕)**에게 보낸 외교 사절로 총 12회 파견되었다고 알려져 있다. 그러나 통신사는 이미 조선 전기부터 파견되었으며, 사절단에 통신사의 명칭이 정식으로 사용된 것은 1428년부터이다. 양국 관계를 신의가 통하는 통신사를 파견하여 우호·교린 관계로 만들어 가자는 의미였다. 특히 통신사행이 정례화되고 체계화된 조선 후기에는 통신사가 일본에 파견되면 각 지역마다 수많은 일본 문인들이 통신사의 숙소에 모여들어 이국 문화에 대한 동경과 흠모를 아끼지 않았다. 이러한 흔적은 아직도 일본의 곳곳에 남아 있어 우호 관계의 상징으로 인식되고 있다. 통신사는 조선국왕의 국서와 예물을 지참하였다. 모두 '통신사'의 명칭을 사용하였는데 사절단의 심사(정사, 부사, 종사)는 중앙의 관리로 임명했다. 심사를 포함한 100명 남짓 규모의 통신사행은 부산에 집결한 후 부산을 비롯한 경상도 전역과 전라도 일부 지역 사람들로 하급 실무 수행원을 보충하였다. 한 회 파견되는 인원은 대략 400명에서 500명이 넘는 대인원이 6척의 배를 타고 부산을 출발하여 일본으로 향하였다. 통신사의 여정을 보면 일행이 서울을 출발하여 부산까지 대략 2개월 정도가 걸렸으며 날씨에 따라 부산에서 40~50일 정도 머물기도 하였다. 일본까지는 9개월 내지 2년이 걸리는 긴 여정이었다. 통신사 일행은 긴 여행에 앞서 국왕으로부터 환송연을 받았다. 충주, 안동, 경주, 부산 등 중도에서 여러 차례 연회가 베풀어졌다. 영가대에서 해신제를 지낸 통신사는 국서를 받들고 호위하는 대마도 선단의 안내를 받아, **대마도주가 있는 엄원의 부증으로 갔다. 그리고 상도·하관을 거쳐 경도·강호**까지 갔다. 도중에 통신사가 통과하는 객사에서의 한시문과 학술의 필담창화(筆談唱和)는 문화상의 교류를 성대하게 했다(동구 50년사 편찬위원회, 2007: 563-564).

인용문의 굵은 글씨에 주목해 본다. 부산 동구청에서 발간한 『동구 50년사』(2007)에서 기술하고 있는 "일본 막부 장군(국왕)"이라는 표현은 "실제 통치권자인 일본 막부 장군"으로 고쳐 씀이 타당하다. '엄원'은

이즈하라(嚴原), '상도'는 아이노시마(相島), '하관'은 시모노세키(下関), '경도'는 교토(京都), '강호'는 에도(江戶)로 고쳐 씀이 타당하다. 에도는 도쿄(東京)의 옛 이름이고, 당시 장군의 막부가 있던 곳이다. 지역사도 역사이다. 이를 기술할 때 내용의 정확성은 물론이고, 지명은 국립국어원의 표기법에 따라야 한다. 이를 따르지 않고 자의적으로 기술하고, 지명을 명시하면 혼란을 초래할 수 있다. 이 예만 보더라도 조선통신사에 관해 오늘의 역사 인식에 문제가 있다. 이런 사소한 오류는 모든 것을 아전인수격으로 기술했다는 오해를 받을 수 있는 대목이다.

V. 결론

부산 동구에 위치한 부산항은 고종 13년(1876)에 제일 먼저 개항하여 약 100년에 걸친 항만 시설의 확충과 정비로 한국 최대의 물류 기지로서 역할은 물론이고, 동양 최대 물류 허브의 역할까지 소화해내는 항만으로 발전해 왔다. 부산 동구는 과거와 현재가 함께 역동하는 곳이다. 즉, '역사적 원형'을 간직한 곳이다. 북항도 현대적으로 변모하여 역동하고 있다.

2013년 부산 동구청에서는 '우리 고장 바로 알기 지역 문화탐방'이라는 프로그램을 가동하기도 했다. 관 주도의 문화 정책에 더불어 주민들의 문화 참여권 행사는 호국 정신이 살아 숨 쉬는 고장의 정체성이 오래도록 유지될 수 있게 하는 근원적인 힘이다. 부산 동구는 우리 민족의 공통 정신인 호국 정신이 깃들어 있다. 이런 호국 정신과 관련한 역사적 흔적과 기억을 담고 있는 성벽과 건축물, 문화 유적을 길이 보전해야 할 것이다.

최근 부산시와 동구청의 정책 가운데 부산항(북항)재개발계획은 대규모 프로젝트이다. 부산 동구가 부산의 중심이면서 아시아의 관문임을 대변하는 사업이기도 하다. 10년 전부터 부산시의 문화 정책의 하나로 '북항재개발사업'과 연계하여 1,800석 규모의 '오페라하우스' 건축을 추진 중이다. 오페라 공연과 오케스트라 연주와 같은 고급문화를 쉽게 접할 수 있도록 공연장을 마련한다는 것은 매우 고무적이고 촉진적 정책이다. 부산시는 '오페라하우스'를 2020년에 완공할 예정이었으나, 계획에 차질을 빚었다. 2021년 완공을 목표로 공사는 진행 중이다. 이를 건립하기 위해 민·관·학 협의체 창립회의(2013. 3. 11.)를 열었고, 우여곡절 끝에 2016년 8월에 설계가 완료되었으나, 몇 차례 변경을 가했다. '오페라하우스'가 '해양 문화관광 도시' 부산을 상징할 수 있는 대표적인 '상징 건물(랜드 마크)'이 되도록 사업을 추진하면서 수도권의 다양한 예술 콘텐츠와 공유하기 위해 '예술의 전당' 등과 MOU체결, 세계 유명 공연 유치와 오페라 관람 기회를 확대함으로써 수도권과 부산과의 지역 문화 격차를 없애 나가려고 포부를 펼쳐 나가고 있다. 이처럼 부산은 다양한 문화를 발전시키고, 미래의 문화를 앞당기기 위해 역동적인 문화 정책을 전개하고 있다. 이를 선진 문화 도시로 거듭나기 위한 몸부림과 용트림으로 평가해 본다.

지금까지 살펴본 부산 동구의 문화 특성을 살려서 앞으로 추진해야 할 문화 정책을 제한적이지만 제언한다. 첫째, 부산 '오페라하우스'를 개관할 때 호국 정신이 깃든 부산 창작 오페라 한 편쯤 공연할 것을 제언한다. 그리고 매년 한 편 정도는 부산 창작 오페라를 선보일 것을 제언한다. 이는 부산 토종 문화를 세계화하고, 미래의 새로운 문화를 구축하는 데 교량적 역할을 할 것이다. 둘째, 부산 창작 오페라를 정기적으로 무대에 올리기 위해서는 부산시립예술단의 내부 조직에 오페라 전문 극단을 둘 필요가 있다. 단독 공연이든 타 조직과 협연이든 전문 조직은 갖출 것을 제언한다. 셋째, 정발 장군 동상과 윤흥신 장군 석상 일대의 삼각지공원의 제 기능을 찾기 위해서는 호국 정신이 깃든 작은 문화 행사를 지속해서 개최할 필요가 있다. 차량 소음 때문에 청각적인 방해가 심한 곳이므로 사진이나 미술품 전시 장소로 활용할 수 있는 문화 행사를 제언한다. 이 공간을 여러 예술 단체에서 작은 문화 행사를 열 수 있게 무상으로 제공하는 방안도 고려해야 할 것이다. 넷째,『부산지명총람 제1권(부산광역시, 중·서·동구편)』과『동구 50년사』만 보더라도 오류가 산재해 있다. 지역의 역사도 역사이다. 지역 역사서를 편찬할 때 분야별 전문 연구자들이 참여하여 내용을 감수해야 한다. 토박이 혹은 향토사학자들의 자의적인 기술과 오류를 수정 보완할 수 있는 다층적인 검토 체계가 필요함을 제언한다.

3.
허구를 수용하면 수필이 아니다

- 허구 수용 불가론

1. 들어가기

  오래전부터 수필에 허구를 수용하자는 주장이 있었다. 현재도 진행 중이다. 수필에 허구를 수용해도 문제가 없는 걸까?
  생각의 다양성이라는 측면에서는 존중해야 하고 존중받아야 마땅하다. 현재 수필의 정의를 고려해 볼 때 수필에 허구를 수용하는 순간, 수필의 본령과는 거리가 멀다. 만일 수필로 발표하더라도 그건 수필의 탈을 쓴 허구일 뿐이다. 분량을 고려할 때 장편 소설(掌篇小說) 혹은 단편 동화 같은 허구에 불과하다.
  이 글에서 더는 수필에 허구를 수용해야 한다는 소모적인 논쟁이 없기를 바라는 마음에 허구 '수용론자'와 '부분적 수용론자', '수용 불가론자' 모두에 대한 실명을 밝히지 않는다. 그중 대표적인 주장의 인용문도 구체적인 출처를 밝히지 않고 간략한 출처만 밝히고자 한다.

2. 수필은 현실성(사실성)의 문학

'수필'이란 무엇인가? 국립국어원의 《표준국어대사전》에 "일정한 형식을 따르지 않고 인생이나 자연 또는 일상생활에서의 느낌이나 체험을 생각나는 대로 쓴 산문 형식의 글. 보통 경수필과 중수필로 나뉘는데, 작가의 개성이나 인간성이 두드러지게 나타나며 유머, 위트, 기지가 들어 있다."라고 정의하고 있다.

문학에서 '허구'란 무엇인가?《표준국어대사전》에 "소설이나 희곡 따위에서, 실제로는 없는 사건을 작가의 상상력으로 재창조해 냄. 또는 그런 이야기."라고 정의하고 있다.

위의 '수필'과 '허구'의 정의만으로 판단해 봐도, 수필에 허구를 수용하자는 주장은 수필의 본질을 소설과 희곡처럼 허구로 바꾸자는 말이다. 즉, "실제로는 없는 사건을 작가의 상상력으로 재창조"하자는 주장이다. 수필 갈래의 개념을 기형화하자는 말과 상통한다. 수필가의 일부이긴 하나 수필의 본질과 동떨어진 허구에 시선을 돌리는 것을 보면, 남의 밥그릇에 관심이 더 많은 듯하다. 허구 작품을 창작하고 싶으면 수필가를 그만두고 허구 문학의 작가로 변신하든지, 그냥 허구 문학 작품을 창작하고 발표하면 될 일이다. 왜 멀쩡한 수필에 허구라는 달갑지 않은 재를 뿌려 대는지 궁금하다.

진정, 허구가 무엇인지 알고 주장하는 걸까? 아니면 수필의 개념을 정확히 알고 주장하는 걸까? 의문이 든다. 모든 수필가가 허구 수용을 동의했다고 가정해 보더라도, 수필에 제대로 허구를 창조해낼 수 있을까? 소설의 껍데기만을 더듬는 것은 아닐까? 콩트인지 수필인지 분간은 할 수 있을까? 한 번쯤 깊이 고민해 봐야 할 문제이다.

가. 허구 수용이 불가한 이유

수필에 허구 수용이 불가한 이유를 세 가지로 요약할 수 있다. 첫째, 수필은 문학이면서도 문학의 속성인 허구를 배제한다는 본질이 확고부동하다. 문학 갈래의 용어는 가변성의 개념이 아니다. 불변성의 개념이다. 진리는 변할 수 있지만, 개념어는 변하지 않는 진실처럼 거의 불변성이다. '천동설'과 '지동설'의 충돌 이후 '지동설'이 정설로 굳어졌지만, '천동설'의 개념의 본질은 변함없이 이어져 오고 있다. 어떤 개념어가 진리 측면에서 많은 모순점을 안고 있어 정설과 통설에서 거리가 멀어지더라도 그 개념어의 본질은 변하지 않는다.

플라톤의 철학 용어 '이데아(idea)'를 비롯한 대부분의 개념어가 한 번 정립된 이후 수십 세기가 지나더라도 변함없이 불변성을 유지한다. 시간이 흐르면서 용어의 개념을 보충하는 개념어가 탄생하기도 하고, 용어의 모순을 비판하는 개념어가 탄생하기도 한다. 그렇다고 개념어의 본질이 변하지는 않는다. 한국 문학의 갈래 가운데 하나만 예를 들면, '신체시'의 창작 행위가 사라졌다고 해서 그 개념의 본질이 변한 것이 아니다. 개념의 본질만큼은 지금까지 이어지듯, 문학 갈래의 용어는 개념어라서 그 갈래가 사라지더라도 거의 불변성을 유지한다. 물론 후대에서 해석의 차이는 있을 수 있지만, 개념의 본질은 변하지 않는다. 이미 정립된 수필의 정의와 개념이 현재까지 변하지도 않았고, 적어도 향후 몇 세기 동안은 변할 성질의 것이 아니다.

둘째, 의무 교육을 이수한 독자라면 대부분 픽션(fiction)과 논픽션(nonfiction)을 구분할 줄 알고, 분별할 줄 안다. 수필을 허구라고 생각하지 않는다. 현실과 사실을 바탕으로 쓴 산문의 글이라 믿으며 읽는다. 독자들은 수필의 사전적 의미를 중학교 과정에서 이미 배웠고, 시험을 친 경험이 있다. 그래서 대부분의 독자가 수필은 허구가 아님을 보편적으로 받아들이고 있다.

　셋째, 대부분 수필가가 수필에 허구를 수용하는 것을 거부한다. 허구를 조금이라도 수용한 수필, 즉 '허구 수필'은 정통적인 수필의 갈래에 속할 수 없다고 인식한다. 이 세 가지만으로도 결론은 명확하다. 수필에 허구 수용은 불가하다.

　허구 '수용론자'들은 신변잡기로 전락한 수필의 모순을 타파하고, 문학적 완성도를 이루기 위해 허구 수용을 대안으로 내세운 것이다. 그 시험 정신만은 존중해야 한다. 하지만 허구 수용 그 자체가 문학 갈래의 개념과 본질을 벗어나 내부적 모순을 안고 출발했음을 간과해서는 안 된다. 개혁과 변혁은 제도의 틀을 깨부수는 것이지 문학 갈래에 적용할 문제는 아니다.

　허구 '수용론자'들은 오늘날 수필 작품의 질적 저하의 원인을 수필 갈래에서 찾다 보니 얼토당토않게 허구를 내세우는 결과를 초래했다. 함량 미달의 수필 작품이 헤아릴 수 없을 만큼 많은 이유는 함량 미달의 수필가를 그만큼 많이 배출하였다는 말과 상통한다. 그렇다면 함량 미달의 수필가를 양성한 수필단 내부의 제도적 모순에서 찾아야 마땅하다. 파벌주의와 상업주의가 만연한 수필단 내부에 산재한 모순부터 타파하고 개혁해야 할 문제이다. 아무런 죄 없는 수필 갈래에서 모순 아닌 모순을 찾다 보니 스스로 모순에 빠져 버리고 말았다. 간이식 수술이 시급한 응급환자에게 멀쩡한 신장이식 수술을 하려는 행위와 다름없다.

나. 허구 '수용론자'와 '부분적 수용론자'의 공통적 오류

　허구 '수용론자'와 '부분적 수용론자'들이 주장한 글을 제법 읽었지만, 전부는 읽지는 못한 듯하다. 지금까지 읽어 본 글만을 분석해 보면, 공통적 오류를 도출해 낼 수 있다. 첫 번째, 문학의 속성이 허구이므로 수필도 문학이라서 허구를 수용해야 한다는 점. 두 번째, '허구'와 '상상'을 동일시하고 있다는 점. 세 번째, 상상력을 세분화하지 않고 통칭의 개념만을 언급하고 있다는 점이다.

첫 번째의 경우, 문학의 속성이 허구성이므로 허구를 수용해야 한다는 주장이다. 그 주장에 충분한 일리가 있다. 그 주장을 수용하려면 현재 수필의 개념과 정의를 바꿔야 한다. 대다수 수필가와 독자가 '허구 수용 불가론자'임을 고려해 볼 때, 철옹성 같은 벽을 허물기엔 역부족인 것 같다. 이미 보편성의 개념으로 굳어 버렸다. 특히 독자들은 수필을 읽을 때마다 현실과 사실을 바탕으로 쓴 체험의 글이라고 생각한다. 눈곱만큼도 허구라고 생각하지 않는다.

두 번째의 경우, '상상'과 '허구'를 동일한 개념으로 보고 있다는 점이다. 만일 '상상'이라는 용어의 비슷한 말, 혹은 대체어로 '허구'라는 용어를 사용한 것이라면 크나큰 오류이다. '허구'란 '상상력'을 통해서 꾸며진다. 그렇다고 해서 동일시할 용어는 아니다. 엄격하게 분리해서 다루어야 할 용어이다. 수필가는 적확한 어휘를 선택해야 한다. 수필의 '상상력'은 '허구적 상상력'이 아니라 '현실성의 상상력' 혹은 '사실성의 상상력'인 '경험적 상상력'임을 간과해서는 안 된다.

세 번째의 경우, 상상력이란 우주처럼 광대무변한 것이라서 세분화하여 다루어야 한다. 대표적인 예를 들면, 칸트는 '재생적 상상력'과 '창조적(산출적) 상상력'을 구분하였고, 가스통 바슐라르도 상상력[1]을 '재생적(재현적) 상상력'과 '창조적 상상력'으로 구분하였음은 물론, 네 가지

∙∙∙
1) 가스통 바슐라르는 "상상력이란 오히려 지각 작용에 의해 받아들이게 된 이미지들을 변형시키는 능력이며, 무엇보다도 애초의 이미지로부터 우리를 해방시키고, 이미지들을 변화시키는 능력인 것이다. 이미지들의 변화, 곧 이미지들의 예기치 않은 결합이 없다면 상상력은 존재하지 않는 것이며 상상하는 행위 또한 없는 것이다. (……) 상상력이란 무엇보다도 먼저 정신적 가동성의 한 유형, 가장 크고 제일 활발하고 또 가장 생동적인 정신적 가동성의 한 유형이다."며 상상력의 가동성(可動性)을 말했다. 가스통 바슐라르, 『공기와 꿈』, 정영란 옮김, 이학사, 2007, 19~21쪽 참조.

(① 형태적 상상력, ② 물질적 상상력, ③ 역동적 상상력, ④ 원형적 상상력)로 구분하였다. 이를 세분화하지 않고 통칭의 개념으로 다루다 보니, '상상력'을 강조한 '수용 불가론자'의 글마저도 용어 사용의 오류로 인해 허구를 수용하고 있는 경우가 있다. 가령 "수필은 '창조적 상상력'으로 창작해야 한다."와 "'수필적 상상력'은 '창조적 상상력'이어야 한다."라며 작가의 의도와는 달리 오히려 허구 수용을 부추기는 오류를 범한 문장도 제법 있다.

'허구적 상상력'이라고 하면, '재생적 상상력'에 머물지 않고, 한 단계 발전해 나간 개념인 '창조적 상상력'을 말한다. 가공의 인물과 가공의 장소와 때를 묘사하고, 가공의 이야기를 창조하는 상상력이다. 이런 '창조적 상상력'을 발휘한 수필이 있다면, 그 작품은 장편 소설(掌篇小說)이지 수필이 아니다. 허구이다.

소설과 시는 소설가나 시인의 상상력이 창조해낸 허구 문학이다. 자유로운 '창조적 상상력'의 소산이다. 현실성과 사실성의 이야기들에 대한 '재생적 상상력'만으로 빚은 소설과 시는 전기적이라서 가치가 훼손될 수 있다. 가치 있는 소설과 시는 '창조적 상상력'이 빚은 허구일 수밖에 없다. '허구의 진실'이 소설[2]과 시[3] 속에도 존재한다. 하지만 소설과 시와는 달리, 수필을 '창조적 상상력'으로 창작한다면 거짓의 글로 전락하고 만다.

독자의 입장에서는 수필 작품 그 자체를 진실이라고 받아들인다. 만

• • •

[2] 리처즈는 "『로빈슨 크루소』라는 작품이 진실하다고 하는 것은 거기서 얘기되고 있는 여러 가지 일들을 받아들일 수 있다는 의미이다. 즉 거기서 일어나는 이야기가 그 서사의 효과를 높이고 있다고 인정할 수 있다는 의미"라며 수용자 입장에서 수용 가능해야 진실이라고 보았다. I. A. 리처즈, 『문학비평의 원리』, 이선주 옮김, 동인, 2007, 328쪽 참조.

[3] 리처즈는 "시 속의 몇 가지 지시를 조사해 보고 그것이 명백히 거짓이라 할 때에도 그 사실이 결코 시의 결함은 아니다. 그 거짓이 너무 두드러져 시에 부적당하거나 시를 망치는 반응을 독자에게 불러일으키지 않는 한은 그러하다. 시 속의 지시가 진실이라 하더라도 마찬가지로 그 진실이 그대로 시의 장점이 되지는 않는다."라며 수용자 입장에서 시적 진실을 말했다. 위의 책, 2007, 332-333쪽 참조.

일 '허구 수필'을 읽었다 하더라도 진실이라고 받아들인다. 진실과 거짓을 가려낼 수가 없다. 그렇다고 독자를 위해 수필 작품마다 '허구를 수용하지 않은 수필'이나 '허구를 수용한 수필'이라고 꼬리표를 명기할 수도 없는 문제이다.

다. 현실성(사실성)의 문학

앞에서 살펴본 바와 같이 《표준국어대사전》에 수필이란 "일정한 형식을 따르지 않고 인생이나 자연 또는 일상생활에서의 느낌이나 체험을 생각나는 대로 쓴 산문 형식의 글."이라고 정의하고 있다. "느낌이나 체험", 즉 '느낌'과 '체험'이 방점이다.

《표준국어대사전》에 '느낌'이란 "몸의 감각이나 마음으로 깨달아 아는 기운이나 감정"이라고 정의하고 있다. "깨달아 아는" 것이 핵심 방점이다. 또한, '체험'이란 "자기가 몸소 겪음. 또는 그런 경험."이라고 정의(심리학과 철학의 의미는 생략)하고 있다. '몸소 겪음'과 '경험'이 핵심 방점이다.

이를 기초로 수필을 다시 정의해 보면, 수필이란 "일정한 형식을 따르지 않고 인생이나 자연 또는 일상생활에서의 몸의 감각이나 마음으로 깨달아 아는 기운이나 감정을, 자기가 몸소 겪은 경험을, 생각나는 대로 쓴 산문 형식의 글"이다.

먼저, '느낌'이라는 낱말을 중심으로 다시 살펴보면, 수필이란 "몸의 감각이나 마음으로 깨달아 아는 기운이나 감정을 생각나는 대로 쓴 산문의 글"이다. "깨달아 아는 기운이나 감정을 생각나는 대로 쓴" 문장은 현실에 있는 그대로 진술하거나 묘사할 수도 있다. 구체적으로 살펴보면, 논리적이고 합리적일 수도 있고, 추상적이고 개념적일 수도 있다. 다양한 수사법을 동원할 수도 있고, 일상어나 관용구를 동원할 수도 있다. 간접 화법의 언어일 수도 있고, 직접 화법의 언어일 수도 있다. 표현성이 뛰어날 수도 있고, 밋밋할 수도 있다. 나아가 '현실성의 상상력' 혹은 '사실성의 상상력'인 '경험적 상상력'을 바탕으로 한 '재생적 상상력'의 산물일 수도 있다. 그러나 허구를 창조해내는 '창조적 상상력'의 산물일 수는 없다.

앞에서 언급했듯, 칸트는 '재생적 상상력'보다 더 생산적인 개념으로 '창조적 상상력'을 구분했다. 그리고 칸트는 '재생적 상상력'을 '구상력'[4]이라고 했다. 상상력의 개념이 매우 다양하여 여러 이견이 있을 수 있어 '경험적 상상력'인 '재생적 상상력'과 '생산적 상상력'인 '창조적 상상력'에 한하여 살펴보면, 현실과 사실을 있는 그대로 글로 재생한다는 의미를 '재생적 상상력', 소설과 같은 허구의 글을 창조한다는 의미를 '창조적 상상력'이라고 정의한다고 할 때, 수필은 '재생적 상상력'을 동원하여 표현성을 확장해 나가는 산문의 글이다.

칸트처럼 가스통 바슐라르도 '재생적 상상력'보다 더 발전적인 개념으로 '창조적 상상력'을 구분했다. '재생적 상상력'이 '창조적 상상력'의 촉발을 방해한다고 보았다. '재생적 상상력'은 지각[5]과 '기억'[6]에만 의존하는 상상력이라고 했다. 이것은 수필의 사전적 의미와 일치한다. 지각은 '깨달아 아는 것'이고, 기억은 '몸소 겪음과 경험의 재생'이다.

'일차적 상상력'과 '이차적 상상력'으로 구분한 '콜리지(Coleridge, Samuel Taylor)의 상상력'[7]도 비슷하다. '일차적 상상력'은 작가가 '보

• • •

4) 구상력이란 '현존하지 않는 대상을 직관으로 표상하는 능력'이다. 이승훈, 『시론』, 태학사, 2005, 70쪽 참조.
5) 리처즈는 "우리는 가장 일상적이고 낯익은 사물까지도 그대로는 지각하지 않고 오히려 자신에게 유쾌한 지각의 방식으로 그것들을 지각한다. 이 착각에 의해 직접적으로 우리의 이득을 잃게 되지는 않는 한 늘 우리는 그러한 지각의 방식을 취한다."라며 지각을 매우 주관적이라고 보았다. I. A. 리처즈, 앞의 책, 2007, 321-322쪽 참조.
6) 리처즈는 "기억은 지금의 경험을 풍부하고도 복잡하게 하는 과거의 경험의 재생이라고" 했다. 위의 책, 2007, 128쪽 참조.
7) 콜리지(Coleridge, Samuel Taylor)는 상상력을 "사람이 사물을 지각하는 것부터가 상상이 하는 일이다. 사

는 것을 창조'한다는 의미이므로 '재생적 상상력'과 비슷하고, '이차적 상상력'은 '예술적 창조'라는 의미이므로 '창조적 상상력'과 비슷하다.

그렇다면 수필이란 현실과 사실 그대로를 글로 재생한다는 의미인 '재생적 상상력'을 수렴한 산문의 글이다. '재생적 상상력'의 한계가 어디까지일까? 적어도 '허구'는 아니다. 수필에서의 '재생적 상상력'이란 "현실과 사실의 체험을 바탕으로 이상화(理想化)하여 진술하거나 묘사하는 표현의 활동"이라고 정의해 볼 수 있다.

수필에서 '이상화'와 함께 '형상화(形象化)'와 '이념화(理念化)'는 매우 중요하다. '이상화'는 상상력의 산물이다. '형상화'와 '이념화'는 상상력의 산물이 아니라 이성적 사유의 산물이다. '형상화'는 형상적 사유의 산물, 즉 직관적 사유의 산물이다. '이념화'는 순수 이성적 사유의 산물이다. '형상화'와 '이념화'를 상상력의 산물로 여기는 수필가들이 의외로 많다. 이론으로 무장한 수필가가 그리 많지 않다는 말이다. 사전적 의미로 '형상화'란 "형체로는 분명히 나타나 있지 않은 것을 어떤 방법이나 매체를 통하여 구체적이고 명확한 형상으로 나타냄."이다. 주된 형상화의 도구는 은유이다. 현상학 사전적 의미로 '이념화'란 "미리 주어져 있는 사실적 인간성과 인간적 환경으로부터 그 소재를 취하고 그에 의해 '이념적 대상성'을 창출하는 '순수한 사유'의 활동"이다. 사전적 의미로 '이상화'란 "현실을 그대로 보지 않고 이상에 비추어서 보고 생각하는 일."이다. 셋의 공통점은 현실과 사실의 소재를 대상화하여 새로움을 창출한다는 것이다. 수필에서 형상적 사유의 산물인 '형상화'와 순수 이성적 사유의 산물인 '이념화'는 상상력의 산물인 '이상화'와 연결시

●●●
람의 인식 작용은 수동적으로 받아들이는 일이 아니라 능동적으로 보는 행위이다. 상상력은 주체가 그 보는 능력으로 객체를 만들어 내는 활동이다. 주체는 자기가 보는 것을 창조한다. 이러한 '일차적 상상력'의 테두리 안에서 '이차적 상상력'은 예술적 창조를 이루어 낼 때의 상상을 말한다. 이는 감각적 지각의 여러 생경한 자료들을 자아의 정신 속에서 분해 확산 분산하여 새로운 통일체를 재창조하는 것이다."고 했다. 위의 책, 2007, 295쪽 참조.

킬 수밖에 없는 개념이다. 분명한 것은 셋 다 허구가 아니다. 수필은 '허구적 상상력'으로 쓴 산문의 글이 아니다.

두 번째, '느낌'에 이어 '체험'이라는 낱말을 다시 살펴보면, 수필이란 "인생이나 자연 또는 일상생활에서의 몸소 겪은 경험을 생각나는 대로 쓴 산문의 글"이다. 즉, '체험'한 현실과 사실을 바탕으로 "생각나는 대로 쓴 산문의 글"이다.

종합하여 다시 살펴보면, 소설과 시를 "'창조적 상상력'과 독창성을 품은 글의 예술"이라고 정의할 수 있다면, 수필은 "현실성과 사실성을 바탕으로 한 '재생적 상상력'과 독창성을 품은 글의 예술"이라고 정의할 수 있다.

3. 허구성과 현실성을 분별하자

현재까지 수필의 정의는 명확하다. 허구를 수용하면 수필이 아니다. 허구 '수용론'이라는 논의는 문학 관련 학회나 연구 단체에서 충분히 다룰 수 있는 문제이다. 현재 '수필 문학'이 당면한 문제와 함께 미래 '수필 문학'의 발전적 모습을 논의할 수 있다. 그러나 수필단 내에서 허구 수용을 계속 주장하는 분이 있다면, 가칭 '허구 수필'이라는 새로운 장르를 만들어 독립하면 될 일이지 정통적인 수필단 내에서 주장할 일은 아니다.

수필의 정의와 개념을 바꾸지 않는 이상 논의할 가치도 없고 이유도 없다. 자칫 발전적인 논박이 아닌 소모적인 논박으로 전락할 수도 있어 논할 필요도 없다. 왜 더는 논할 필요가 없는지 수필의 정의와 개념을 바탕으로 하여 수필의 본령이 확고부동함을 살펴보고자 한다.

가. 고백의 진실성, 진실의 고백성

　수필가는 일인칭 화자로서 진실을 고백한다. 수필의 일인칭 '나는' 수필가의 자연관, 종교관, 인생관, 사생관 등 진실성을 담아야 한다. 독자는 한 편의 수필에서 수필가의 자연관, 종교관, 인생관 등 모든 것을 읽어 낼 수 있다. 수필은 자신만의 개성이 녹아든 현실성과 사실성의 문장이어야 한다. 자신의 말은 내뱉지 못하고 남의 말만을 따라 하는 에코[8]여서는 안 된다. 자아도취에 빠져 목숨을 잃은 나르시스 같은 문체여서도 안 된다. 수필은 고백의 문학, 진실의 문학이다. 수필은 고백의 진실성, 진실의 고백성, 이 진실의 농도가 문학성을 좌우한다. 수필은 수필가의 서정적 고백이며, 미학적 고백이면서 진실의 독백이다. 수필가는 '고백하는 자아'를 통해 '자신의 본성'을 깨닫고, '논리의 당위성'을 설명하고, '진실의 자아'를 문장으로 형상화한다. 독자는 이를 읽고 깊은 사색에서 진실의 자아를 깨달을 수 있다.[9]

　또한, 독자는 진실의 농도가 짙은 독창성의 수필 작품을 접할 때 비로소 수필의 사전적 의미대로 "작가의 개성이나 인간성이 두드러지게 나타나며 유머, 위트, 기지가 들어 있다."라고 평가하는 경향이 있다. 문학의 모든 갈래에서 '개성', 즉 '독창성'은 중요한 문제이다. 특히 수필가가 작품에 자신의 희로애락을 형상화, 이념화, 이상화 등으로 표현할 때 독창성이 두드러지게 나타난다.

　수필을 형식에 따라 '소설적 수필', '시적 수필', '극적 수필', '비평적 수필' 등으로 분류한다. 소설과 시는 허구 문학이다. 그렇다면 '소설적

...

[8] 제우스가 요정(妖精)들과 바람을 피우고 있는 동안, 에코가 헤라에게 계속 말을 걸어 눈치채지 못하도록 하였으나, 마침내 이를 알아채고 화가 난 헤라는 에코가 다른 사람의 말만을 반복하고 그 밖에 아무 말도 못하게 만들었다. 국립국어원의 《표준국어대사전》에는 "그리스 신화에 나오는 숲의 요정. 나르키소스를 사랑하였으나 거절당하자 슬픔으로 몸은 없어지고 메아리가 되었다고 한다."라고 등재되어 있다.
[9] 신기용, 『응축의 시학과 비평』, 정인, 2011, 283쪽 참조.

수필'과 '시적 수필'도 허구를 수용한 수필일까? 아니다.

'소설적 수필'은 인물과 사건이 기본 요소이다. 서사가 중심이지만 지나치게 치밀한 묘사에 머물지도 않고 장황한 서사에 의존하지도 않는다. 구성면에서도 뚜렷한, 발단-전개-절정-결말과 같은 구조를 엄격히 지키지 않아도 된다. 쉽게 말해서 이야기가 있는 수필이다. 중심인물은 작가 자신일 수도 있고, 작가가 관찰한 인물일 수도 있고, 제3자를 통해 들은 인물일 수도 있다. 자전 수필, 서사 수필이 여기에 속한다. '시적 수필'은 운율 문장과 선명한 심상에 중점을 둔다. 묘사와 비유가 동원되고, 시어에 가까운 언어가 중심이 된다. 구상 수필과 서정적 수필이 여기에 해당한다.[10]

'소설적 수필'이든 '시적 수필'이든 허구를 수용하지 않는다. 수필은 허구 문학이 아니다.

나. 허구성과 현실성의 분별

먼저 허구의 발생과 그 능력을 살펴보면, 지금까지 우리가 아는 한, 현생 인류인 인간(사피엔스)만이 직접 보거나 만지거나 냄새를 맡지 못한 것에 대해 마음껏 이야기할 수 있는 존재이다. 전설, 신화, 신, 종교는 인지혁명과 함께 처음 등장했다. 인지 혁명 덕분에 "사자는 우리 종족의 수호령이다."라고 말할 수 있게 되었다. 허구를 말할 수 있는 능력이야말로 인간이 사용하는 언어의 가장 독특한 측면이다. 인간이 허구 덕분에 단순한 상상을 넘어서 집단적으로 상상할 수 있게 되었다. 성경의 창세기, 호주 원주민의 드림타임 신화, 현대 국가의 민족주의 신화와 같은 공통의 신화들을 짜낼 수도 있다. 그런 신화들 덕분에 많은 사

• • •

10) 손광성, 『손광성의 수필쓰기』, 을유문화사, 2008, 62-63쪽 참조.

람이 모여 유연하게 협력하는 유례없는 능력을 지닐 수 있었다.[11]

흔히 "신화는 역사다."라고 말한다. 신화 속에 역사가 흐르고 있다는 의미이다. 신화는 사실만의 역사가 아니다. 허구를 수용한 역사이다. 신화는 팩션(faction)과도 같다.

팩션(faction)이라는 신조어를 이해할 필요가 있다. 팩트(fact, 사실)와 픽션(fiction, 허구)을 합한 말이다. 최근에는 역사 소설뿐만 아니라, 드라마, 영화, 연극 등에서 무한한 상상력을 촉발시키는 원동력을 제공하는 용어이기도 하다. 2016년 개봉한 허진호 감독의 영화 〈덕혜옹주〉가 팩션물이다. 원작인 권비영의 소설 『덕혜옹주』(2009)도 마찬가지이다. 이 영화는 원작을 토대로 하여 더 상상력을 가미했다. 실존 인물인 덕혜옹주의 일대기에 영화적 상상력을 덧붙여 새로운 이야기로 탄생시킨 영화라는 말이다. 대동여지도를 완성한 김정호의 일대기에 상상력을 덧붙인 박범신 소설『고산자』(2009)나 강우석 감독의 영화 〈고산자, 대동여지도〉(2016)도 팩션물이다.[12]

수필에 허구를 수용하면 팩션이다. 그 순간, 수필의 본질에서 벗어난다. 개인의 체험적 진실을 바탕으로 한 '재생적 상상력'을 수렴한 산문의 글인 수필에 허구를 수용하여 팩션화하였다면 그건 전기적 장편 소설(掌篇小說)이다. 수필의 본령은 팩션을 받아들일 수도 없는 장르이다. 수필은 오롯이 진실의 문학이고, 일기와 같이 체험을 바탕으로 진실을 고백하는 글이다.

수필은 체험적 진실의 문학이다. 허구 문학이 아니다. 일부 수필가가 허구를 수용한 문학이라고 주장하면서 수필가를 배출한 관계로 허구를 수용한 수필을 수많이 발표하였다. 즉, 장편 소설(掌篇小說)도 아니고

• • •

11) 유발 하라리, 『사피엔스』, 조현욱 옮김, 김영사, 2016, 48-49쪽 참조.
12) 신기용, 『위로와 치유의 상상력』, 세종출판사, 2017, 12-13쪽.

수필도 아닌 기형적 글을 생산한 결과를 초래했다. 독자는 이런 허구의 장치를 알지도 못하고 진실로만 받아들인다. 『수필학』(제16집, 한국수필학회, 2008)에서 허구를 부분적으로 수용해야 한다는 주장을 아래와 같이 읽어 본다.

    재주를 부리면 안 된다는 말과 관련하여 수필 창작에서 생각해 볼 수 있는 것이 '허구'의 수용 문제. 어떤 이는 **수필에 허구가 절대로 끼어들어서는 안 된다고 주장한다. 만일 수필에 허구가 끼어들면 그건 소설이지 수필이 아니라고까지 한다.** 얼핏 들으면 그럴듯하게 들리는 말이다. 그러나 다시 생각해 보면, 그 말이 지나친 억지라는 걸 알 수 있다. **수필가는 소설가가 즐겨 쓰는 그런 허구를 차용하지 않는다는 점을 놓쳐서는 안 된다. 그리고 처음부터 소설가처럼 그렇게 허구를 끌어들이지도 않는다.** 수필에는 허구가 절대로 끼어들어서는 안 된다고 주장하는 측에서는, **만일 수필에 허구가 끼어들면 그것은 거짓이지 진실이 아니라고 주장한다.** 수필가가 거짓말을 쓸 수도 없고 또 써서도 안 된다는 것이다. 이 말도 얼핏 들으면 일리 있는 말로 들릴 수 있다. 그런데 **허구는 거짓인가 하는 문제는 문제가 있는 말이다.** 'fact'와 'reality'는 엄연히 그 성격이 다르다. 허구가 사실은 아니기는 해도 진실이 아니라고 하는 주장에는 문제가 있다.

    인용문의 주장은 허구를 부분적으로 수용하자는 글이다. 요지는 허구 '수용 불가론자'의 주장을 두 가지로 요약했다. "만일 수필에 허구가 끼어들면 그건 소설이지 수필이 아니라고까지 한다."와 "만일 수필에 허구가 끼어들면 그것은 거짓이지 진실이 아니라고 주장한다."라는 '수용 불가론자', 즉 수필의 정통성을 훼손하지 말자는 측의 주장을 언급한 것이다.
    이에 대해 "수필가는 소설가가 즐겨 쓰는 그런 허구를 차용하지 않다는 점을 놓쳐서는 안 된다. 그리고 처음부터 소설가처럼 그렇게 허구를 끌어들이지도 않는다."와 "'fact'와 'reality'는 엄연히 그 성격이 다르다. 허구가 사실은 아니기는 해도 진실이 아니라고 하는 주장에는 문제가 있다."라고 반박하고 있다.

반박의 글이 합리적이고 논리적인가. 모순은 없는가. 살펴볼 필요가 있다. 결론부터 말하면 합리적이지도 않고, 논리적이지도 않다. 모순적인 오류의 주장이다.

첫 번째 오류는 수필의 정의와 개념을 비롯해 본령 자체가 허구를 수용할 수 없다는 장르의 특징이 보편성임을 전제하지 않고 주장을 펼치는 성급한 일반화의 오류를 범했다. 수필의 사전적 의미는 제도권 학제에서 이미 오래전 보편화한 개념이고, 학생들은 그렇게 배우고 시험을 칠 때 사전적 의미에 맞게 정답을 고른다. 이처럼 대부분의 독자와 수필가는 수필에 허구를 수용하면 안 된다는 것을 보편적으로 받아들이고 있음에도 마치 그 보편성이 잘못된 것처럼 주장했다.

두 번째 오류는 "수필가는 소설가가 즐겨 쓰는 그런 허구를 차용하지 않는다는 점"을 주장하면서 수필만의 허구가 마치 존재하는 것처럼 주장을 펼치는 개념적 오류를 범했다. 소설의 허구와 수필의 허구가 다르다는 말인가? 만일 다르다면, 어떤 면이 다른지 구체적인 언급이 없어 논리적 한계가 있다. 허구는 말 그대로 허구이다. 허구라는 것이 소설에 따로 있고, 영화나 드라마, 연극에 따로 존재하는 성질의 것이 아니다. 앞에서 허구 '수용론자'와 '부분적 수용론자'의 공통적인 오류에 대해 언급했듯, '허구'와 '상상력'을 동일시한 표현일 수도 있다. 만일 그렇다면 소설과 같은 '허구적 상상력'인 '창조적 상상력'을 주장하는 것은 아닌 듯하고, 아마도 '경험적 상상력'인 '재생적 상상력'을 주장하려는 듯하다. 그렇다 하더라도 '재생적 상상력'은 허구와는 거리가 멀다. '재생적 상상력'은 '지각'과 '기억', 즉 '느낌과 체험을 통한 깨달음'과 '기억의 재생'에 의존하는 상상력이다. 체험적 현실과 사실을 바탕으로 한 현실성과 사실성에 가장 가까운 상상력이다. 허구와 상상력은 명확히 구분하고 분별해야 한다.

세 번째 오류는 'fact'와 'reality'에 대한 개념적 오류이다. "'fact'와 'reality'는 엄연히 그 성격이 다르다"라는 주장은 맞다. 'fact'라는 '사실'과 'reality'라는 '사실(현실)'은 다르다. 또한, 그 뒤의 "허구가 사실은 아니기는 해도 진실이 아니라고 하는 주장에는 문제가 있다."만을 분리해서 읽어 보면 맞는 말이다. 그러나 앞의 문장과 연결해서 읽어 보면 심각한 오류가 있다. '문학의 진실성'을 주장하고자 하는 것으로 읽힌다. 또한, 'reality'를 '진실'이라는 용어로 대입한 것 자체가 모순이다. 문학에서의 'reality'의 주된 의미는 '현실성'과 '사실성'이다. 그런데 문학의 '진실성'에만 초점을 맞춰 주장을 펼치는 개념적 오류를 범했다.

'reality'란 "실제로 있는 모습 그대로인 것"을 말한다. 비슷한 말로 '사실(fact)'과 '진실(truth)'이 있다. 또한, 'reality'는 '사실(fact)'과 '진실(truth)'의 의미를 포괄하고 있다. '사실(fact)'은 "현실로 있는 일", 혹은 "실제로 존재하는 일"이라고 사전은 정의하고 있다. 사물의 존재나 내력이 시간적으로 공간적으로 확실하다는 뜻으로 쓴다. '진실(truth)'은 "거짓이 없이 바르고 참됨"이라고 사전은 정의하고 있다. 따라서 '사실(fact)'은 그런 일이 존재했느냐 아니 했느냐에 초점이 맞추어져 있다면, '진실(truth)'은 그 일이 옳으냐 그르냐에 초점이 맞추어져 있다.[13]

결국, 'reality'란 인용문에서 주장한 '수필의 진실성'과는 거리가 멀다. 때로는 문학에서 'reality'를 '진실'이라고 번역하기도 한다. 'truth'와는 명확히 다르다. 허구 문학에서의 진실은 'truth'가 아니라 'reality'가

- - -

13) 김상태, 「수필의 문학성」, 『수필학』, 제16집, 한국수필학회, 2008, 25쪽 참조.

맞다. 그러나 수필에서의 진실은 'reality'와 'truth'가 모두 해당한다. '느낌'의 진실성은 'reality'이고, '체험'의 진실성은 'truth'이다. 달리 말하면, 수필은 현실성(reality)의 진실(truth)을 추구한다. '재생적 상상력'을 동원한 '느낌'을 표현한 문장의 진실은 'reality', 개인의 시공간적인 '체험'을 표현한 문장의 진실과 '체험'한 이야기의 진실은 'truth'이다.

과거 우리나라에서 리얼리즘(realism)을 '사실주의'라고 했다. 번역의 오류에서 발생한 문제임을 이제는 학문적으로 아는 시대이다. '현실주의'라는 번역이 합당하다. 그래서 '현실'과 '사실'을 병행 사용하기도 한다.

『수필학』(제16집, 한국수필학회, 2008)에서 허구를 수용하지 말자는 측의 주장을 아래와 같이 읽어 본다.

'사실만 쓴다.' 허구와 가상, 환상을 배제한 진실만을 쓴다. 오로지 본 대로 느낀 대로. 수필의 길을 열어 수필가를 잉태하고 성장시킨 이 한마디 말이 걸림돌이 되어 가로 막을 줄이야.

꽤 오래전부터 수필에는 허구를 수용할 것인가 말 것인가 의견이 분분했던 모양이다. (……)「수필가여 다시는 허구를 논하지 말라」는 장편의 논문을 읽은 적이 있다. 그는 수필 쓰기에서 '이야기'와 '담론'으로 나눈다고 한다. 이야기는 작중 인물, 사건, 장소, 때가 될 것이고 담론은 작가가 이야기를 끌고 가는 방법이라고 했다. 수필의 이야기(story)에서 허구를 말한다는 것은 있을 수 없고, 담론(이야기를 하는 방법)에서의 상상에 의한 글쓰기가 허구냐 아니냐라는 논박에 불과하다는 말씀이다. 따라서 **수필에서 허구를 논할 것이 못된다. 남은 것은 상상의 글쓰기다. 상상의 글쓰기.** 누군가 단수가 아닌 복수의 수필가들이 다양성을 시험해야 할 때가 되었다.

인용문의 주장은 '수용 불가론자'의 주장을 옹호한다. "수필에서 허구를 논할 것이 못된다."라고 하면서 "남은 것은 상상의 글쓰기다"며 상상력에 의한 글쓰기의 시도를 권유하고 있다. 인용문은 '수용 불가론'임에도 앞에서 언급한 것처럼 '상상력'을 세분화하여 다루지 않고, 애매모호하게 다루고 있다. 그냥 '상상의 글쓰기'라고 하면, 주장한 분의 의도와는 달리 자칫 허구를 떠올리는 경우가 허다하다. '재생적 상상력'에 국한한 '상상의 글쓰기'라는 의미로 받아들이고 싶다.

수필은 본질 그대로 개인의 체험적 진실을 바탕으로 이상화한 '재생적 상상력'을 수렴하여 표현성을 확장해 나가야 한다. 소설보다 더한 과장법을 동원한 표현성으로 감동을 안겨 주는 수필도 있다. 과장법을 허구라고 말하지 않는다. 시보다 더 미려한 표현성으로 감동을 안겨 주는 수필도 있다. 기교의 문장을 허구라고 말하지 않는다. 허구가 아닌 표현성의 문제이다. 산문 정신으로 창작한 진실이 꿈틀거리는 산문의 글인 수필은 수필일 뿐, 소설이나 시처럼 허구 문학일 수는 없다. 소설과 시와는 달리, 수필을 허구성과 현실성(사실성)의 경계조차 제대로 이해하지 못한 상태에서 창작한다면 문제는 심각할 수밖에 없다.

수필은 현실과 사실의 체험을 바탕으로 이상화하여 쓰기 때문에 '재생적 상상력'을 발휘하더라도 '창조적 상상력'까지 발휘하면 곤란하다. 창조적인 문학 예술이 아니다. 일기가 자신의 일과를 진솔하게 기록하고 반성하는 글이지 상상력을 수용하여 허구성을 장치하는 글이 아니듯, 수필도 허구성을 장치하는 그 순간, 수필이 아니다. '단 한 줄의 허구가 무엇이 잘못이냐?'라는 식으로 합리화시킬 수도 있다. 언제나 단 한 줄이 문제다. 수필은 허구 문학이 아니라 현실성의 진실한 문학이다.

허구를 수용하지 않더라도 다양한 수사법을 동원하여 표현성의 확장의 효과를 극대화할 수 있는 것이 수필의 특성이다.『수필론산고(隨筆論散考)』(문학수첩, 1994 2판)에서 인용한 글을 아래와 같이 읽어 본다.

문장의 흐름이 시적이어야 하면 감미롭게 낱말들이 이어져 그것들의 소리가 가락을 타게 한다. 빨라야 하면 빠르게, 느려야 하면 느리게 소리를 살릴 수 있는 낱말을 수필가는 찾는 일을 한다. 극적이면 희곡의 수법을 빌려서 에세이의 분위기를 코믹하게 만들어 내고 비장하게도 만들어 낸다. 또한 소설적이어야 하면 인물의 성격을 만들기도 한다. 에세이에는 어떠한 인물이라도 등장하여 새로운 연기를 한다. 그러나 인간들의 사건을 꾸며 내지는 않는다. **에세이에 등장하는 사건들은 허구의 산물이 아니라 실제로 일어나거나 일어나고 있는 인간의 사건들로 분위기를 만들어 낸다.** 여기서 소설 속의 인간의 사건과 에세이 속의 사건은 다르다. (……) **소설의 사건들이 진실한 허구라면 에세이의 사건들은 진실한 현실인 셈이다.** 그러나 에세이는 진실한 현실을 떠나서 이상향을 만들어 낼 수 있다. 이처럼 **에세이는 현실을 근거로 현실을 상상하여 이상화시킬 수 있는 일이다.** 그러므로 에세이는 산문이면서 소설보다 표현성을 강조하게 된다.

인용문을 꼼꼼히 읽어 보면, 수필에서는 "인간들의 사건을 꾸며 내지는 않는다."는 것이 핵심이다. 수필에 "등장하는 사건들은 허구의 산물이 아니라 실제로 일어나거나 일어나고 있는 인간의 사건들로 분위기를 만들어 낸다."는 것이고, "소설 속의 인간의 사건과 에세이 속의 사건은 다르다."는 것이다. "소설의 사건들이 진실한 허구라면 에세이의 사건들은 진실한 현실"이라고 기술하고 있다. 이것은 진실(truth)의 현실성(reality), 현실성(reality)의 진실(truth)을 추구한다는 의미이다.

인용문에서 분명한 것은 수필의 인물이나 사건은 허구가 아니라는 것이다. "현실을 근거로 현실을 상상하여 이상화시킬 수 있는 일이다."라고 기술했다. "현실을 상상하여 이상화"하는 것은 당연한 이치이다. 여기서 "현실을 상상하여"라는 의미 자체가 '재생적 상상력'이다. 수필의 상상력은 '창조적 상상력'이 아니라 현실과 사실의 체험을 바탕으로 이상화한 표현성의 확장을 통해 재생하는 '재생적 상상력'이다.

4. 나가기

　종합적으로 상상력 측면에서 다시 살펴보면, 수필은 '현실성의 상상력'과 '사실성의 상상력'인 '경험적 상상력'을 바탕으로 한 '재생적 상상력'으로 쓴 산문의 글이다. '허구적 상상력'인 '창조적 상상력'과는 거리가 멀다.

　수필가여, 체험을 바탕으로 한 전기적 현실성과 사실성의 이야기들이 수필의 본령이다. 허구성의 진실과 현실성(사실성)의 진실에 대한 경계쯤은 분별하면 좋겠다.

　또한, 허구에 관심을 가질 정도로 한가하더라도, 제발 한눈팔지 말고 적확한 어휘력과 문장력 연마에 열중하면 좋겠다. 수필에 적확하지 못한 어휘 선택은 문장 전체에 영향을 미친다. 수필을 쓸 때 낱말의 뜻을 적확하게 파악하여 써야 하고, 한글 어문 규정에 맞게 써야 한다. 한글로 쓰는 수필은 철저하게 우리 어문 규정에 맞는 구조와 문법을 갖추어야 한다. 영어 번역체 문장처럼 국적 불명의 수필 문장을 접할 때면 마음이 무겁다.

　이 글을 읽은 후에도 수필에 허구를 수용하고자 하는 분이 있다면, 가칭 '허구 수필' 혹은 '퓨전 수필' 동인이나 단체를 만들어 독립하기를 권유한다. 독립하여 시험 정신을 마음껏 펼쳐 문학 갈래로 인정받으면 될 일이다. 그 시험 정신만은 백번이고 존중해야 할 문제이다. 미리 그들에게 찬사를 보낸다.

제4장

원형을 찾아서, 신화적 상상력 읽기

1. 신화의 현대적 재해석과 신화적 상상력
2. 트로이 전쟁은 허구인가 역사인가
3. 섬과 물을 이어 놓은 신화
   - 신화의 섬 제주 신화의 성격과 연관성

1.
신화의 현대적 재해석과 신화적 상상력

1. 신화는 역사다

　신화는 역사다. 신화는 사실 기록을 반영하는 역사는 아니다. 우리 마음의 기록이고 생각의 역사다. 역사가 있었던 사실을 담고 있다면, 신화는 생각했던 경험을 그리고 있다. 신화도 우리의 역사의식의 일단을 반영하는 것은 틀림없지만, 신화가 역사적 사실 자체를 그대로 안고 있다고 생각해서는 안 된다.[1]

　신화와 달리 설화와 전설은 어떠한가? "설화는 사실로 믿지 않는 상상의 세계에서 태어난 이야기체"[2]라고 정의할 수 있다. "야담에 적힌 일화(전설)들은 어떤 사실의 원천을 역사에서 빌어오기 때문에 실제로 전설과 사실은 구별하기 어렵다."[3]라는 주장이 매우 설득력이 있다. 어쨌든 신화·설화·전설·민담 등, 이 모두가 신화적 상상력을 통해 전승된 이야기라고 말할 수 있다.

* * *

1) 김재용·이종수 공저, 『왜 우리 신화인가』, 동아시아, 1999. 338쪽 참조.
2) 이상목, 「설화 장르론」, 『민담학 개론』, 일조각, 1993, 30쪽.
3) 위의 책, 48쪽.

2. 우리나라 신화의 기원

우리나라 신화는 대개 하늘에 기원을 두고 인간의 세계로 하강하지만, "제주도의 세 성씨는 땅속에서 나왔다? 뭔가 심상치 않다. 뭍과는 다른 제주 섬만의 독자성을 오롯이 보여 준다."[4]고 해석할 수 있다. "신화가 민족적인 범위를 갖는다면 전설은 증거물의 성격상 지역적인 범위를 갖는다."[5]라는 말에 대입해 보면, 제주도라는 지역적인 범위의 이야기를 '전설'로 격하하여 취급할 수도 있을 것이다. 하지만 민족적인 범위로 생각해 본다면, '신화'적 요소가 강하게 자리 잡고 있음을 부인할 수 없다.

제주도의 세 성씨 시조(양씨 · 고씨 · 부씨)는 땅에서 솟아 나왔다. "제주도 민속자연사박물관 건너편 솔숲 아래 삼성혈이라는 곳이 있다. 고(高) · 양(良) · 부(夫), 세 성씨의 조상들이 솟아 나온 세 구멍이라는 뜻이다."[6] 또한, 김녕리의 마을신인 '궤내깃또'나 서귀포 서홍리의 마을신인 '바람운님'도 땅속에서 솟아 나온다. 땅속에서 출현한 신에 관한 이야기는 육지에는 없다. 제주도 지역에서 보이는 특징이다.[7]

원시 농경 문화를 지녔던 세계 여러 지역에서 구멍 출현 신화가 두루 나타난다. 세 을나와 혼인한 처녀들이 오곡의 씨앗을 가지고 온 것도 농경 문화와 깊은 관련이 있다.[8]

"신이 땅에서 솟아난다고 믿는 것도 이러한 남방적 요소의 하나"[9]라는 단서를 제공한다. 제주도는 남방계 신화와 육지의 북방계 신화가 공

• • •

4) 조현설, 『우리 신화의 수수께끼』, 한겨레출판, 2006, 207쪽.
5) 빈미정, 『중국신화문학의 세계』, 혜안, 2008, 57쪽.
6) 조현설, 앞의 책, 205쪽.
7) 이지영, 『한국의 신화이야기』, 사군자, 2003, 14쪽 참조.
8) 조현설, 앞의 책, 209쪽 참조.
9) 이지영, 앞의 책, 163쪽.

존하는 섬이다. 어쩌면 남방계 문화와 북방계 문화를 이어 놓는 징검다리 역할을 담당해 왔던 곳이다. 육지에도 〈삼을나 전승〉처럼 결혼을 중요한 관심 대상으로 여기는 남방계 신화가 존재한다. 그것은 〈박혁거세 신화〉와 〈김수로왕 신화〉가 대표적인 예다.

제주도 〈삼을나 전승〉과 고대 탐라(전승 집단)의 역사적 경험을 통해 신화적 서사에 단층이 존재한다. 그 이유는 신화의 재편 때문이다.

박종성(한국방송통신대학교 교수)의 논문 「신화와 역사 : 제주도 〈삼을나 전승〉과 고대 탐라의 역사적 경험」에서 〈삼을나 전승〉 재편의 이유를 살펴보면, "서기 1105년 탐라국이 고려의 탐라군으로 복속된 이후에, 탐라국이란 용어나 개념이 금기시되었을 것은 당연하다. 이후 조선 시대를 경유하면서도 탐라국의 분리 독립을 종용할 수 있는 분위기를 엄격히 통제하였다. 이 신화를 대하는 입장에서도 을나를 내세우기보다는 삼성을 내세우는 전략, 즉 정치 사회적인 측면의 내용보다는 집안과 성씨 중심 사상의 내용으로 축소되도록 하였"음을 추측할 수 있다. 이처럼 신화의 재편을 고찰하기 위해서는 전승 집단의 역사적 경험과 사실에 근거하여야 한다.

탐라의 〈삼을나 전승〉과 고대 탐라의 역사와의 상관성을 신화적 문맥과 역사적 사료, 고고학, 언어학 등 인접 학문과의 연계성을 바탕으로 신화적 기술이 상상력의 산물이기만 한 것이 아니라, 전승 집단의 역사적 경험과 사실 등에 근거하고 있음을 깊이 인식할 필요가 있다.

특히 제주도 〈설문대 할망 전승〉과 양주의 〈노고 할미 전승〉의 상관성, 〈삼을나 전승〉과 〈박혁거세 신화〉와 〈김수로왕 신화〉의 상관성, 〈삼을나 전승〉과 일본의 오키나와섬이 속해 있는 류큐열도의 신화와 상관성/유사성을 주목해 볼 필요가 있다.

제주의 위대한 여신 〈설문대 할망 전승〉은 온전한 전승이 아닌 파편화된 신화적 전승을 보이면서 독자적이고 개별적인 특징을 지닌다. 여신 본연의 신적인 성격과 특징 등을 소거하거나 훼손함에 따라 그 신화적 의미마저 퇴색했다. 제주도 신화적 서사가 전승되는 양상과 단편적인 신화적 서사를 근간으로 하나의 온전한 여신 신화에 대한 신화적 서사를 재구성하는 상상력을 발휘할 수 있다. 여신의 성격과 신화적 의미에 관한 의문 하나하나가 상상력의 단서를 제공하기도 한다. 파편화된 신화적 서사를 근거로 여신 신화의 신화적 서사 내에서 추출해낼 수 있는 신화적 요소들과 의미가 무엇일까?

설문대 할망이 "얼마나 컸냐면 한라산을 베개 삼아 누우면 다리는 제주도 앞바다에 있는 관탈섬에 걸쳐질 정도였다. 그래서 빨래를 하려면 관탈섬에 빨래를 놓고, 팔로 한라산 꼭대기를 짚고 서서 발로 문질러 빨았다고 한다. 또 제주도 여기저기에 흩어져 있는 오름들은 이 할머니가 치마폭에 흙을 담아 나를 때 치마의 터진 구멍으로 흙이 조금씩 흘러서 만들어진 것이고, 마지막으로 날라다 부은 것이 한라산이 되었다."[10]라는 거인 여신 신화이다.

이처럼 거대한 설문대 할망의 몸집과 흙을 담아 나르는 설문대 할망의 노동에서 여신의 창조 행위를 엿볼 수 있다. 천지 창조는 여신의 몫이었다. 이것은 대륙(중국)의 '여와' 신화와 깊은 연관성이 있을 것이다. "온 세상 우주를 바로 세우고 인류를 창조한 최초의 어머니 여신, 여와가 그 당사자이다. 동양의 여신 가운데 가장 오래되고 위대한 존재로 손꼽히는 여와 여신"[11]은 선사 시대의 모계 중심 사회의 여성 우월주의의 산물일 것이라는 추측이 가능하다.

---

10) 조현설, 『우리 신화의 수수께끼』, 한겨레출판, 2006, 82쪽.
11) 정재서, 『이야기 동양신화』, 김영사, 2010, 65쪽.

3. 창조 신화와 상상력

　신화학자들은 홍수 신화를 창조 신화라고 한다. 〈오누이 남매혼 전승〉은 신화 및 전설의 형태로, 혹은 서사적 발라드의 형태로 전승을 거듭해 왔다. 이러한 〈오누이 남매혼 전승〉이 갖는 세계적 보편성, 이와 같은 유형의 전승 양상이 갖는 공통점이 또 다른 상상력을 제공하기도 한다.
　〈오누이 남매혼 전승〉은 남매가 남신과 여신의 관계이기도 하고, 인간 오누이 관계이기도 하고, 자연 현상의 의인화이기도 하여 그 층위가 다양하다. 이 유형의 다양한 전승 양상들을 통해 신화적 창조의 긍정적 결과, 혹은 비극적 좌절의 결말 등 다양한 인식의 스펙트럼을 통해 신화적 상상력을 발휘할 수 있다.
　일본의 이자나기와 이자나미는 일본 열도를 창조한 남녀 창세신으로 공식적으로 인정되어 사서에 전하는 신들이다. '매(妹)'라고 하는 점에 주목하면 이 두 신이 본디 남매신이었음을 알 수 있다. 그런데 이들 신은 일왕가의 직계신으로 인정되는 아마테라스 오미카미(天照大神)를 생산함으로써 일본 역사의 시작을 창세 신화와 공식적으로 연결시켜 놓았다.[12]
　일본의 경우, 상대적으로 온전한 국가의 성립을 늦게 경험하여 한국과 중국을 의식한 역사 찬술이 필요했을 것이다. 그 결과 창세 신화가 『일본서기(日本書紀)』나 『고사기(古事記)』의 첫머리에 등장하게 되었을 것이다. 창세 신의 내력을 근본으로 삼아야 자기네 민족과 국가의 연원이 오래되었다고 자랑할 수 있었기에 택한 방책이라는 해석이 가능하다.[13]

・・・

12) 박종성, 『구비문학, 분석과 해석의 실제』, 월인, 2002, 446쪽 참조.
13) 위의 책, 448쪽 참조.

〈오누이 남매혼 전승〉은 전승 지역별, 혹은 전승 집단별로 신화적 서사가 신화적 성격을 온전히 지닌 것에서 전설로의 이행, 혹은 중세 보편 종교와의 교섭 등으로 인하여 변천을 경험했다는 것에 초점을 맞추어 보면 신화적 상상력은 무한대임이 분명하다.

4. 장편 구비 서사시와 상상력

장편 구비 서사시 〈바리공주〉의 대응적인 작품이 〈칠성풀이〉다. 〈바리공주〉와 〈칠성풀이〉는 모두 가정의 문제라는 그릇을 빌려 그 속에 생산력의 문제를 담고 있는 무속 신화로서 〈바리공주〉에서는 성공한 부조화의 해결이 〈칠성풀이〉에서는 실패한다.[14]

〈바리공주〉와 〈칠성풀이〉의 공통된 서사 구조를 도식화한 아래 '도표'[15]를 '비정상→이탈자→제3자→부조화의 해결 여부→귀환→신직(神職)'이라는 구조에 초점을 맞추어 읽어 본다.

구분	바리공주	칠성풀이
결혼	부친이 서둘러서 결혼함	칠성님이 서둘러서 결혼
부조화의 상황	딸만 일곱 자매	아들만 일곱 형제
이탈자	바리공주(타의적, 피해자)	칠성님(자의적, 가해자)
사태해결 여부	성공	실패
귀환	자의적 귀환	타의적 귀환
신직 부여	신직 부여 받음	신직 부여 받지 못함
이탈자-제3자	부부 관계	부부 관계

• • •

14) 위의 책, 262쪽 참조.
15) 위의 책, 259쪽.

〈바리공주〉의 주제는 효다. '효의 수행'이라는 행위가 죽은 자를 다시 살려내는 초월적인 것으로 구체화하였기에 바리공주가 무조신으로 좌정할 수 있었다.[16]

〈바리공주〉의 표면적인 의미와 더불어 그 심층에 내재하고 있는 신화적 의미를 밝혀내어 우주적이며 인간 전체의 구원으로 어떻게 의미 상승하였는지 다시금 신화적 상상력으로 해석해 본다면 의미가 있을 것이다. 그 예로 바리공주를 현대적 인물과 갈등으로 재해석하여 재창조한 황석영의 장편 소설 『바리데기』(창작과비평사, 2007)를 들 수 있다. 주인공 '바리데기'는 두만강을 건너 북한을 탈출하여 중국과 여러 나라를 거쳐 영국으로 들어가는 험난한 역경을 겪는다. 이것은 바리공주를 현대적으로 재해석한 소설이다.

우리나라의 장편 서사시에 나타난 효성은 많은 상상력을 제공한다. 특히 〈심청가〉에서의 '효 모티프'는 잘 알려져 있다. '실명 모티프'와 '광명 모티프'를 중심으로 신화적 상상력을 다시 생각할 필요가 있다. 지금까지 〈심청가〉가 『오이디푸스 왕』의 실명 모티프 못지않게 풍부한 상상력과 끈질긴 생명력으로 재생산해 왔기 때문이다.

앞으로도 비극적 한의 구조와 실명 모티프의 표상인 〈심청가〉에 근원을 둔 예술 작품이 꾸준히 재탄생할 것이고, 몇 세기 동안 문화 콘텐츠의 '원 소스(One Source)'로서 꾸준히 생명력을 이어 나갈 것이라고 장담도 해 본다. 최근 문화 콘텐츠로 재탄생한 대표적인 예로 임필성 감독의 영화 〈마담 뺑덕〉(2014)을 들 수 있다. 뺑덕과 심학규가 중심인물이다. 고소설 『심청전』의 효의 메시지 대신에 실명과 광명 모티프라는 오이디푸스 신화적 상상력을 내포하고 있다.

장편 구비 서사시의 영웅들은 신이한 출생과 태몽, 유년 시절의 시련

---

16) 위의 책, 247쪽 참조.

과 영웅적 행위 등을 통해 그 실상을 구체적으로 전승하고 있다. 이를 기반으로 희랍의 서사시 『일리아스』가 지금까지 동서양 구비 서사시 및 기록 서사시의 전범 노릇을 해 온 이유가 타당한지 생각해 보고, 장편 구비 서사시의 공통적 요소들을 파악해 보면 신화적 상상력이 풍부해질 것이다. 특히 영웅의 출생과 성장기의 시련은 어떻게 같고 다른가? 영웅을 노래하는 구비 서사시 혹은 서사 문학에서 영웅의 신성한 혈통과 비범한 출생은 필수적인 요소로 인정될 수 있으나, 한결같은 양상으로 전승되는 것은 아니다. 어떤 경우이든지 영웅의 신성한 혈통을 강조하는 설정이 구비 영웅 서사시에서 필수적 요건임을 확인할 수 있다. 아프리카 말리제국을 건설했던 위대한 영웅 손자라(Sonjara : Sunjata)는 신에 의해 창조된 10번째 아담에서 비롯하여 노아를 거치는 혈통적 계보를 서사시를 통해 노래한다. 그는 왕의 아들이고 그 역시 황제(Mansa : Emperor)가 되었다. 중세 보편 종교인 이슬람의 영향을 받아 서사시의 시작이 이렇게 형성되었다. 아프리카 캄빌리(Kambili) 서사시의 영웅 역시 황제 칸지(Kanji)의 아들이다.[17]

출생 이후 영웅의 행적 곧 본격적인 과업을 수행하기 직전까지의 영웅의 시련과 고난, 혹은 영웅적 행위 역시 영웅으로서의 자질을 인정받게 하는 하나의 과정이다. 출생 이후 영웅의 행적을 크게 몇 가지 형태로 나누어 정리한 것을 살펴보면, ① 영웅의 기아(棄兒/遺棄) 모티프가 있는가? ② 출생 이후 영웅의 초월적 행위가 등장하는가? 이 두 항목을 활용하여 성립 가능한 조합은 다음과 같다. ㉮ 영웅의 기아와 양육만 나타나고 초월적 행위가 부각되지 않는 경우. ㉯ 출생 이후 초월적 행위만 부각되고 기아가 약화 혹은 배제된 경우. ㉰ 영웅의 기아뿐만 아니라 출생 이후 초월적 행위가 함께 부각되는 경우. ㉱ 영웅의 기아뿐만 아니라

...

[17] 박종성, 「동서양 구비 영웅 서사시의 판도와 양상-영웅의 출생과 성장기의 시련을 중심으로」, 14쪽 참조.

출생 이후 초월적 행위 또한 약화 혹은 배제된 경우 등이다.[18]

구비 영웅 서사시는 한 영웅의 일대기를 온전하게 다루어야 기본적인 요건을 갖추었다고 인정할 수 있다. 그런 사정은 수다하게 전승해 왔다. 그리고 전승해 온 세계 곳곳의 구비 영웅 서사시에서 뚜렷하게 확인할 수 있다.[19]

한국의 본풀이는 다른 민족의 구비 영웅 서사시와 비교론을 전개할 때에 적지 않은 가치를 지닌다. 내용의 상동성과 상이성을 비교하는 것에서부터 구비 영웅 서사시 형성의 문제를 바라볼 때도 긴요하게 활용할 수 있기 때문이다.

〈문국성 본풀이〉는 구비 서사시로서 본풀이가 어떻게 형성되었는가를 선명하게 보여 주는 대표적 사례이다. 〈문국성 본풀이〉가 현재의 〈송당 본풀이〉로 확대되었다. 문국성이 백주 할망의 친자이지만 소천국의 친자가 아니기도 하고 친자이기도 해서 혈통의 관계는 좀더 신중하게 접근할 여지를 남겨 두고 있다. 친자 관계가 아닌 경우, 백주 할망과 문국성은 제주에 입도한 외래신일 가능성이 서사시 문면에서 파악할 수 있다. 그런 혈통 관계가 있어 소천국과 백주 할망, 문국성 사이에 대립과 갈등이 생겨나고 그 결과 상호 간의 우열이 확정되는 서사가 마련되었다. 친자로 설정된 경우에는 부자 대결의 양상을 보다 본격화한 것으로 이해할 수 있다.[20]

영웅과 친족 내 적대자와 대결 양상은 직접적인 대결과 간접적인 대결, 대결의 목적과 결과에 있어서 이른바 '오이디푸스 콤플렉스'로 알려진 경우와 사뭇 다른 서사 전개를 따르고 있다. 부자간의 대결은 숙질간

• • •

18) 위의 논문, 16쪽 참조.
19) 위의 논문, 18-19쪽 참조.
20) 박종성, 「한국의 본풀이와 구비 영웅 서사시 비교론, 그 두 측면-〈게사르(格薩尒)〉, 〈음윈도(Mwindo)〉, 〈문국성 본풀이〉, 〈가믄장아기 본풀이〉를 중심으로」, 12-13쪽 참조.

의 대결로 변형되어 나타날 가능성이 있다. 대결이 인간이 거스를 수 없는 운명 때문에 예정되어 있었다고 말하기도 어렵다. 이웃 집단과 열세의 관계에 있었던 선대(先代)의 영웅보다 이를 뒤집어 자랑스러운 역사를 갖게 해 준 후대(後代)의 영웅이 실제로 그가 수행한 과업이 부자간의 대결 혹은 숙질간 대결이라는 극단적 양상을 넘어서야 하는 힘든 것이었음을 함축하는 장치로 활용하기도 한다. 인세의 신으로 좌정하기 위해 인간으로 태어난 존재가 자신의 존재를 인간에게 확인시키는 과정에서 부모에 대한 징치가 등장하는 것은 가장 극단적인 대립의 양상을 통해 신의 위력과 가치를 드러내는 하나의 방편일 수 있다. 신으로서의 좌정이나 왕권의 획득 등이 대결의 결과물이지만 그 결과를 얻기 위해 부자간의 대결이 필연적이었음을 서사 전개 과정에서 제시하기도 하고 그렇지 않기도 해서 구비 서사시의 다채로운 양상이 드러난다.[21]

우리나라에도 희랍의 『일리아스』와 같은 장편 영웅 서사시가 있다. 주몽 중심의 장편 한문(漢文) 영웅 서사시가 있다. 이규보(李奎報)의 『동국이상국집(東國李相國集)』 권3 고율시(古律詩)조에 실린 고구려 건국신화 「동명왕편(東明王篇)」[22]이 그것이다. 이것은 『삼국사기』의 고구려 건국 신화를 주몽을 중심으로 재현한 서사시다. 또한, 영웅 서사시와 비슷한 구조인 영웅 설화 〈유충렬전〉, 〈신유복전〉, 〈임경업전〉, 〈조웅전〉 등도 있다. 오늘날까지 많은 사랑을 받는 영웅 소설 『홍길동전』과 『전우치전』도 있다. 이를 현대적 재해석을 통해 재창조한 문화 콘텐츠의 대표적인 예로 최동훈 감독의 영화 〈전우치〉(2009)를 들 수 있다. 영화 〈전우치〉에서 화담이라는 캐릭터는 새로 창조한 인물이다. 고소설 『전우치전』에는 없는 등장인물 초랭이, 천관대사, 서인경(과부), 세 명의 신선, 요괴 두 마리 등도 신화적 상상력의 산물이다.

⋯

21) 위의 논문, 12쪽 참조.
22) 제작 동기를 밝힌 병서(幷序)에 이어 오언고율(五言古律 ; 1행이 5자로 된 장편 한시)로 된 본시(本詩) 280여 구(1,400여 자), 주석 430여 구(2,200여 자)로 구성되어 있다.

5. 인신 공희와 상상력

우리의 〈봉덕사의 종 전설〉을 수용하여 전승해 온 작품과 안동의 〈제비원 전설〉에 내포한 인신 공희의 문학적 형상화와 그 의미를 통해서도 신화적 상상력을 발휘할 수 있다. 특히 이런 상상력은 우리나라의 희생 제의에 대한 풍부하고 새로운 동화의 소재거리로 부각할 수 있다.

유흥준 교수는 "성덕대왕신종이 에밀레종이라는 별칭을 얻게 된 것은 그 여운의 소리가 '에밀레' 같고, 그 뜻은 '에밀레라' 즉 '에미 탓으로'와 같기 때문이다."[23]라며 설명하고 있다. 또한, 에밀레종을 만들기 위해 "반강제 성금을 내야만 했던 민중의 고통으로 해석하기도 하고, 온 국민의 국가적 총력으로 설명되기도 하는데, 아기가 진짜로 희생됐다. 아니라는 엇갈린 견해가 여태껏 팽배하다."[24]는 것을 강조하고 있다.

특히 희생설이 아니라는 주장에 대해 "전설 자체가 만들어 낸 얘기일 뿐이며 아무리 사람의 인이 신묘하다 할지라도 27톤의 쇳물 속에서 그 양은 거의 없는 것과 마찬가지이고 그 쇳물은 한 가마에서 끓인 것이 아니라 도가니 100개 이상을 동시에 사용한 것이니 말도 되지 않는다."[25] 라고 강조하고 있다.

현대적 시각인 과학적 사고라는 측면에서 보면 희생설을 옹호할 수 없을 것이다. 반면에 신화적 상상력이라는 측면에서 보면 희생설을 적극 옹호할 수밖에 없을 것이다. 신화적 상상력이야말로 끊임없이 새로운 이야기를 창조해 낼 수 있는 원동력이기 때문이다.

• • •

23) 유흥준, 『나의 문화유산답사기 1』, 창작과비평사, 1999. 189쪽.
24) 위의 책, 189쪽.
25) 위의 책, 190쪽.

6. 현생 인류의 상상력

이스라엘 역사학자 유발 하라리(Yuval Noah Harari)의 저서 『사피엔스』에 '신화적 상상력'이 인류 문명에 얼마나 지대한 영향을 미쳤는지 학문적으로 매우 잘 설명하고 있다. 그 주요 대목을 살펴보면서 신화적 상상력의 중요성을 상기해 보고자 한다.

지금까지 우리가 아는 한, 현생 인류인 인간(사피엔스)만이 직접 보거나 만지거나 냄새를 맡지 못한 것에 대해 마음껏 이야기할 수 있는 존재다. 전설, 신화, 신, 종교는 인지 혁명과 함께 처음 등장했다. 인지 혁명 덕분에 "사자는 우리 종족의 수호령이다."라고 말할 수 있게 되었다. 허구를 말할 수 있는 능력이야말로 인간이 사용하는 언어의 가장 독특한 측면이다.[26]

인간이 허구 덕분에 단순한 상상을 넘어서 집단적으로 상상할 수 있게 되었다. 성경의 창세기, 호주 원주민의 드림타임 신화, 현대 국가의 민족주의 신화와 같은 공통의 신화들을 짜낼 수도 있다. 그런 신화들 덕분에 많은 사람이 모여 유연하게 협력하는 유례없는 능력을 지닐 수 있었다.[27]

인간이 어떻게 수십만 명이 거주하는 도시, 수억 명을 지배하는 제국을 건설할 수 있었을까? 그 비결은 아마도 허구의 등장에 있었을 것이다. 서로 모르는 수많은 사람이 공통의 신화를 믿으면 성공적 협력이 가능하다. 인간의 대규모 협력은 모두가 공통의 신화에 뿌리를 두고 있다. 그 신화는 사람들의 집단적 상상 속에서만 존재한다. 현대 국가, 중세 교회, 고대 도시, 원시 부족 모두 그렇다. 교회는 공통의 종교적 신

---

26) 유발 하라리, 『사피엔스』, 조현욱 옮김, 김영사, 2016, 48쪽 참조.
27) 위의 책, 49쪽 참조.

화에 뿌리를 두고 있다. 서로 만난 일 없는 가톨릭 신자 두 명은 함께 십자군 전쟁에 참여하거나 병원을 설립하기 위한 기금을 함께 모을 수 있다. 둘 다 신이 인간의 몸으로 태어나 우리의 죄를 사하기 위해 스스로 십자가에 못 박히셨다고 믿기 때문이다. 국가는 공통의 신화에 기반을 두고 있다. 서로 만난 적도 없는 세르비아인 두 사람은 상대를 구하기 위해 목숨을 걸 수 있다. 세르비아 민족, 세르비아 고향, 세르비아 국기의 존재를 함께 믿기 때문이다. 사법 체계는 공통의 법적 신화에 뿌리를 두고 있다. 서로 본 적도 없는 변호사 두 사람은 일면식도 없는 다른 사람을 변호하기 위해 서로 힘을 합칠 수 있다. 두 사람 모두 법과 정의와 인권의 존재를 믿고, 수임료와 경비로 지급되는 돈을 믿기 때문이다. 하지만 이중 어느 것도 사람들이 지어내어 서로 들려주는 이야기의 바깥에서는 존재할 수 없다. 인류가 공유하는 상상 밖에서는 우주의 신도, 국가도, 돈도, 인권도, 법도, 정의도 존재하지 않는다.[28]

　단어를 통해 가상의 실재를 창조하는 인간의 능력은 서로 모르는 수많은 사람끼리 효과적으로 협력하는 것을 가능하게 했다. 인간의 대규모 협력은 신화에 기반을 두기 때문에, 다른 이야기로 신화를 바꾸면 인간의 협력 방식도 바뀔 수 있다.[29] 이 협력이야말로 호모 사피엔스의 중요한 트레이드 마크였고, 다른 인간 종들에 비해서 결정적인 우위를 누리게 해 주었다. 어떤 때는 이웃 무리와의 관계가 워낙 가까워서 이들이 하나의 부족을 구성하고 동일한 언어와 신화와 규범과 가치를 공유하기도 했다.[30]

　인간이 생물학적 협력 본능이 부족함에도 수렵 채집기에 서로 모르는 수백 명의 사람끼리 협력할 수 있었던 것은 공통의 신화 덕분이었다. 신

...

28) 위의 책, 53-54쪽 참조.
29) 위의 책, 60쪽 참조.
30) 위의 책, 80쪽 참조.

화는 상상할 수 없을 만큼 강력한 힘을 지니고 있었다. 농업 혁명 덕분에 밀집된 도시와 강력한 제국이 형성될 가능성이 열리자, 사람들은 위대한 신들, 조상의 땅, 주식회사 등등의 이야기를 지어냈다. 꼭 필요한 사회적 결속을 제공하기 위해서였다. 인간의 본능이 늘 그렇듯 달팽이처럼 서서히 진화하고 있는 동안, 인간의 상상력은 지구상에서 유례없이 거대한 협력의 네트워크를 만들어 나갔다.[31]

고대 메소포타미아에서 진 제국과 로마 제국에 이르는 모든 협력망은 '상상 속의 질서'였다. 이들을 지탱해 주는 사회적 규범은 타고난 본능이나 개인적 친분이 아니라 공통의 신화에 대한 믿음에 바탕을 두고 있었다.[32]

상상의 질서는 물질세계에 단단히 뿌리내리고 있다. 상상의 질서는 우리 마음속에만 존재하지만, 우리 주변의 물질적인 실재 세계 속에 짜 넣어질 수 있다. 심지어 돌로 구현할 수도 있다.[33]

상상의 질서는 상호 주관적이다. 설령 내가 초인적인 노력으로 스스로 개인적인 욕망을 상상 질서의 속박에서 풀려나게 하는 데 성공하더라도, 나는 한 개인에 불과하다. 상상의 질서를 변화시키려면, 수백만 명의 낯선 사람에게 나와 협력하도록 설득해야 한다. 상상의 질서는 내 상상력 속에만 존재하는 '주관적 질서'[34]가 아니라 수억 명의 사람들이 공유하는 상상 속에 존재하는 '상호 주관적 질서'[35]이기 때문이다.[36]

• • •

31) 위의 책, 155쪽 참조.
32) 위의 책, 157쪽 참조.
33) 위의 책, 170쪽 참조.
34) 주관이란 한 개인의 의식과 신념에 따라 존재하는 무엇이다. 해당 개인이 그의 신념을 바꾸면 주관은 사라지거나 변화한다. 위의 책, 175쪽 참조.
35) 상호 주관이란 많은 개인의 주관적 의식을 연결하는 의사소통망 내에 존재하는 무엇이다. 단 한 명의 개인이 신념을 바꾸거나 죽는다 해도 그에 따른 영향은 없지만, 그물망 속에 있는 사람의 대부분이 죽거나 신념을 바꾼다면 상호 주관적 현상은 변형되거나 사라진다. 위의 책, 176쪽 참조.
36) 위의 책, 175쪽 참조.

이처럼 인간은 신화라는 허구를 말할 수 있는 능력, 공통의 신화들을 짜낼 수 있는 능력, 신화를 통해 협력하는 능력, 협력을 지탱하게 하는 상상의 질서 등 신화적 상상력으로 문명을 일으켰고, 미래의 새로운 문명을 이룩해 나갈 것이다. 이를 확신하며 많은 사람이 과거의 신화를 현대적으로 재해석하는 능력과 새로운 신화적 상상력을 발휘할 수 있기를 기대해 본다. 즉, 많은 사람이 인문학적 소양을 갖출 수 있기를 기대해 본다.

2.
트로이 전쟁은 허구인가 역사인가

    신화와 역사의 혼재는 문자가 없는 사회에서만 나타나는 현상일까? 기록 문서들이 증언하는 역사는 신화와 무관하거나 신화에서 자유로운 역사일까?

    "어떤 사회에 문헌 전통이 없이 단지 구전 전통만 있는 경우, 신화는 그 사회의 역사이기도 하다. 비록 세부적인 내용이 다소 변형되기는 하지만, 종족이나 씨족 또는 혈통의 실질적인 역사와 전통적 지혜들이 모두 그 속에 내포되어 있기 때문이다."[1)]

    『삼국유사』에 우리나라 최초의 국가 고조선을 세운 단군은 천제의 아들 환웅과 곰에서 여자로 변한 웅녀 사이에서 태어나 1,908년을 살았다고 전한다. 고대 메소포타미아 지역에서 발견된 《길가메시 서사시》의 주인공은 길가메시다. 죽음을 극복하기 위해 떠난 멀고도 험한 여행길에서 온갖 시련을 겪은 그는 실존했던 역사적 인물로 알려져 있다. 로마의 건국자로 알려진 로물루스는 군신 마르스의 자식으로 태어났으나 그의 쌍둥이 동생 레무스와 함께 태어나자마자 버려져 늑대의 젖을 먹고

---

1) 김현자, 『신화, 신들의 역사 인간의 이미지』, 책세상, 2004, 20쪽.

자랐다고 한다. 이처럼 세계의 여러 신화 중에서 역사적 실존 인물들이 주인공으로 등장하거나 실재했던 역사적 사건을 소재로 취한 경우가 흔하며, 또 나라마다 건국 초기의 역사적 인물에 관한 이야기는 어김없이 신화적 내용으로 채색되어 있다. 신화적 요소와 역사적 요소가 혼재해 있는 이런 종류의 이야기들에 대해서는 '역사의 변형물인가 아니면 문학적 허구인가'라는 물음이 끊임없이 제기되어 왔다.[2] 분명한 것은 "신화는 소멸하기도 하고 환치되기도 하고 변형되기도 한다."[3]는 것이다. 그리고 "신화는 최선으로도 최악으로도 얼마든지 조작해 사용할 수 있는 하나의 실재체(實在體)"[4]임이 명확하다.

《일리아스(Ilias)》의 이야기는 역사적 사실일까? 문학적 허구일까? 기원전 6세기 이래로, 이 물음을 제기했던 대다수 논자는 트로이 전쟁은 아무런 역사적 근거도 없는 문학적 허구에 지나지 않는다고 오랫동안 믿고 있었다. 하지만 독일의 고고학자 슐리만(Heinrich Schliemann)의 주도로 1870년과 1874년에 트로이와 미케네의 옛 성터를 발굴하면서 트로이 전쟁이 역사적 사실이었을 개연성이 높아졌다. 이는 유럽을 흥분의 도가니로 몰아넣었다. 유럽 문명의 근저를 이루는 고대 그리스 문명의 여러 면모가 새로운 각도에서 조명될 수 있는 길이 열렸기 때문이다. 특히 그 당시 근동의 여러 나라와 마찬가지로 빈곤한 나라였던 그리스의 국민에게 이 고고학적 쾌거는, 그들의 조상들이 합심하여 오리엔트에 대항해 획득한 그리스인들의 유럽적 정체성을 재확인시켜 준 획기적인 사건이었다.[5]

고대 신화의 배경이 된 트로이 전쟁이 역사적 사건이라면, 《일리아

...

2) 위의 책, 111-112쪽 참조.
3) 김열규 공저 『민담학 개론』, 일조각, 1993, 59쪽.
4) 질베르 뒤랑, 『신화비평과 신화분석』, 유평근 옮김, 살림, 1998, 64쪽.
5) 김현자, 앞의 책, 112-113쪽 참조.

스》는 신화가 아니라 역사일까? 아킬레우스, 아가멤논, 헥토르, 파리스, 오디세우스와 같은 《일리아스》의 영웅들은 실제로 기원전 1250년경에 있었던 사건으로 추정되는 트로이 전쟁이 전쟁 영웅의 영웅들이었을까? 호메로스 서사시의 형성과 소재에 관한 지금까지의 연구 결과들을 보면, 《일리아스》가 전하는 트로이 전쟁 영웅들의 행위를 역사적 사건인 트로이 전쟁에서 활약했던 실제 인물들의 활동이나 무훈담으로 보기는 어렵다.[6]

호메로스 서사시의 탄생과 그 소재에 관한 연구자들의 견해는 대체로 둘로 나뉜다. ① 《일리아스》와 《오디세이아(Odysseia)》는 호메로스의 개인 창작물이 아니라 고대에서부터 직업 가인(歌人)들인 음유 시인들이 노래하던 짤막한 영웅 찬가들이 모여 점차 거대한 영웅 서사시들로 변모한, 오랜 세월에 걸친 그리스인의 집단적 창작물이라는 것이 그 하나이다. ② 다른 하나는, 긴 세월 동안 여러 사람의 입에서 입으로 전해 내려온 전쟁의 이야기가 시적 상상력이 뛰어난 호메로스라는 위대한 개인에 의해 완벽한 예술 작품으로 재탄생되었다는 것이다. 어느 경우이건, 《일리아스》는 트로이 전쟁이라는 역사적인 알맹이에 많은 문학적 윤색이 가해지고, 또 시대와 장소를 달리하는 여러 영웅의 행적들, 지역 전설들을 첨가하면서 세월의 흐름과 더불어 서사시의 규모와 분량이 방대해진 것만은 확실하다. 요컨대 비록 《일리아스》의 이야기가 트로이 전쟁이라는 역사적 사건을 핵으로 하여 전개하고 《일리아스》의 주요 등장인물들이 역사적으로 존재했다 하더라도, 사건의 줄거리나 인물들의 구체적 행위들이 실제의 트로이 전쟁과 관련해 역사적 진실성을 지니지는 않는다. 트로이 전쟁이 실제로 일어났던 사건이고, 또 《일리아스》의 영웅들이 실존 인물이었다 하더라도, 이 서사시가 노래하는 사건의 줄

...
6) 위의 책, 113-114쪽 참조.

거리, 영웅들의 행적, 그들 간의 관계는 여러 지역의 영웅 전설들이 오랜 기간에 걸쳐 부단한 손질을 통해 변형해 왔다. 기원전 1250년경에 발생한 것으로 추정하는 트로이 전쟁과 거기에 연루한 인물들의 실제 행적과는 무관할 가능성이 크다.[7]

이처럼 역사적 사건을 윤색하거나 변형하기도 하고, 인물의 행적이 연대기적으로 편차를 보이기도 한다. 그 예를 구체적으로 살펴본다.

① 엘리아데는 역사적 사건들이 지식인에 의해서 또는 민중의 기억 속에서 신화적 윤색을 겪으며 변형되는 과정을 많은 구체적 예를 통해 밝힌 바 있다. 그중 한 예를 소개해 보면, 크랄레비치(Marko Kraljevic)는 14세기 후반에 유고슬라비아에서 탁월한 용기로 이름을 떨치다가 1394년에 사망한 역사적 인물이다. 또 후냐디(Janos Hunyadi)는 1450년경 터키인들과의 전쟁에서 용맹을 떨쳤던 헝가리의 영웅이다. 후냐디의 죽음 뒤 거의 200년이나 지난 17세기의 서사시 형식의 발라드 수사본(手寫本)들에서 이 두 영웅이 동시대 인물로 함께 등장한다. 게다가 더욱 흥미로운 것은 크랄레비치가 때로는 후냐디의 친구로서, 때로는 적으로서 활약한다. ② 동일 인물의 행적에 관한 이야기가 연대기적으로 상당한 편차를 보이거나, 동일 인물이 상반되는 행위를 하며 등장하기도 하는 사건 및 인물들의 시대착오(혹은 비시간성 anachronism)는 비단 신화, 전설, 서사시, 발라드 등과 같은 이른바 설화 문학 속에서만 발견할 수 있는 것이 아니다. 신화를 흔히 사실로서의 역사와 대립되는 허구로 인식하게 만든 요인들 가운데 하나인 이 시대착오는 대다수의 고대 인물의 행적에 관한 기록 속에서도 발견되는 현상이다. 대다수 신화학자는 이들 전설, 서사시, 발라드, 민담 등을 모두 넓은 의미에서 신화의 범주에 포함시키면서 사건 및 인물들의 비시

• • •

7) 위의 책, 114-116쪽 참조.

간성을 신화의 한 속성으로 간주한다. 이런 현상적 특성을 신화의 한 속성으로 간주할 때, '왜 신화적 사고는 한 인물을 여러 시대, 여러 장소에 위치시키며, 여러 사건과 연결 짓는가'라는 물음을 제기한다. 신화는 세인들의 입과 귀를 통해 전해진 이야기다. 엘리아데는 신화적 사건 및 인물의 비시간성의 원인을 집단 기억의 특성에서 찾았다. 엘리아데는 민간의 기억 속에서 역사적 사건, 역사적 인물에 대한 회상은 오래 간직하지 못하고 사건은 범주(categore)로, 인물은 원형(archetype)으로 변해 남아 있다고 주장한다. 예컨대 장님 예언자 테이레시아스는 시공을 초월하여 수많은 고대 그리스 신화들 속에 등장한다. 엘리아데의 용어를 차용하여 설명하자면, 역사적 인물인 장님 테이레시아스는 그의 뛰어난 예언력으로 인해 예언자의 원형이 되었으므로 예언자가 필요한 지점에서는 언제나 등장한다고 볼 수 있다. 신화적 사고는 역사적 인물을 원형으로, 역사적 사건을 범주로 변화시킨다는 엘리아데의 주장은 개별적 특수성을 고려하지 못한 보편적 설명이므로 신화적 사건 및 인물의 연대기적 불일치를 부분적으로밖에 설명하지 못한다. 보편적 설명이 포괄하지 못하는 부분은 신화에 따라 달리 설명할 수 있다. 이 설명은 마땅히 그 신화를 만들어 낸 특정 공동체의 삶의 양태들과 사유 방식, 언어 체계의 특성들 속에서 찾아져야 할 것이다.[8]

이 지점에서 현대의 신화적 상상력을 생각해 볼 필요가 있다. 신화적 상상력이란 인간의 무한한 사고의 산물이다. 과학을 뛰어넘어 인간의 지성이 다양하면서도 풍부한 이미지를 이끌어 내어 새로움으로 창조해 내는 능력이다. 이것은 인간의 무의식과 의식 작용, 감각과 인식 작용을 포괄하는 의식 작용에 의해 도출된 산물이라고 말할 수 있다. 더 엄격하게 말하면 인간의 감각과 지성이라는 의식 작용을 뛰어넘어 새로움

---

8) 위의 책, 116-117쪽 참조.

을 빚어내는 지성의 능력이다. 이를 가스통 바슐라르가 말하는 재생적 상상력과 창조적 상상력으로 구분하여 생각해 볼 필요가 있다. 창조적 상상력은 허구적 상상력이다.

신화가 역사 연구의 대상, 즉 역사적 사실로 간주하지 못하고 허구로 인식된 데는 이유가 있다. 무엇보다도 신화는 인간 활동에 관한 이야기가 아니라 신들이나 초자연적 존재들에 관한 이야기이기 때문이다. 또한, 신화는 천 개의 생식기를 가진 인드라, 황소와 사랑을 나누고 반인반우(半人半牛)의 괴물 자식 미노타우로스를 낳은 파시파에(크레타섬의 미노스 왕의 아내), 천제의 아들 환웅과 곰에서 인간 여성으로 변한 웅녀와의 사이에서 태어나 1,908년을 산 단군 등, 인간 세상에서도 도저히 '있음 직하지 않은' 내용을 담고 있기 때문이다. 그리고 앞에서 언급한 바와 같이 신화나 전설에서는 동일 인물의 여러 행적이 연대기적으로 상당한 편차를 보이는 사건으로 기술되거나, 동일 사건의 주인공이 다른 이름으로 등장하거나, 동일 인물이 상반되는 행위를 하며 등장하는 등, 사건 및 인물들의 시대착오(혹은 비시간성)가 빈번히 나타나기 때문이다. 이러한 상황은, 한편으로는 신화 자료의 가치를 올바로 인식하여 이에 관한 연구를 통해 인간 정신의 어떤 특성들을 이해하고자 했던 신화학자들의 노력 덕분이고, 다른 한편으로는 비판적이고 성찰적인 시각으로 인간에 대한 이해라는 역사 연구의 궁극적 목적에 다가가고자 했던 역사학자들의 노력 덕분임이 분명하다.[9]

신화란 현대의 문명과 과학적인 시각, 합리주의와 이성주의의 시각으로 보면 허무맹랑한 이야기다. 신화적 상상력이라는 측면에서 보면 다양하고 풍부한 이미지(심상)를 생산하는 원동력이다. 이를 바탕으로 새로움을 창조해내는 힘을 이끌어 낼 수 있다.

• • •
9) 위의 책, 24-26쪽 참조.

신화적 상상력이란 '원초적으로 이어 온 유전적인 인간의 심리 형태'와 깊은 연관이 있다. 이를 프로이트(Sigmund Freud)는 '고대의 잔존물', 융(Carl Gustav Jung)은 '원형' 혹은 '원시 심상', 가스통 바슐라르(Gaston Bachelard)는 '원형적 상상력'이라는 용어로 설명했다. 이들 용어와 신화적 상상력을 분리하여 생각할 수 없다.

3.
섬과 뭍을 이어 놓은 신화

– 신화의 섬 제주 신화의 성격과 연관성

1. 들어가기

2000년대에 들어서면서부터 제주를 '신화의 섬!'이라고 흔히 일컫는다. "제주도의 신화와 전설을 바탕으로 만든 문화 콘텐츠의 이름도 '신화의 섬, 디지털 제주21'"[1]이라고 명명한 때도 있었다. 제주도에는 신이 많다. "18,000명이나 되었다는 제주도의 신, 500여 편이 넘게 조사되어 있는 제주의 신화, 우리 신화의 보고이자 두고두고 풀어야 할 수수께끼임이 틀림없"[2]어 보인다.

제주도는 남방계 신화와 육지의 북방계 신화가 공존하는 섬이다. 남방계 문화와 북방계 문화를 이어 놓는 징검다리 역할을 담당해 왔다. 이런 신화를 문화관광 콘텐츠로 개발하여 테마파크를 조성하기도 했다. 이 신화가 제주 사람들의 밥벌이를 톡톡히 해내고 있다.

우리나라 신화의 기원과 제주 신화의 성격, 제주 신화와 육지 신화의 연관성을 살펴보고자 한다.

- - -

1) 조현설, 『우리 신화의 수수께끼』, 한겨레출판, 2006, 205쪽.
2) 위의 책, 205쪽.

2. 우리나라 신화의 기원과 제주 신화의 성격

가. 우리나라 신화의 기원

우리나라 신화는 대개 하늘에 기원을 두고 인간의 세계로 하강한다. "신화의 주인공이 하늘에 기원을 두고 있음은 건국 신화뿐만 아니라 우리의 무속 신화에서도 보편적인 사실이다. 가장 대표적인 신화의 하나인 〈창세가〉가 그러하고 〈천지왕본풀이〉, 〈제석신화〉, 〈성주신화〉 등이 그러하다. 그밖에도 제주도의 마을 신화 가운데는 하늘에서 하강하여 좌정한 신에 관한 이야기가 있기도 하니, 〈각시당본풀이〉나 〈오드싱본풀이〉 등이 그 좋은 예"[3]라고 말할 수 있다.

하늘에 기원을 두고 있는 건국 신화의 예는 많다. "진한 6촌의 조상들은 하늘에서 내려왔고, 신라의 박혁거세나 김알지, 가야의 김수로도 하늘에서 내려왔다."[4] 그뿐만 아니라 "고조선의 환웅도 북부여의 해씨도 고구려의 고씨도 모두 하늘이 본적"[5]임이 널리 알려져 있다.

나. 제주 신화의 성격

우리나라 신화는 대개 하늘에 기원을 두고 인간의 세계로 하강하지만, "제주도의 세 성씨는 구멍에서 나왔다? 뭔가 심상치 않다. 뭍과는 다른 제주 섬만의 독자성을 오롯이 보여 준다."[6]고 해석할 수 있다. "신화가 민족적인 범위를 갖는다면 전설은 증거물의 성격상 지역적인 범위

---

3) 이지영, 『한국의 신화이야기』, 사군자, 2003, 13쪽.
4) 조현설, 앞의 책, 205쪽.
5) 위의 책, 207쪽.
6) 위의 책, 207쪽.

를 갖는다."⁷⁾는 말에 대입해 보면, 제주도라는 지역적인 범위의 이야기를 '전설'로 격하하여 취급할 수도 있다. 하지만 민족적인 범위로 생각해 본다면, '신화'적 요소가 강하게 자리 잡고 있음을 부인할 수 없다.

제주도의 세 성씨 시조(양씨·고씨·부씨)는 땅에서 솟아나왔다. "제주도 민속자연사박물관 건너편 솔숲 아래 삼성혈이라는 곳이 있다. 고(高)·양(良)·부(夫), 세 성씨의 조상들이 솟아나온 세 구멍이라는 뜻이다."⁸⁾

김녕리의 마을신인 '궤내깃또'나 서귀포 서홍리의 마을신인 '바람운님'도 땅속에서 솟아 나온다. 땅속에서 출현한 신에 관한 이야기는 육지에는 없다. 제주도 지역에서만 보이는 특징이다.⁹⁾

원시 농경 문화를 지녔던 세계 여러 지역에서 구멍 출현 신화가 두루 나타난다. 세 을나와 혼인한 처녀들이 오곡의 씨앗을 가지고 온 것도 농경 문화와 관련이 있음의 증거이다.¹⁰⁾

다. 제주로 돌아온 궤눼깃또는 민중의 영웅

농경 문화와 관련하여 더 살펴본다. "구전되는 무속 신화를 보면 문화의 변화가 그렇게 원만했던 것은 아닌 것 같다. 〈송당본풀이〉나 〈궤눼깃당본풀이〉와 같은 당신(堂神) 신화를 보면 사냥을 해먹고 살던 소천국이 도래자인 백주또와 결혼을 해서 살다가 백주또가 아이들을 키우려면 농사를 지어야 한다면서 소에 쟁기를 지워 밭을 갈러 보내자 배가 고프다고 소를 잡아먹는다."¹¹⁾

• • •

7) 빈미정, 『중국신화문학의 세계』, 혜안, 2008, 57쪽.
8) 조현설, 앞의 책, 205쪽.
9) 위의 책, 14쪽 참조.
10) 조현설, 앞의 책, 209쪽 참조.
11) 위의 책, 209-210쪽.

자신의 소를 잡아먹는 것에 그치지 않고, 이웃 소까지. 이 일로 소천국은 백주또에게 이혼을 당한다. 제주 구좌읍 김녕리의 윗당과 아랫당 당신의 유래를 이런 식으로 설명하고 있는 셈인데 이는 결국 두 당신의 성격이나 당신을 섬기던 집단의 성격이 달랐다는 것을 뜻한다. 두 집단의 성격은 각각 수렵-토착-남성 원리(소천국), 농경-외래-여성 원리(백주또)를 지녔다고 할 수 있다. 이들 두 문화 집단의 관계가 제주섬의 문화를 구성했다. 소천국과 백주또의 결연과 분리는 두 문화의 갈등과 공존을 상징한다.[12]

또한, "무속 신화의 이런 관계는 〈삼성 신화〉에도 그대로 적용된다."[13] 제주도 무속 신화와 〈삼성 신화〉는 닮은 점이 많다.

〈삼성 신화〉가 본래 무가였다는 학자들(장주근·현용준)의 견해를 참조하면 〈송당본풀이〉에서는 남녀 간의 분리가 일어나지 않는다는 점이다. 이는 물론 〈삼성 신화〉의 특수성에서 비롯된 것이라고 볼 수 있다. 〈삼성 신화〉에 대해 기록한 『영주지』에는 화살을 쏘아 일도(一徒)·이도(二徒)·삼도(三徒)에 거처를 정한 후 농사를 시작하자 날로 살림이 풍부해져 인간 세계를 이루었다는 것, 그 이후 900년이 지난 뒤에 인심이 모두 일도의 고씨에게로 돌아가 고씨를 왕으로 삼고 나라 이름을 탁라(乇羅)로 했다고 기록되어 있다. 이 마지막 대목 때문에 〈삼성 신화〉는 단지 제주도 세 성씨의 시조 신화가 아니라 탁라국의 건국 신화로 보면 타당하다. 이 기록대로라면 제주에 국가가 존재하였음은 분명하다. 제주도가 독립국이었단 말인가? 라는 의문이 있을 수도 있다.[14]

이에 대해 역사 기록들은 제주도가 독립국이었다고 말한다. 어떤 형

• • •
12) 위의 책, 210쪽 참조.
13) 위의 책, 210-211쪽.
14) 위의 책, 211쪽 참조.

태의 국가였는지 분명하지는 않지만, 백제 동성왕 때(498) 백제의 속국이 되었고, 그 후에는 신라의 속국이 되어 고후(高厚) · 고청(高淸) · 고계(高季) 삼 형제가 신라의 벼슬을 받기도 했다. 고려 시대에는 탐라국주 고자견(高自堅)이 태자를 보내(938) 고려로부터 성주 · 왕자의 작위를 받는다. 말하자면 고려의 번국(藩國)이 되어 나름의 독립을 유지해 나갔다. 그러다가 고려의 일개 군(郡)으로 편입한 시기가 1105년이다. 삼국 시대부터 한반도의 위성 국가로 지내오다가 12세기 초에 국가 자체가 소멸해 버렸다. 조선 세종 때는 제주도의 지배층마저 그 지위를 보장받지 못하고 양민화되면서 완전히 한반도의 일부가 된다.[15] 이러한 탁라국의 운명에 대한 단편적인 기록들에 대해 주목해 볼 필요가 있다. 제주 신화의 특성을 이해하기 위해서는 필수적 요소이기도 하다.

 제주도는 세 성씨의 연합 단계에서 고씨를 대표로 하는 부족 국가로 발돋움하면서부터 지속적으로 한반도의 간섭을 받은 셈이다. 지배 계층은 한반도 여러 국가의 지배를 받아들임으로써 자신들의 지위를 유지해 갔다. 나라를 세우려는 뜻도 바다 건너 '벽랑국'[16] 왕을 통해 드러나고, 나라는 공주와 결혼을 한 후에야 비로소 세워졌다. 신성성을 섬 외부에서 가져오려는 태도가 역력하다. 부계 혈통을 하늘과 연결시켜 화려하게 장식하는 일반적인 군국 신화의 모습과는 차이가 크다. 뭔가 자신감이 결여된 건국 신화의 모습을 하고 있다. 더구나 세종 시절 편찬한 『고려사』는 『영주지(瀛洲誌)』와는 달리 건국 사실을 아예 지워 버려 불구로

...

15) 위의 책, 211-212쪽 참조.
16) ① 그동안 벽랑국에 관한 많은 연구가 이뤄졌지만, 학자들 간의 견해가 서로 달라 벽랑국이 상상의 나라이거나 일본이라는 등 설이 난무하고 있다. 2006. 12. 1. [연합뉴스] 기사 참조.
 ② 벽랑국(碧浪國)은 전라남도 완도군의 옛 나라명이다. 탐라에 농경과 가축, 직조, 의상, 국가 조직을 전했다. 신라 후기 경덕왕 때 불렸던 탐진현 남쪽 섬의 하나인 벽랑도(현 소랑도)였다. 고려 시대부터 조선조 후기까지의 각종 지지에는 벽랑도가 강진현의 섬으로 기록되어 있다. 《위키백과》 참조.

만들어 놓았으니 뒷맛이 개운치 않다.[17] 물론 역사라는 것이 진실만을 기록하는 것이 아니다.

그 반대로 생각해 볼 수도 있다. 상층의 신화였던 탁라국 건국 신화의 운명을 용인하지 않는 것이 하층 민중들의 무속 신화, 구전 신화이다. 영웅 궤눼깃또를 예를 든다. 그는 세 살 때 아버지 수염을 잡아당기고 가슴을 짓누르다가 괘심죄를 저질러 무쇠 석함에 갇혀 동해에 버려진다. 그는 용왕국 대왕을 만나자 당당히 조선 남방국 제주도에 사는데 강남천자국의 국난을 평정하러 가다가 풍파를 만나 용왕국으로 들어왔다고 말한다. 용왕의 막내딸을 얻은 궤눼깃또는 강남천자국으로 들어가 오랑캐의 난을 일거에 평정한다. 궤눼깃또는 '상으로 땅을 떼어 주겠다. 천금을 주고 제후에 봉하겠다.'라는 천자의 청을 표현하고 있는 신화적 의미가 간단한 것은 아니지만, 제주 태생의 이런 영웅 궤눼깃또의 행로가 탁라국 건국 신화를 읽는 우리에게 암시하는 바는 적지 않다. 거기에는 운명과 맞서는 민중 영웅의 얼굴이 있기 때문이다.[18]

3. 제주 신화와 육지 신화의 연관성

가. 〈삼성 신화〉와 육지 신화의 연관성

〈삼성 신화〉를 전해 주는 오래된 문헌이 『영주지』다. 제주도를 삼신산의 하나로 보아 영주라는 이름을 붙인 것이라고 학자들은 해석하기도 한다. 또한, 『영주지』를 보면 제주 섬에는 태초에 사람이 없었는데 갑자

• • •

17) 조현설, 앞의 책, 213쪽 참조.
18) 위의 책, 213-214쪽 참조.

기 세 신인(神人)이 한라산 북녘 기슭에 있는 모흥혈(毛興穴), 곧 삼성혈에서 솟아났다고 한다. 첫째를 고을나, 둘째를 양을나, 셋째를 부을나라고 불렀다.[19]

"이들 세 사람은 거인의 모습을 하고 있었으며 가죽옷을 입고 사냥한 고기를 먹고 살았다고 한다. 그런데 어느 날 흙으로 봉한 나무 상자가 동해 바닷가로 떠온다. 세 을나가 열어 보니 새알 모양의 옥함이 있고 곁에는 옥함을 모시고 온 사자도 있었다. 옥함을 열자 푸른 옷을 입은 방년의 처녀 셋이 나타난다. 옥함 속에는 처녀만 있었던 것이 아니라 송아지・망아지에다 오곡의 씨앗까지 있었다. 목함(木函)이나 옥함(玉函)이나 꽤나 컸"[20]었다는 추측이 가능하다.

세 을나의 혼인과 관련하여 더 자세히 살펴보면, "'저는 동해 벽랑국의 사자입니다. 우리 임금께서 세 공주를 얻으셨으나 나이 들도록 짝을 구하지 못해 애를 태우시다가 근자에 서쪽 바다에 서린 자줏빛 기운이 하늘에 닿은 것을 보시고, 이는 신(神)의 아들 셋이 내려와 나라를 세우려고 하는데 마땅한 배필이 없는 것이라고 말씀하셨습니다. 곧 세 공주를 모시고 가라고 명하시어 여기까지 왔사오니 혼례를 올리고 대업을 이루십시오.' 사자는 이 말을 전하고는 홀연히 구름을 타고 사라져 버린다. 세 을나는 하늘의 뜻이라면서 각각 짝을 맺는다."[21]는 이야기로 이어진다. 이처럼 혼인의 의미가 반영된 신화를 남방계 신화로 분류하기도 한다.

육지에도 〈삼성혈 신화〉와 같은 남방계 신화가 존재한다. "박혁거세와 김수로왕의 신화에서는 결혼이 중요한 관심 대상이 되었음에 대하

- - -

19) 위의 책, 207쪽 참조.
20) 위의 책, 207쪽.
21) 위의 책, 207-208쪽.

여 〈단군 신화〉와 〈동명왕 신화〉의 경우에는 그렇지가 않"[22]다. "결혼이란 것이 '같이 먹고 같이 자는 것 (同居共食)'을 그 전제 조건으로 한다고 보았을 때, 농경이 주된 산업인 사회는 농경의 성격상 거의 필수적으로 정착 생활을 하므로 해서 결혼이 중요한 관심사일 수 있으나, 수렵이나 채취가 주된 산업인 사회는 농경 사회만큼 정착 생활을 할 수 없어 상대적으로 결혼의 의미가 희미해졌다. 이러한 해석을 타당하다고 인정할 수 있다면 〈박혁거세 신화〉와 〈김수로왕 신화〉는 농경 사회로 완전히 넘어온 후에 생성한 신화"[23]로 이해하는 것이 타당하다.

〈삼성 신화〉의 "세 을나는 땅속에서 나와 수렵 생활을 한다. 가죽옷을 입고 사냥한 고기를 먹었다는 것이 그들 문화의 표징이다. 이들은 벽랑국이라는 상상 국가의 공주들이 오곡의 종자를 가지고 오고서야 정착을 한다. 오곡의 종자는 농경의 표징이다. 세 을나와 세 공주의 결합은 수렵에서 농경으로, 이동에서 정착으로 생활 문화의 근간이 변모하였음을 상징한다. 이들이 결혼 후 화살을 쏘아 살 곳을 정하고 오곡을 뿌려 살림이 풍성해졌다"[24]는 것이다. 신화에서 혼인은 인간의 종족 보존 욕구의 반영이다. "인간은 남자와 여자가 만나서 성적인 접촉을 해야만 2세를 만들 수 있다. 신화는 이와 같은 지극히 당연한 명제의 근거를 제공"[25]한다. 또한, 〈삼성 신화〉의 혼인 부분은 바다 건너 시집온 〈김수로왕 신화〉[26]와도 연관성이 있어 보인다.

〈삼성 신화〉를 통해 제주도의 문화적인 변모 과정을 알 수 있다. 세

• • •

22) 장덕순, 『이야기 국문학사』, 새문사, 2007, 32쪽.
23) 위의 책, 32-33쪽 참조.
24) 조현설, 앞의 책, 209쪽.
25) 김화경, 『세계 신화 속의 여성들』, 도원미디어, 2003, 34쪽.
26) 김수로왕의 혼인 이야기나 탈해 이야기만 보더라도 한반도 남해안 지역에 붉은 돛을 단 외국 선박들이 오갔음을 익히 알 수 있다. 이것은 외국 선박들이 김수로왕의 혼인을 위해 일시적으로 방문한 것이라기보다는 서역 무역업자들과 잦은 교역 때문에 김수로왕의 혼인이 성사된 것임을 짐작하게 한다. 조철수, 『한국신화의 비밀』, 삼영사, 2003, 7-8쪽.

신인은 수렵 문화를 영위하고 있었지만, 세 여자가 가져온 것은 말, 소, 오곡의 종자였다. 수렵 문화보다 농경 문화가 더 발달한 문화라는 것을 알 수 있다. 특히 '을나'의 뜻[27]을 통해 연관성을 찾을 수 있다. '을나'의 뜻에 대해서는 몇 가지 주장이 있다. 먼저 남부 지방에서 사용되는 '얼라, 알라, 얼래'에 주목하여 이것이 '어린아이'를 가리키는 한자어라고 말한다. 신라의 〈김알지 신화〉에서 알지가 어린아이를 가리킨다는 것과 같다. 이것은 육지의 신화와 연관성이 있다는 증거이다. 백제 지역에서 왕을 '어라하'라고 부른다는 중국의 문헌 기록에 유의해 보면 '왕'을 뜻한다. 이는 제주도에 구석기 문화부터 폭넓은 문화층이 존재했다는 최근의 고고학적 성과를 함께 감안한 것으로, 제주도에 나라가 세워졌으니 이 신화야말로 그 나라의 건국 조신에 관한 신화이다.[28]

나. 제주도 〈설문대 할망 신화〉와 양주의 〈노고 할미 신화〉

제주도의 〈설문대 할망 신화〉에 대해 주목해 본다. 설문대 할망이 "얼마나 컸냐면 한라산을 베개 삼아 누우면 다리는 제주도 앞바다에 있는 관탈섬에 걸쳐질 정도였다. 그래서 빨래를 하려면 관탈섬에 빨래를 놓고, 팔로 한라산 꼭대기를 짚고 서서 발로 문질러 빨았다고 한다. 또 제주도 여기저기에 흩어져 있는 오름들은 이 할머니가 치마폭에 흙을 담아 나를 때 치마의 터진 구멍으로 흙이 조금씩 흘러서 만들어진 것이고, 마지막으로 날라다 부은 것이 한라산이 되었다."[29]는 것이다.

거대한 '설문대 할망의 몸집'[30], 흙을 담아 나르는 설문대 할망의 노동

---

27) '높은이'·'어진이'·'밝은이'처럼 가치를 부여한 풀이도 있고, 앞의 성을 뺀 '을나'를 김알지의 '알지'와 마찬가지로 '어린아이'로 풀이한 경우도 있다. 조현설, 앞의 책, 207쪽 참조.
28) 이지영, 앞의 책, 163쪽 참조.
29) 조현설, 앞의 책, 82쪽.
30) 설문대 할망은 키가 너무 커서 옷을 제대로 입을 수가 없었다. 그래서 속옷 한 벌만 만들어 주면 육지까지

에서 우리는 어렵지 않게 거인 여신의 창조 행위를 엿볼 수 있다. 흙을 물 위에 던져 대지를 만드는 방식은 창조 신화에 아주 흔한 형식이다.[31] 또한, "한번은 설문대 할망이 수수범벅을 먹고 설사를 하기 시작했는데 제주의 360개 오름이 되었다."[32] 이 '설사'와 '똥'이라는 배설물은 천지 창조 여신의 창조력에 대한 묘사다. 나아가 "설문대 할망이 오줌을 누기 시작했는데 오줌발이 세서 땅이 떠밀려 나가 우도가 만들어졌다. 제주와 우도 사이에 만들어진 깊은 골에는 할망의 오줌이 가득 찼는데, 아주 깊어서 고래도 물개도 살 수 있었다."[33] 이 또한 '오줌'이라는 배설물이 창조력의 묘사이다.

여기서 '오줌'이라는 배설물로 천지와 인간을 창조한 양주의 〈노고할미 신화〉에 주목해 본다. 무척 크고 오줌발이 센 양주의 노고 할미는 본래 천지를 마련하고 인간을 낳은 창조 여신이었다. 지금은 양주 사람들의 희미한 기억 속에 노고산의 산신으로 명맥을 잇고 있다.[34]

노고 할미의 모습 가운데 우리의 감각을 자극하는 것은 '거대한 몸집'과 '세찬 오줌발'이다. 노고 할미를 상징하는 두 형상이 우리 앞에 신화를 불러내기 때문이다. 할미란 말은 지금 쓰이는 할머니의 뜻이 아니라 본래 '한+어미', 다시 말해 '큰 어머니(大母)'였다. 이 대목에서 구석기에서 신석기에 걸쳐 숭배하던 가슴과 엉덩이를 유난히 강조한 여인상을 떠올려 보면 이해가 쉬울 것이다. 노고 할미의 오줌발에는 원시의 비너

...

다리를 놓아 주겠다고 했다. 속옷 한 벌을 만드는 데는 명주 백 통(1통은 50필)이 든다. 제주 백성이 있는 힘을 다하여 명주를 모았으나 99통밖에 안 되었다. 그래서 속옷은 만들지 못했고, 할망은 다리를 놓기를 중단하여 버렸다. 그 자취가 조천면 조천리, 신촌리 등의 앞바다에 있다 한다. 바다로 흘러 뻗어간 여(물속에 잠겨 보이지 않는 바위 줄기)가 바로 그것이라는 것이다. 고혜경, 『태초에 할망이 있었다』, 한겨레출판, 2010, 42쪽 참조.
31) 조현설, 앞의 책, 82쪽 참조.
32) 혜경, 앞의 책, 64쪽.
33) 위의 책, 86쪽.
34) 조현설, 앞의 책, 82쪽 참조.

스, 곧 대모신(Great Mother)의 모습이 잔상처럼 남아 있다.[35]

또는, "오줌발이 이렇게 풀리면 거대한 몸집은 더 쉽게 풀린다. 거대한 몸집이란 바로 대모신의 몸집이기 때문이다. 거대한 몸을 지닌 대모신은 여러 민족의 신화에서 창조 여신으로 나타난다. 원난에 사는 이족의 창조 여신 아헤이시니마는 금빛 바닷물을 마시고 하늘과 땅, 해와 달을 낳고, 신과 동식물을 낳고, 인간을 낳는다. 그런데 이 여신은 키가 구만 발, 꼬리가 구십 발, 눈과 귀가 열네 개, 젖이 스물네 개나 되는 기이한 형상을 지닌 거인이다. 『산해경』에나 나올 법한 괴상한 동물의 모습을 연상시키지만, 창조 여신이 자연 자체를 인격화한 경우가 많다는 것을 염두에 둔다면 이 역시 자연을 구상화한 모습"[36]이다.

천지 창조는 여신의 몫이었다. 이것은 대륙의 〈여와 신화〉와 깊은 연관성이 있다. "온 세상 우주를 바로 세우고 인류를 창조한 최초의 어머니 여신, 여와가 그 당사자이다. 동양의 여신 가운데 가장 오래되고 위대한 존재로 손꼽히는 여와 여신"[37]은 선사 시대의 모계 중심 사회의 여성 우월주의의 산물일 것이라는 추측이 가능하다.

다. 절영도에 좌정한 탐라국 여왕과 최영 장군

부산 영도(옛 절영도)의 봉래산 중턱에 산제당(山祭堂)과 아씨당(阿氏堂)이 자리 잡고 있다. 이 사당에는 탐라국의 마지막 여왕과 최영 장군의 넋이 어려 있다. "이 사당은 신라 시대부터 절영도(絶影島)에 있었다는 국마장(國馬場)에 얽힌 전설을 간직하고 있다. 그 무렵 멀리 제주도에서 배로 실어 날라 들인 군마(軍馬)는 반드시 절영도 남쪽에 부려

...

35) 위의 책, 80-81쪽 참조.
36) 위의 책, 81-82쪽 참조.
37) 정재서, 『이야기 동양신화』, 김영사, 2010, 65쪽.

내려야 했고, 또한 절영도에서 그 말들을 실어 낼 때는 반드시 섬 서쪽으로 끌어내 가도록 돼 있었다."[38]라고 전한다.

전설에 따르면, 조선 시대 들어 언제부터인가 절영도에서 말을 실어 내 갈 적에 관례에 따라 서쪽으로 끌고 가면 영락없이 병들어 죽어 버렸다는 것이다. 그 바람에 군마 관리를 책임 맡고 있던 부산진 첨사가 골머리를 앓게 됐다. 그렇던 때마침 한 선녀가 노복 두 사람을 데리고 절영도로 들어가는 것을 분명히 보긴 했는데, 선녀가 나오는 것을 본 사람은 아무도 없다는 이야기가 나돌았다. 이 무렵 정발이라는 무관이 부산진 첨사로 새로 부임해 왔다. 정발 장군은 키가 6척에 어떤 일에도 겁을 내지 않는 당찬 무관이었다. 정발 장군은 항간에 나도는 이야기로 미루어 군마들이 까닭 없이 죽어 가는 것은 필경 그 선녀가 부리는 까탈이라고 의심했다. 아니나 다를까 어느 날 정발 장군의 꿈에 한 선녀가 나타나 이상한 이야기를 꺼냈다.[39]

그 꿈의 줄거리는 다음과 같다.

이 몸은 칠원성군(七元星君)인데, 옥화상제에 등극하여 천상에 있지 못하고 축출당하여 탐라국(耽羅國) 여왕이 됐습니다. 불행히도 고려 최영 장군이 탐라국을 점령했습니다. 우리가 성(城)을 쌓아 놓았기 때문에, 여간 인력으로는 성을 점령할 수가 없었습니다. 그러자 최영 장군은 성 둘레에 갈대를 심어 불을 댕기고는 탱자나무를 불사르고 마침내 성을 함락시키고 말았습니다.

그래서 저는 그분의 첩이 됐고 일편단심으로 그분에게 정성을 다하여 몸과 마음을 바쳤습니다. 그러나 그분은 나랏일에 바빠 제주도를 떠나 수삼 년 동안이나 소식이 끊기고 말았습니다. 그로 말미암아 독수공방으로 지내는 저에게

---
38) 부산광역시 영도구, 『영도향토지』, 고신대학교 영도발전연구소, 2003, 293-294쪽.
39) 위의 책, 293-294쪽 참조.

청천벽력과도 같은 소식이 들려 왔습니다. 그것은 신돈의 모함으로 그분이 절영도에 유배됐다는 소식이었습니다.

그런 슬픈 소식을 듣자마자 저는 그 길로 이곳 절영도에 내달아 왔습니다. 그러나 그분은 절영도에 온 일이 없다는 것을 알게 되었습니다. 그래서 이 몸은 사고무친의 적막한 이곳에서 한 많은 청춘을 마치고 고독한 영신(靈身)이 되고 말았습니다. 바라옵건대 장군께서 저를 위하여 사당(祠堂)을 지어 제 고혼(孤魂)을 위로해 주시면, 앞으로는 군마가 죽는 일을 막아 드릴 것이옵니다. 또한, 장차 이곳에 사람이 살게 될 때 태평 무사하게 지낼 수 있게 해 줄 것입니다. 더불어 드릴 말씀은 나를 모시는 사람은 만사형통하고 소원 성취할 것임을 아룁니다.[40]

이 꿈이 예언하는 바가 있을 것이라 믿은 "정발 장군은 곧 꿈 이야기를 조정에 아뢰었다. 그러자 조정에서는 동래부사 송상현에게 하명하여 산제당(山祭堂)과 아씨당(阿氏堂)을 짓고 해마다 봄·가을에 제사를 지내게 했다. 그렇게 해서 아씨당을 지어 정중하게 당제(堂祭)를 모신 뒤부터는 군마가 폐사하는 일이 사라졌다"[41]라는 이야기가 전해 오고 있다.

지금은 산제당을 할배당이라고 부르기도 한다. 그 이유는 최영 장군을 모신 사당이기 때문이다. 또한, 아씨당을 할매당이라고 부르기도 한다. 죽어서 오랜 시간이 지났지만, 할배와 할매는 그렇게 영신이 되어 다정하게 지내고 있다. 이 두 신은 영도 내부의 토속 신앙의 신으로 좌정하였다고 볼 수 있다.

⋯

40) 위의 책, 294쪽 참조.
41) 위의 책, 294쪽.

4. 나가기

　이 글에서 제주 신화와 육지 신화를 비교하면서 제주 신화의 성격을 살펴보았다. 제주도 신화에는 땅에서 솟아나는 남방계 신화와 하늘에서 하강하는 북방계 신화가 공존하고 있음도 살펴보았다. 특히 육지와 관련한 신화의 연계성을 통해 제주도가 한반도의 부속 도서임을 부인할 수 없음도 확인하였다.
　제주도는 이런 신화를 문화 관광 콘텐츠로 개발하여 여러 테마파크를 조성하기도 했다. 앞으로도 제주의 신화가 제주 사람들의 밥벌이를 톡톡히 해낼 것이다.

신화적 상상력 읽기
– 이바구 인문학 연구서 3

지은이 신기용
펴낸이 신기용

2022년 2월 15일 초판 1쇄 발행

펴낸곳 도서출판 **이바구**
　　　　부산광역시 부산진구 동성로 143(전포동, 신우빌딩) 2022호
　　　　T.010-6844-7957
등　록　제329-2020-000006호

ⓒ 신기용 2022　　ISBN 979-11-91570-11-3
정가 21,000원